大災害と犯罪

Catastrophic Disaster and Crime

斉藤豊治 編

法律文化社

はしがき

　日本は世界有数の地震国であり，しかも近年大地震が連続して発生している。日本列島は現在，地震活性期に入っているという地震学者のたちの見解には，説得力がある。首都圏直下型の大地震や東海・東南海・南海連動大地震が起こると，日本は大打撃を受ける可能性が大きい。これらの地域では，震度7の地震や記録的な大津波の発生も危惧される。近未来には日本列島のいたるところが大地震にみまわれる可能性がある。日本列島における原発は活断層の上か，その近くにあるものが多く，福島第一原子力発電所に類似した原発の破壊，メルトダウンが生じ，おびただしい放射能が放出されるという悪夢のような事態が再来することも杞憂ではない。

　本書は，大災害に関連して生じる犯罪問題について，検討するものである。大災害に関連する犯罪問題は，人命救助や生活の再建，復旧・復興といった課題に比べれば，副次的な問題ではある。しかし，震災の被害に加えて，犯罪の被害を受けることは，ダブルパンチである。犯罪は，時には災害以上の被害を生じかねない。平常時から震災後の犯罪に対する冷静な対応策を考えておくことは，必要であるし，不必要な混乱を回避するうえでも，重要である。

　ところで，大災害に関連して生じる犯罪問題については，大まかにいうと，次のような2つのステレオタイプが存在する。

　第一のステレオタイプは，社会解体論である。大規模な災害においては，社会的混乱が一挙に高まり，社会解体的状況に陥り，犯罪統制機関である警察等も機能不全となり，犯罪が爆発的に増加するというものである。たしかに，アメリカのニュー・オーリンズを襲ったハリケーン・カトリーナやハイチ大地震などでは，略奪等が大規模に生じた。日本でも，関東大震災直後の朝鮮人の大量虐殺や労働運動・社会主義運動の指導者に対するテロが横行した。阪神・淡路大震災までは，第一のステレオタイプが日本人の意識のなかで強かった。阪神・淡路大震災の体験を経て，このような見方は，力を失っている。しかし，

一部の政治家は，このようなステレオタイプに強く支配されている。たとえば，阪神・淡路大震災の後，東京都知事となった石原慎太郎は，自衛隊の観閲式に臨み，「第三国人」の暴動を鎮圧するために，自衛隊の治安出動をさせる必要性を説き，物議をかもした。東日本大震災でも，非常事態宣言等の措置をとれるよう憲法改正を行うべきであるとの意見が改憲論者の間で強くなり，自民党等の改憲案にこれが盛り込まれている。

第二のステレオタイプは，日本人の美徳論である。阪神・淡路大震災後も，東日本大震災後も，大規模な略奪・暴動が起こらなかった。外国のメディアは，日本人の忍耐強さ，思いやりと助け合いを指摘し，「驚嘆に値する」と報じた。そうした報道が日本に伝えられ，「日本人の美徳」や「優秀さ」を示すものとして日本のメディアで紹介され，「再確認」が行われている。しかし，日本人の美徳論からは，関東大震災後に生じた深刻な犯罪問題は説明がつかない。

大災害に直面して，人々が結束して助け合うことは，外国でも見られる。人間は，社会的存在であり，大災害に直面して，生き延び，乗り切るために利他主義的な行動をとることは，決して例外的ではない。その際には，被災地の内外で，道徳心の向上が見られるといってよい。したがって，大災害時の忍耐や利他的な行動は，日本人に特有なものとはいえない。しかし，東日本大震災や阪神・淡路大震災の際にも，たしかに一定の犯罪は発生している。小規模ながら，商店からの略奪も生じているし，震災の被害が大きい地域ほど，犯罪不安が強かったことも否定できない。他方で，略奪が横行したと伝えられるニュー・オーリンズでも相当数の利他的な行動が見られた。関東大震災においても同様である。

福島第一原発の事故は，それ自体が刑事責任を問われる可能性がある人災である。放射能被害はきわめて広範囲に及び，かつ長期間続くという新たな形態の災害である。原発立地地域などでは，地域社会そのものが根こそぎ奪われた。こうしたなかで，事故に便乗した犯罪が発生し，さらに除染や廃炉作業が安全基準に反した，違法な環境の下で行われる等の問題が生じている。

大災害後の犯罪問題に関するステレオタイプを考えると，大災害後の犯罪の問題について，科学の目で調査，研究することがきわめて重要である。大災害後にどのような条件があれば犯罪が抑制され，どのような条件があれば，犯罪発生が促進されるのか，実証的な研究を積み重ね，理論化していく必要がある。

それによって，理性的で適切な犯罪対策も可能となるであろう。

　本書は，2011年の国際犯罪学会第16回世界大会での市民公開シンポジウム「災害と犯罪」を基礎に企画し，出版へとこぎつけた。この国際会議は同年8月5日から9日まで神戸の国際会議場で開催された。このシンポジウムは，2部に分かれて開催された。本書は，2つのシンポジウムを再編成し，第Ⅰ部を「大災害と犯罪」，第Ⅱ部を「原発と企業・環境犯罪」としている。第Ⅰ部は，総論（斉藤），阪神・淡路大震災（平山，岡本，松原），ハリケーン・カトリーナ（ベースロット），東日本大震災（横山，阿部）からなる。第Ⅱ部は原発問題に特化して，犯罪学（竹村，レヴィ），柏崎刈羽原発（立石）および浜岡原発（青木）に関して分析が行われている。本書の執筆者は，刑事法学，犯罪社会学，犯罪心理学，地震学の研究者および原発訴訟にかかわってきた弁護士である。本書は，学際的視点がベースとなっており，気鋭の執筆者たちによるバラエティ豊かな論稿が寄せられている。東日本大震災に伴う犯罪問題は，阪神・淡路大震災やその他の大災害後の犯罪問題とは大きく異なっており，解明すべき問題も山積している。今後の研究の進展に期待を寄せたい。

　大災害後の犯罪問題に関する研究は，海外ではアメリカを中心に蓄積されており，近年それが加速してきている。これに比して，日本では，この方面の研究は蓄積は手薄である。日本は，世界でも最も頻繁に大地震が発生してきている。「地震大国」日本において，今後この問題に関する研究を積み重ね，内外に発信していくことが重要と思われる。

　最後になったが，本書の出版にあたり，法律文化社には大変お世話になった。とりわけ，掛川直之氏のご尽力に深く感謝する次第である。

　また上述のシンポジウムの開催にあたっては，村田学術振興財団，野村財団，大阪商業大学の援助をいただき，10数名の個人に寄付をしていただいた。シンポジウムの成功は，これらの支援なしには不可能であった。

　なお，諸般の事情から，出版がずれ込み，先に原稿を出していただいた執筆者には，大変ご迷惑をおかけしてしまった。編者として深くお詫び申し上げる。

2013年1月17日

斉藤　豊治

大災害と犯罪

目　次

はしがき

第Ⅰ部　大災害と犯罪

■総　論

第1章　大災害後の犯罪 ────斉藤　豊治
1　はじめに …………………………………………… 003
2　災害の類型 ………………………………………… 004
　　自然災害と犯罪／人　災
3　災害時の犯罪の類型 ……………………………… 008
　　困窮型犯罪／便乗型犯罪／ストレス型犯罪／その他の犯罪
4　災害の時間的経過と犯罪問題 …………………… 014
　　警告・警報段階／被災・緊急状態段階／復旧・復興段階
5　むすびに …………………………………………… 019

■過去の大災害と犯罪

第2章　阪神・淡路大震災後と関東大震災後の犯罪現象の比較
────平山　真理
1　はじめに …………………………………………… 023
2　関東大震災後の犯罪現象 ………………………… 024
3　阪神・淡路大震災後の犯罪現象 ………………… 028
4　2つの大震災後の犯罪現象の比較 ……………… 031
　　窃盗事件／流言蜚語犯罪と外国人コミュニティ／性犯罪
5　むすびに …………………………………………… 036

第3章　阪神・淡路大震災後の犯罪現象 ────岡本　英生
1　はじめに …………………………………………… 041
　　阪神・淡路大震災後にはどのような便乗犯罪があったか／
　　大災害後の便乗犯罪の数は多い／本章の目的
2　犯罪学理論による災害と犯罪との関係についての説明
　　…………………………………………………… 044

　　　　　日常活動理論とは／阪神・淡路大震災後の状況と犯罪の起き
　　　　　やすさ
　　　3　震災と犯罪との関係……………………………………………… *047*
　　　　　分析を行う前に／第1の仮説／第2の仮説／仮説の総合的
　　　　　な検証
　　　4　今後の大災害に備えるために ………………………………… *052*

第4章　阪神・淡路大震災後の犯罪防止活動 ──────── 松原　英世
　　　1　はじめに ………………………………………………………… *056*
　　　　　災害後犯罪は増加するのか／用いるデータと理論
　　　2　日常活動理論 …………………………………………………… *057*
　　　　　犯罪の3要素／日常活動理論による犯罪の増減の説明／日
　　　　　常活動理論の震災後の状況へのあてはめ
　　　3　なぜ震災後に犯罪は増加しなかったのか ……………………… *059*
　　　　　震災後の犯罪状況／犯罪が少なかった理由①／犯罪が少な
　　　　　かった理由②／非公的な社会統制／Q.23とQ.17の矛盾／な
　　　　　ぜQ.23とQ.17は矛盾するのか／事件の見聞はそれを目撃す
　　　　　る機会があったということにすぎない／「犯罪の見聞」と「見
　　　　　回り・停電の長さ・建物倒壊率」との関係
　　　4　本分析からの示唆 ……………………………………………… *065*
　　　　　インフォーマルな社会統制／法は他の社会統制に反比例し
　　　　　て変化する／犯罪予防への示唆

■海外の大災害と犯罪

第5章　ハリケーン・カトリーナ後のアメリカ南部の危機
　　　　　────────────────── エミリー・ベースロット
　　　1　はじめに ………………………………………………………… *070*
　　　2　カトリーナ後のニュー・オーリンズの都会の下層民と
　　　　社会解体 ………………………………………………………… *072*
　　　3　ニュー・オーリンズ，そしてヒューストンの発達する
　　　　都市における社会解体 ………………………………………… *074*
　　　4　暴力犯罪と社会解体についてのデータと尺度 ……………… *077*
　　　5　記述分析 ………………………………………………………… *080*
　　　6　統計的な分析，議論，そして結論 …………………………… *082*

■ 東日本大震災と犯罪

第6章　東日本大震災の津波への対応は適切だったか
　　　　　　　　　　　　　　　　　　　　　　　　　　　横山　実

1　はじめに ……………………………………………… 088
2　防　　災 ……………………………………………… 089
　過去のデータの分析に基づく対策は適切であったか／ハード面での地震対策／ソフト面での津波対策／東日本大震災直前の避難訓練
3　予　　兆 ……………………………………………… 093
　2日前の予兆の地震／予兆の地震の対応策とその影響
4　津波への対応 ………………………………………… 096
　3月11日の大地震と津波警報／津波警報の伝達ルートは適切に機能したのか／電源喪失への対応／津波警報を伝達して避難を呼びかける人々／津波警報の受け手の行動／地域特性と津波の被害
5　避難行動 ……………………………………………… 103
　科学的知識に基づく避難行動／昔の経験と言い伝えに基づく避難行動／クルマ社会での避難行動／管理者責任と避難行動／刑事責任や民事責任の追及／民事責任を問われた事案
6　むすびに ……………………………………………… 111

第7章　東日本大震災における助け合いと犯罪　　　阿部　恒之

1　東日本大震災の被害概況 …………………………… 114
　広域・津波・原発事故
2　秩序ある被災生活 …………………………………… 116
　海外からの称賛
3　被災生活の実態 ……………………………………… 117
　仙台市中心部における私的体験／被災時の特異体験調査
4　警察庁の統計にみる被災地の犯罪実態 …………… 122
5　新たな懸念 …………………………………………… 125
　コンビニエンスストアの目隠し
6　むすびに ……………………………………………… 130

第Ⅱ部　原発と企業・環境犯罪

第8章　犯罪学からみた原発事故 ──────── 竹村　典良

1. はじめに ………………………………………………… *135*
2. 情報非公開・情報統制による放射能汚染・被曝の拡大 … *135*
3. 日本における原発の「政治経済学」……………………… *137*
   原発運転者と規制者の共生関係／日本特有の原発問題──
   「共謀文化」／地方における社会生活と原発依存の「取引」
   ／「不可視化されたリスク」の露呈
4. 原発は「安全な万能薬」か「カタストロフィの源」か …… *140*
   「安全神話」の確立と浸透／最高警戒レベル7の原発事故の
   実態／チェルノブイリの教訓／壊滅的結果を回避するため
   の安全最優先
5. 未曾有の全面的放射能汚染の脅威と半永久的な事故
   処理・被曝影響追跡調査・治療 ………………………… *143*
   現在進行形の生活環境・食料の汚染拡大／低賃金・高汚染
   環境で働く「原発労働者」／継続的低線量放射能汚染の追
   跡調査
6. 原発複合体による環境犯罪とグリーン犯罪学 ………… *145*
   原発事故の加害者，被害者，および科学者の社会的責任／
   国家−企業複合体による犯罪／グリーン犯罪学・社会正義の
   基本理念とその発展／安全環生生活権と世代間正義
7. 複雑性（カオス，偶発性，臨界）と原発事故の発生 ……… *150*
   危機の予見可能性の是非と安全対策の構造的欠陥・不備／
   線形科学から非線形科学へ
8. むすびに ………………………………………………… *154*

第9章　経済・企業犯罪研究からみた福島原発事故
──────── マイケル・レヴィ＆トム・ホーリック・ジョンズ

1. はじめに ………………………………………………… *162*
2. 福島原発事故 …………………………………………… *164*
3. 災害，日本の被害者的地位，広島の記憶としての福島 … *166*
4. 福島と自然による危険 ………………………………… *168*
5. ずさんな計画と日本の制度的麻痺から生じたものと
   しての福島 ……………………………………………… *171*

6　企業犯罪としての福島？ ………………………… 172
　　7　これらの説明は調和されうるか ………………… 174

第10章　地震・断層研究からみた柏崎刈羽原発の危険性と福島原発事故 ——————— 立石　雅昭

　　1　はじめに ………………………………………… 180
　　2　震源断層の想定の誤りのくり返し …………… 181
　　3　地震の伝搬・増幅過程に関する知見の不備 … 182
　　4　付属諸施設の耐震性の脆弱性 ………………… 183
　　5　自然現象への敬虔な念を抱かない傲慢な「安全神話」…… 184
　　6　安全性を検証する組織，規制機関の不備 …… 187
　　7　産官学の癒着構造 ……………………………… 189

第11章　原発訴訟弁護団からみた浜岡原発の危険性と福島原発事故 ——————— 青木　秀樹

　　1　原発の危険性を直視しなかった立法・行政・司法 ……… 192
　　　　安全神話を前提にして作られた法律／原発推進に傾斜した法体系／原発を止めようとしなかった司法／安全神話の流布と原発に関する立法・行政・司法のスタンスは密接に関係している
　　2　これまでの安全性判断の枠組みおよび判断基準 ………… 196
　　　　立法および行政による安全性確保策／司法による安全審査の枠組みおよび判断基準
　　3　浜岡原発の危険性と不当な第一審判決 ……………… 200
　　　　浜岡原発の概要／第一審の訴訟経過／浜岡原発の危険性と第一審の判断
　　4　福島原発事故から考えるべきこと ………………… 208
　　　　2度と重大事故を起こさないための司法の役割／福島原発事故で明らかになった安全確保策の不備／被害を直視し，原発の危険性を直視すべきである

第12章　福島原発事故と刑事責任 ——————— 松宮　孝明

　　1　はじめに ………………………………………… 212
　　2　要員の危険回避と刑事責任 …………………… 213
　　　　自衛隊員の災害派遣と危険回避／消防士や警察官などと危

　　　　　険回避／原発事故と危険回避
　　3　原子力災害に関して想定すべき危険を見誤ったこと
　　　　に関する過失責任……………………………………… *215*
　　　　　事故の経過／「人の死傷」と「激発物破裂」／想定すべき
　　　　　地震と津波による全電源喪失
　　4　適切な対応によって危険を低減する義務と過失………… *218*
　　　　　全電源喪失後の対策における過失／不必要な被曝を避けさ
　　　　　せる注意義務
　　5　刑事責任の追及と事故調査………………………………… *219*

終　章　近未来の大災害と犯罪に備える ──────── 斉藤　豊治
　　1　迅速な救援活動の重要性 ………………………………… *222*
　　2　住民による自主的な犯罪予防活動 ……………………… *223*
　　3　正確な情報の提供と「絆」の質 ………………………… *224*
　　4　大災害後の「略奪」を考える …………………………… *225*
　　5　原発事故と刑事責任……………………………………… *226*

第Ⅰ部　大災害と犯罪

1 大災害後の犯罪

1 ■ はじめに

　災害に関連する犯罪問題には，災害の種類によって差異がある。まず，その災害が自然災害か，人災かによって，異なる。

　大規模災害と犯罪の関連を検討する場合，災害の直前の時期，災害の到来時，災害の後というように，時系列によっても問題状況は異なる。災害後は，さらに被災直後の人命救助・治療・食料などの配給の時期，応急的な復旧の時期，本格的な復興の時期に分かれる。災害後の時期区分は，その地域の被災の程度によって大きく異なる。

　さらに，犯罪の類型ごとの分析が不可欠である。犯罪の類型としては，刑法の定める犯罪類型よりは，広い意味で犯罪学的・社会学的類型がより有効な手がかりとなる。たとえば，住居侵入と窃盗は，刑法では別個の犯罪であるが，犯罪学的には侵入盗という類型である。また，侵入盗も，自転車や自動二輪，オートバイの窃盗などの乗り物盗も，刑法では窃盗であるが，後述するように侵入盗と乗り物盗では，大災害後の犯罪の様相は大きく異なる。

　このように，大災害後の犯罪現象は，【災害の類型】×【時間的変化】×【犯罪の類型】という定式によって示すことができる。

2 ■ 災害の類型

災害は，自然災害（natural disaster）と人災（man-made disaster）に分けることができる。自然災害と人災の両方の側面を有するタイプの災害もある。アメリカなどで毎年のように生じている山火事などがこれにあたる。福島原発による放射能汚染は，大地震と大津波が引き金となったが，原発関係者の安全性の軽視，安全対策の不備が引き起こしたものといえる。人災が主たる側面であり，それは，また大規模な環境破壊でもある。

自然災害と犯罪

自然災害としては，①地震と津波，②火山噴火と火砕流，③台風，ハリケーン，サイクロンによる暴風雨，洪水と土石流，④猛烈な寒波と暴風，⑤大規模な旱魃などがある。

大地震と犯罪の関係に関しては，外国でも日本でも一定程度，研究調査が行われてきた。日本では，関東大震災時（1923年）に在日朝鮮人や社会主義者・労働運動の指導者に対する大規模な殺傷事件が生じており，研究が蓄積されている。[1] 1995年の阪神・淡路大震災後の犯罪問題に関しては，震災犯罪研究会による共同調査が3年を費やして大規模に行われた。[2]

(1) 大地震・津波

外国では，とくにアメリカを中心に大地震後の犯罪に関する研究が蓄積されてきている。カリフォルニア州は，サンフランシスコ大地震（1906年），サンフランシスコ近郊のロマ・プリータを震源地とする地震（1989年），ロサンゼルスのノースリッジ大地震（1994年）といった大規模な震災が生じており，震災に関連する犯罪が社会問題となった。

世界的には，中国の唐山大地震（1976年）では死者が公式記録でさえ20数万人に達しており，20世紀最大級の震災被害であった。この震災では略奪が多発したことがその後の調査で報告されている。[3] 中国では最近でも死者・行方不明者が9万人を超える四川大地震（2008年）が発生し，その後青海大地震（2010年）が生じている。

2004年には，スマトラ島沖を震源地とする巨大地震が発生して，巨大津波を引き起こし，インドネシア，マレーシア，インド，スリランカ，タイ，ミャンマー，モルディブ，アフリカ東海岸の諸国にまで，津波が押し寄せ，総計22万人を超える死者が出ている。この大災害の後，性的暴行や子どもの人身売買が広がったといわれている[4]。

　ハイチ大地震（2010年）では死者が30万人を超えるといわれ，スマトラ島沖大地震と並んで，この100年で最大級の被害が生じている。この震災の後で，略奪が多発し，孤児の連れ去りが生じていると伝えられている[5]。

　火山の噴火や火砕流も，自然災害に含まれる。1990年から1995年までの雲仙普賢岳の火砕流では報道関係者や地元消防団員らを中心に死者・行方不明者が44人に達した。また，2000年には火砕流の危険から三宅島で全島避難が行われた。国際的には，1982年にメキシコのエルチチョン山の火砕流で多数の死者を出し，1985年南米コロンビアでは，死者2万人を超える大規模な火砕流・土石流が発生している。噴火や火砕流は住民の長期の避難が必要となる。空き家に対する侵入盗などの犯罪が考えられるが，私の知る限りでは，調査の有無やデータの公表等は，ほとんど行われていない。

⑵　台風，ハリケーン，サイクロン，大竜巻（トルネード）

　台風，ハリケーン，サイクロンも暴雨風，水害，土石流によって，大きな被害を生じている。アメリカでは，ハリケーンの後の犯罪がくり返し社会問題となっている。ハリケーン・アンドリュー（1992年）に関して，災害前後の犯罪について調査が行われ，その結果が発表されている[6]。近年では，ハリケーン・カトリーナ（2005年）がニューオリーンズなど南部を襲い，1800人以上の死者と700人以上の行方不明者が生じている。このカトリーナに関しては，災害時と災害後の犯罪が大きな社会問題となり，多くの調査が行われ，結果が相次いで，公表されてきている。本書では，エミリー・ベースロットが，調査の結果を報告している[7]（→第5章参照）。

　豪雨の後の洪水，ダムの決壊等による地域の破壊もまた，自然災害である[8]。また，アメリカなどでは毎年のように大竜巻が地上を襲い，多数の死者が生じ，住居が破壊され，地域が被害を受ける。しかし，大竜巻が地上を襲う面積は，さほど広くはなく，災害後の犯罪の被害については，これまであまり注目

されてこなかった。しかし，略奪などが存在しなかったわけではないようである[9]。

(3) 猛吹雪・大寒波

日本ではあまり例がないが，カナダやロシアなどでは，2週間以上もの長い間，猛烈な寒波で，人々が閉じ込められる状況が生じることがある。

人　災

人災は，人間によって引き起こされるものであるが，発生に責任を負うべき人々を除けば，多数の人々が被災者となる。人災は，技術に関連する災害であり，自然災害とは異なり，それ自体が犯罪を構成することが少なくない。それに加えて，災害後に生じる犯罪も問題となる。このような人災としては，①暴動，②テロリズム，③武力紛争・戦争，④大規模な環境破壊などがある。被害者の対応は，自然災害と人災とでは大きな違いがある。一般的にいって，人災では，大規模な自然災害時のような社会連帯による犯罪抑止が機能しにくくなる。

(1) 暴　動

暴動を生じさせるのはいうまでもなく人間であるが，その害を受ける側からすれば，それは災害といってよい。アメリカでは，1965年から1968年の暑い夏に人種暴動が各地の大都市で発生した。近年では1992年にロサンゼルスで人種暴動が発生した。そのきっかけとなったのは，4人の白人警官が黒人青年を殴打した事件で警察官が陪審裁判で無罪となったことである。これに対して，黒人たちが抗議して暴動へと発展した。この暴動は，韓国人商店街にも向けられ，韓国人たちが自衛のために拳銃を発射するシーンが報道された。韓国人商店主による黒人少女射殺事件も生じた[10]。この種の暴動は，人種の坩堝であるアメリカでは長い歴史がある。

アメリカの都市暴動は，現象としてはマイノリティ，とりわけ黒人と白人との対立・衝突という形をとる。しかし，黒人層が長年にわたって不利益な社会的地位におかれてきたことへの不満が何かの事件を契機に爆発するものであり，基本的には階層・階級対立という基本的性格を有する。暴動では，インフォーマルな犯罪統制が働きにくい状態となる。

(2) テロリズム

　2001年にアメリカの中枢部を襲った9・11テロでは，3000人近くの人々が犠牲となった。テロリズムは，それ自体が凶悪な犯罪である。それとともに，テロ被害者に対して支給される公的支援や保険金を巡り，被害者をかたった詐欺事件が生じている[11]。

(3) 武力紛争・戦争

　戦争と犯罪に関しては，第一次世界大戦が犯罪に及ぼした影響に関しては，ドイツについてリープマン[12]，オーストリアについてエクスナー[13]が行った研究があり，太平洋戦争が犯罪に及ぼした影響に関しては佐伯千仭による研究[14]がある。これらの研究によれば，一般に戦争の直前から初期にかけて，国民の結束，戦意高揚と緊張のなかで犯罪は減少するが，人々が戦争末期には疲れ果て，犯罪が増加するようになる。その傾向は，少年の犯罪で顕著である。そして，敗戦後は爆発的に犯罪が増加する。こうした研究は，一般の犯罪に関するものであり，侵略戦争そのものが，広い意味では犯罪にほかならず，大規模に行われる戦地での殺傷，略奪，強姦をも視野に入れる必要があろう。

　戦争とまではいえない各地の武力紛争においても，深刻な人権侵害が生じてきている。非戦闘員である民間人の殺傷，略奪，強姦，さらには人身売買が大量に発生してきている。

(4) 大規模な環境破壊

　大規模な環境破壊の代表的なものは，福島第一原発事故である。大量の放射能が撒き散らされ，きわめて広い範囲の地域で，長期にわたり人々の生命と生活を脅かし，財産を奪い，コミュニティを根こそぎ破壊した。チェルノブイリでも同様な事態が生じたことは周知の事実である。

　大規模な環境破壊としては，大型タンカーの座礁や海底油田による原油の大量流出[15]，鉱山による鉱毒の大量流出[16]などがある。

(5) 大規模な停電

　ニューヨーク市では，過去，何度か大規模な停電が生じている。大都会で大規模停電が生じると，暗闇に乗じた略奪や性的暴行が生じやすくなると考えられる。事実，1977年のニューヨークの大停電では，大規模な略奪が引き起こされている[17]。しかし，ニューヨークでも大停電の際に必ずそのような犯罪が大

量発生してきたわけではない。[18] 大都会の内部でコミュニティの対立が深刻な場合や，インフォーマルな犯罪統制が弱体化している場合には，犯罪発生を促進するものと考えられている。[19]

3 ■ 災害時の犯罪の類型

「大災害と犯罪」を考える場合，大災害の類型は多様であり，類型ごとに犯罪発生のメカニズムは異なる。また，同じ類型であっても，災害の規模の如何やコミュニティの状況によって，犯罪発生の様相は大きく異なる。

大災害と犯罪の問題を分析する場合，犯罪学的な類型による分析が重要となる。災害後における略奪は，住居侵入，建造物損壊を伴う窃盗である。同じ窃盗でも，乗り物盗は略奪とは様相が異なるし，自動車の窃盗と自転車や自動二輪車，オートバイの窃盗とは異なる様相を示す。また，被災者支援の募金活動を装った詐欺と被災者が過大な申告によって救援金，公的支援金を得る場合とは，同じ詐欺でも分けて検討する必要がある。

これらを犯罪学的類型の違いを前提に，災害時の犯罪を①困窮型犯罪，②便乗型犯罪，③ストレス型犯罪，④その他に分けて，検討することが有効である。

困窮型犯罪

困窮型の犯罪は，大災害のなかでサバイバル，すなわち生き延びようとして行われる犯罪である。困窮型の犯罪の多くは被災者によって行われるが，被災地の外にいる被災者の関係者によって，やむをえないという判断のもとで，行われるものもある。

大災害によって，これまでの安定した環境が激変し，他方で救出・救援活動が遅れる場合に行われる犯罪である。阪神・淡路大震災では，食料・水などが不足するなかで，一度に多数の被災者がコンビニ店に殺到し，なかにはドサクサ紛れに金も払わずに，出て行ってしまうという事例が報道されている。[20] メディアの報道によると，東日本大震災では，避難所の自動車から，ガソリンが抜き取られるという事件がみられた。[21] 移動手段として自動車を使う切迫する事態生じたためと推察される。また，この地震は3月上旬で東北地方は寒さがひ

どく，灯油が盗まれるというケースもあった。

　外国では，大災害の後，大規模な略奪が発生するといわれる。しかし，外国でも略奪が必ず発生しているわけではない。むしろ，被災者は相互に助け合って生き延びようとし，あるいは外部のボランティアを含む人々が救援の手を差し伸べることで，犯罪発生が抑制される傾向が生じる。略奪は，基本的には食料・水の確保が困難ななかで行われる行為であり，サバイバルのために行われる困窮型の犯罪である。略奪は，商店のガラスを叩き割ったり，家屋を破壊したりして侵入し，大量に商品を持ち去る行為である。阪神淡路大震災の激震地で見られたような，震災直後にコンビニの人々が殺到し，一部の人々が混乱に乗じて，商品を持ち去る行為は，略奪とまではいえない。しかし，阪神淡路大震災でも[23]，東日本大震災でも[24]，商店の窓ガラスを割るなど行為などを伴う略奪行為が小規模ながら生じていた。

　犯罪認知件数をみると，阪神・淡路大震災後に被災地の多くで住居侵入・窃盗（侵入盗）などの財産犯罪は減少しているが，オートバイの窃盗が著しく増加しており，自転車盗も増加している[25]。大地震で道路が寸断されて，高速道路が使えなくなるという状況で，小回りのきく自転車とオートバイが貴重な交通手段となった[26]。安否を尋ねたり，救援物資を運んだりする目的で，自家用車で被災地へ行こうとしたが，ひどい渋滞に巻き込まれたため，オートバイや自転車を無断で使用した後，それを乗り捨てるケースが多かった。被災地の人々に対して行った私どものインタビューでも，「やむをえない」としてこれを容認する感覚がうかがえた。外国での調査を見ても，大災害時には，「財産秩序に関する人々の規範意識が変化する」ことが指摘されている[27]。

　大震災後には大量の瓦礫が発生する。交通手段の制約やごみの収集は行われないため，通常のやり方では瓦礫は処理しきれなくなる。そのために，住民が普段は禁じられている焼却を行う。

便乗型犯罪

　大災害後には，災害後の混乱に便乗してさまざまな犯罪が生じてくる。①空き家への侵入盗，②義援金の詐欺・横領・窃盗，③援助金・公的資金・保険金の詐欺，④リフォーム詐欺，⑤物価の吊り上げなど暴利行為，⑤人身売買など

が，震災に便乗した犯罪である。

(1) 侵入盗

避難所などへ避難した人々の家は空き家となるから，環境面で侵入盗が行われやすい状態となる。停電によって照明がない状態になり，犯行が目立たない。震災直後は警察も人命救助を優先させる結果，侵入盗対策までは手が回らない。店舗，事務所，倉庫についても警備が弱まる結果，侵入盗のターゲットになりやすい。侵入盗は，被災地の外部からプロの窃盗犯人，職業的犯罪者が大震災に便乗して，激震被災地に乗り込んで行うものが多い。激震地では，被災者は犯罪傾向を持つものも含めて被災し，侵入盗を行う余裕は少なくなる。ただし，比較的震災の被害が軽い地域では，被災者の間から便乗型の犯罪に出る者が生まれる。

(2) 義援金をめぐる犯罪

義援金をめぐる犯罪のうち，もっとも単純な犯罪は，店頭に置いた義援金の募金箱を持ち去るという窃盗である。義援金詐欺は，被災者支援を名目に行われる詐欺的な募金活動である。東日本大震災では，インターネットを利用したこの種のインチキ募金が多数発生している。インターネットの利用だけではなく，街頭募金や店頭募金でも詐欺的募金は可能となる。また義援金目的で集められたお金が現地の被災者に届くまでの間に，担当者の横領によって，穴の空いた水道管のように，お金が減少していくケースもありうる。

これらは，人々の善意を欺く悪質な犯罪であり，人々の募金や支援活動に対する意欲をそぐという萎縮効果が軽視できない。義援金詐欺等は，主として被災者以外のものが行うといえよう。

(3) 援助金・公的資金・保険金の詐欺

被災者に対して配分されるお金をめぐる犯罪である。大災害では，災害給付金や補助金，貸付金等が有資格者に対して，支給される。資格を有するのは，一定の要件を満たす被災者であるが，この要件を満たさない者が有資格者に成りすまして，これらのお金を受け取るという事例が生じる。この種の詐欺は，被災者でない者が被災者に成りすまして受け取る場合のほか，被災者でも被害を過大に申告してこれらのお金を受け取る場合もあるし，1回しか受け取れないのに，重複して受け取るケースもありうる。

保険金の詐欺も同様である。アメリカでは，9・11テロやハリケーン・カトリーナの後，公的資金の詐取が社会問題となった[28]。日本でも阪神・淡路大震災後，地震保険契約が拡大している。これについても，被災していない者が被災者を装って保険金を受け取るケースや，被災者が過大に被害を申告して，保険金を受け取るケースが今後は増えることも予想される。

(4) 人身売買

スマトラ島沖大地震・津波やハイチ大震災等では震災孤児をターゲットにした組織的な人身売買が生じた。親が死んだり，親と離れ離れになったりした子どもたちが狙われた。ユニセフ（国連児童基金）が子どもの人身売買を防止する活動を行っている。子どもたちは，もっとも弱い立場にあり，それに付け込む犯罪である。人身売買は，養子縁組を偽装したものが少なくない。

(5) リフォーム詐欺

被災した家屋やビルの修繕・補強・新築への需要が爆発的に増加する。リフォーム詐欺はこれに付け込むに詐欺である。着手金だけを受け取って工事をしないケースや手抜き工事を行い，代金を受け取るといったタイプの犯罪である[29]。被災地のうちでも周辺的地域は比較的被害が軽いので，早期に復旧が始まる。そのため，この種の詐欺事件は，周辺地域から始まり，復旧・復興が遅れる激震地等へと移行するのが一般的である。

(6) 物価の吊り上げ

一般に大規模災害が発生すると，水やガソリン，食料品等の生活必需品が値上がりする[30]。これらを被災地の知り合いに送ろうとしたり，また被災地の外でも品不足の不安から，買いだめしたりする。なかには，災害に便乗した物価の吊り上げにより，暴利をむさぼろうとするものが現れる。これらの行為は，物価統制令等の適用対象となり，犯罪となることがある。

阪神・淡路大震災では，被災地で普段よりも高い値段で商品を売ろうとする薬局や喫茶店がある一方で，自ら被災しながらも被災者を助けるために安い値段や無料で提供する店もあり，両極端に分かれた。被災地に近かった大阪や京都では物価の上昇が記録されている。

(7) 復旧・復興事業に関連する犯罪

大地震では，大量の瓦礫が発生する。その処理をめぐって，廃棄物の違法投

棄が行われる。復旧工事を巡って，入札談合や違法なカルテルが工事関係者によって行われる。また，どさくさにまぎれて，暴力団のフロント企業など反社会的勢力が公共工事の入札や下請工事に参加しようとする。

ストレス型犯罪

大災害に直面して，人々は結束してそれを乗り切り，生き残ろうとする。被災者同士が助け合うだけではなく，被災地以外の人々も連帯の手を差し伸べようとする。それによって，社会の道徳的水準が高まり，それが犯罪発生を抑制する方向に作用する。しかし，そうした直後の連帯感，道徳心の高揚は，残念ながらそう長くは続かない。被災地外の人々の関心も時間とともに薄れていく。

他方で，被災者のストレスは，増大していく。直後には顕在化しなかった被災者の間の格差があらわになる。家族や身近な人々の死に伴う悲しみや喪失感は埋めることができない。長引く避難所での生活は，プライバシーがない生活であり，心身の疲労が高まる。救援物資の支給をめぐるトラブルが避難所で起き，暴力沙汰になることもある。従来の生活環境や近所づきあいとは異なる状態に人々は置かれる。何よりも，職場・家族・住居を失い，将来が見えない生活という不安のなかで，絶望感を募らせる人々が多数生じてくる。生活へのストレスの増進のなかで，障害や持病が悪化したり，家族の不和が生じたり，離婚が増加したり，救援物質の配分や感情的な対立が暴力事件へとつながることもある。プライバシーのない生活環境で，性的犯罪が生じやすくなる。アルコール依存や薬物依存が再び生じてくる。ストレス型の犯罪は，被災者の間で生じてくる犯罪であり，そうしたストレスへの適切なケア，対応が必要となる。

その他の犯罪

大災害後の犯罪はこれまで述べてきたように，生き残るために救援がなかったり，あるいは救援が遅れたりする場合，生き残るために行われる窮乏型犯罪，震災等に便乗して行われる便乗型犯罪，ストレスの蓄積のなかで行われるストレス型犯罪に分けて考察した。しかし，これらの型が結合した混合型の犯罪もありうる。

また，社会的統合がうまく機能してこなかった社会では，異なる集団の間で

の衝突が生じることも知られている。ロサンゼルスのロドニー・キング事件を契機とする暴動事件が代表的な事例である。このような事態は，「我慢強い日本人」には無縁なのであろうか。残念ながら，決してそうではない。

　1923年の関東大震災では，在日朝鮮人に対して，被害者が数千人に及ぶ大規模な虐殺事件が生じており，中国人や日本の社会主義者，労働運動の指導者たちも，殺されている。[31]この虐殺事件に関しては，日本政府はきちんとした調査も行わず，虐殺を実行した人々やそれを扇動し，指示した人々の刑事責任も軽いものであった。事件の背景には，朝鮮半島における植民地化の進展，独立運動への弾圧があった。1910年に韓国の日本への併合が行われたが，これに対して抵抗運動がくり広げられ，3・1独立運動（1919年）が朝鮮全土で燃え広がった。これに対して，日本政府と朝鮮総督府は徹底的な軍事弾圧を行った。関東大震災に直面して，政府は東京に戒厳令を布告したが，この布告を推進したのが，かつて朝鮮総督府で3・1独立運動に対する軍事弾圧を行った軍の幹部たちであった。朝鮮人たちが「武装して，日本人に対して略奪をしている」とか，はては「井戸に毒薬を流している」といった，悪質極まりないデマが広げられていった。そのなかで，在郷軍人会を中心とする自警団や軍人たちや警察によって上述のような虐殺がくり広げた。こうしたデマの出所がどこであるかについては，諸説があるが，軍や警察の関与の疑いも根強い。新聞も当初，それをあたかも事実であるかのごとく報道していた。惨劇が拡大し，諸外国からも批判されるようになり，朝鮮に対する植民地支配の障害となることを恐れて，政府はあわてて，虐殺を批判するようになり，その責任を自警団に押し付ける姿勢を示し始めた。3・1独立運動を体験して，軍幹部や政府の幹部は，強烈な差別意識と倒錯した恐怖心に駆られていたものとみてよい。そうした差別意識や倒錯した恐怖心は，日本の民衆にも浸透していたといえよう。以上のように，関東大震災の大虐殺事件は，特有な政治的背景を持った事件であった。

　他方，この事件を別の角度から見ることもできる。植民地化の進展に伴い，困窮した朝鮮人たちが日本本土に移住するようになり，大都市を中心にコミュニティを形成するようになる。彼らの生活習慣は日本人のそれとは当然異なることから，日本人の側に違和感や差別意識が醸成されたともいえる。こうした深刻な文化的な葛藤を背景に，マジョリティの日本人社会とマイノリティの朝

鮮人たちとが衝突したという側面もあるといってよい。デマの流布によって，マジョリティに「自衛意識」が生じた。すなわち，大災害のなかで，対立が急激に強まり，社会全体としては解体的な状況が生じた。他方で，当時の犯罪統計によれば，大震災の後，虐殺以外の一般の犯罪が増加しているわけではなく，むしろ減少していた。すなわち，狭い閉ざされた範囲で人々の結束が進むことが，集団相互の対立を激化させ，社会全体としては犯罪を増加させることにも目を向ける必要がある。大災害に直面して人々が結束するが，そこでは正確な情報の伝達が不可欠であり，さらに連帯の広がり，その質と深みが問われなければならない。[32]

東日本大震災のすぐ後，外国のメディアは，大地震の後外国では略奪・暴動が発生するのが普通であるのに，日本では被災者が辛抱強く耐えており，略奪がないといって賞嘆するコメントがなされている。それを受けて，日本のメディアも，日本人の美徳と優秀さを評価する傾向がみられるが，そうした評価は，関東大震災に伴う惨劇を完全に視野の外に置いている。災害時に人々が助け合って生存を図ることから，一定の条件があれば犯罪が抑制されることは，外国においても見られるところである。

4 ■ 災害の時間的経過と犯罪問題──段階論による検討

大災害と犯罪問題は，災害の時間的経過によって，大きく変化する。たとえば，被災直後の段階と復旧・復興の段階とでは，犯罪の様相は，大きく異なる。このように段階の変化に即して，犯罪の様相を分析し，予防を考えるのが，段階論的検討である。こうした検討は，主としてアメリカで行われてきたが，私たちが阪神・淡路大震災の後の犯罪問題を検討した際にも参考にし，大変有用であった。[33] 段階論については，いろいろなモデルがあるが，2011年に発表されたソートンとヴォイグトによるモデルが，[34] もっとも妥当のように思われる。この理論は，①警告・警報の段階，②被災と緊急状態，③復旧・復興という3つの段階に分けて，犯罪の変化を検討するものである。この3つの段階は，災害の種類・程度によって異なる。以下では，このモデルをもとに検討する。

警告・警報段階

　災害の種類によっては，警告・警報が不可能な犯罪もある。典型的なものは，大地震である。さまざまな研究の蓄積にもかかわらず，地震の発生について日時・場所・マグニチュードや震度を予知することはできていない。最近では，○○年の間に，○○％の割合で，震度○の地震が発生するというレベルまで，予測するようになってきている。しかし，研究機関ごとによるばらつきが大きい。人災である暴動は，一般に予測が困難である。

　これとは対照的に，現在までの科学の発達により，警告・警報が可能な災害もある。典型的には，台風・ハリケーン・サイクロンであり，地震発生後の津波の到来時と高さに関しても警告・警報が可能となっている。火山の噴火・火砕流，水害による土石流もある程度まで，予測が可能となっている。人災であるテロリズムが予測可能かどうかは，ケース・バイ・ケースであり，具体的な予測は多くの場合困難である。原発事故が地震・津波に伴う場合，その予測可能性は，地震・津波の予測の可能性に依存する。

　大型のハリケーンが襲うアメリカの南部や東南部では，貧富の格差が露呈する。富裕層はいち早く避難をし，それが不可能な低所得者層の人々は地域に残留し，避難した人の家屋を対象にした空き巣などが生じてきている。

　しかし，一般には警告・警報の段階では，人々の緊張が高まり，協力し合ってそれに備えようとするために，犯罪は減少することが知られている。もっとも，地震のように予測が困難な大災害では，災害発生直前かどうかがわからない。津波は，予想できても到達までの期間が短い場合，人々は逃げようとすることに力を集中するので，予測から発生までの間にそれに乗じて行う犯罪は，少ないと考えてよい。しかし，たとえばチリの大地震などによる津波は，2～3日後に到達することになる。その間にどさくさにまぎれて犯罪を行う可能性もある。

　具体的に予測ができない大災害についても，普段から対策を講じておくことは，被災の程度を軽減するうえで重要であり，それが災害発生後の犯罪の発生をも抑制する効果を持つ場合が少なくない。

被災・緊急状態段階

(1) 困窮型犯罪

　災害が実際に生じて，被害が発生すると，被害の確認，人命の救出，行方不明者の捜索，援助物資の調達と配布などの支援が課題となる。被災者相互の助け合いと被災地外の人々の支援活動が活発にくり広げられる。人々の絆が強まり，社会全体の人々の道徳心が高まり，犯罪発生を抑制する効果を有する。被災地では，犯罪傾向を有する人々も被災をするため，犯罪どころではなくなる。しかし，救援が遅れると，その分だけ，被災者による困窮型犯罪は発生しやすくなる。略奪やそれに近い状況は，日本でも決してありえないわけではない。救援物資の配布をめぐる衝突や暴力事件も発生しやすくなる。救援物資の迅速な配布とライフラインの復活が，困窮型犯罪を抑止するうえでも，最も重要な要素となる。

(2) 便乗型犯罪

　便乗型犯罪は，大災害の際には災害の発生直後から急増するといってよい。

① 侵入盗

　被災し避難して，空き家となった家々を狙った侵入盗が生じやすくなる。とりわけ，家が半壊したり，全壊したとしても，家屋が崩れ落ちていない状態であれば，リスク覚悟の侵入が行われる。夜間に照明がない暗闇になると，これに乗じた犯罪が容易となる。

　東日本大震災では，福島原発の事故により避難命令が出されて，空き家となったところは，無人の地域となった。しかも多くの家々は立ち続けていた。警察等の巡回も放射能の危険を回避するため，手薄になり，昼間でも無人のエリアとなった。犯罪発生が容易に行われる状況が生じた。

　侵入盗は，住居だけでなく，店舗・事務所・倉庫等に対しても行われる。とりわけ，商店は「金目のもの」が大量に存在するため，侵入盗の対象となりやすい。阪神淡路大震災では神戸市の中心部の百貨店の宝石売り場や宝飾専門店に侵入した犯罪者により，一件当たりで億単位の被害が発生している。[35]

　窃盗は，完全に崩落した住居からも可能である。崩れ落ちた家屋の隙間から，現金や金目の物を取り出し，着服することもある。津波でさらわれた家々につ

いても同様なことが生じうる。さらには，遺体から，貴金属の宝石・入れ歯など貴重品を奪うこともありえないわけではない。

　侵入盗は，主として被災者ではない者が，外からやってきて行う。阪神・淡路大震災では，とりわけ，狙われやすい商店街の人々が，地域の自治会・商店街振興会を基礎に，近隣の見廻り活動を長期にわたって行った。具体的には，立ち番，昼と夜にチームを組んで巡回する活動（見回り），不審者の発見と質問，地域の入り口でのチェックなどである。このような近隣の見廻り活動は，もっぱら防犯活動だけを行っていたわけではない。被災直後の人命救助，安否の確認，救援物資の配布や防火活動などと渾然一体となった活動である。地域が復旧・復興段階に入っていくと，地域復興計画の策定にも深く関与した。

　自衛隊は人命救助，危険な住宅・建物の解体，瓦礫の除去，交通網の確保，救援物資の輸送等が重点的な活動となる。警察の活動は，人命救助，被災者の救援等が重点となり，地域での防犯活動まで手が回らない状況となる。警察署や警察官もまた被災をし，警察は部分的に機能不全となる。阪神・淡路大震災では，警察による犯罪抑制が弱体化するのをカバーしたのが，地域住民による近隣の見廻り活動であった。

　東日本大震災の場合，激震地では津波によって，多くの人命が失われ，家屋もさらわれた。原発事故では，地域の人々がまったく住めなくなってしまい，既存の地域社会そのものが基盤を失った。これは，阪神淡路大震災とはまったく異なる事情である。

② 義援金を巡る犯罪

　義援金に関する犯罪としては，まず，義援金を集める活動に関連する詐欺・横領・窃盗がある。この種の犯罪の多くは，大災害の被災・緊急救助の段階において，発生する。

　義援金の受給・配分を巡る詐欺・不正受給も，この段階で生じるようになる。また，物価の吊り上げ，暴利行為も被災後の早い段階から，起こるといえよう。

③ 人身売買

　発展途上国で生じている大災害後の人身売買も，被災・緊急救助の段階ですでに生じているといえよう。人身売買は関東大震災後にも存在した。

復旧・復興段階

被災・緊急救助の段階の次に復旧・復興の段階である。ここでも便乗型犯罪が主要なものとなる。

(1) 困窮型犯罪

被災者は，災害に打ちのめされ，経済的な面で復旧・復興のめどが立たないケースも少なくない。家を失うとともに，失業や解雇により，先の見通しが立たない状況が生じる。それらを打開するために，不正受給をやってしまうという面が否定できない。それは一種の困窮型犯罪といってもよい。

(2) 便乗型犯罪

住宅等の修繕・新築に関連したリフォーム詐欺はこの時期に生じやすい便乗型犯罪である。復旧・復興は，被災の程度が比較的軽い周辺地域から可能となり，激震地へと進んでいく。被災者との間で修繕や建替えの契約を締結して，手付金を受け取るが，そのまま姿をくらましたり，一応工事をするがその内容は極めて質の悪い工事であったりする。

公的資金には災害給付金，各種の補助金，貸付金などがあるが，これらをめぐる犯罪が生じてくる。これには，被災者でないものが，被災者であると偽って受給する事案もあれば，被災者による不正な受給も生じてくる。阪神・淡路大震災では，被災者が被災の程度を過大に申告して不正受給を行った事例や，受給回数が制限されているのに，回数を超えて受け取ったケースなどが見られた。さらに，保険金をめぐる詐欺が生じてくるのもこの段階であり，これにも被災者とそれ以外の者とがある。もっとも，保険会社が払うべき保険金を支給しないという問題も生じうる。

危険な建物・住宅の解体，瓦礫の除去や廃棄物の処理は，震災復旧・復興の第一歩である。阪神淡路大震災では，被災地を横断できる道路が制限され，昼間は復旧工事に関わるものとして許可を受けた車両しか通行できなかった。無資格者が，この許可証を偽造して，車両を運転した事件が生じていた。大震災後の事態に対応して，廃棄物処理は平常時とは異なる処理が認められる。しかし，それでもなお違法投棄，違法処理が生じうる。

復旧・復興期では，公共工事を巡る犯罪が発生しやすい。被災地では，一種

の復興特需が生まれ,危険な住居・建物の解体,瓦礫処理と仮設住宅の建設,公共の施設や個人の住宅の再建の需要が爆発的に発生する。阪神淡路大震災では,市の公共工事の受注を狙って,暴力団系の企業が協議会を結成して,事業に食い込もうとしたケースが明るみに出た。東日本大震災では,瓦礫処理等のほか港湾施設の復旧,交通網の復旧・整備に加え,原子力発電装置の冷却,廃炉の処理,放射能汚染の除去も課題となる。公共工事を巡って入札談合が生じやすく,下請・孫請などで,暴力団を背景としたフロント企業など,いわゆる反社会的勢力が現場に入り込みやすくなる。とりわけ,原発周辺へは放射能の危険が高いため,これらの危険を承知の上で,暴力団系の企業が食い込んでくる。

(3) ストレス型犯罪

　復旧・復興期になると,被災者の間で格差が歴然と現れてくる。復旧・復興へと前を向いて歩き出す人々ばかりではない。愛する者を失い,住む家の喪失,失業,家族の離散,これまで築いてきたものの多くが失われ,悲痛な体験を通じて,ストレスが蓄積され,心身の健康を害する人々も少なくない。その結果,自殺,アルコール・違法薬物への依存やギャンブル依存が広がり,さらには性犯罪やDV,暴力犯罪等を行うものも現れてくる。

5 ■ むすびに

　一般に自然災害時には,被災者は相互に助け合おうとし,被災地以外の人々も救援の手を差し伸べようとする。その結果,社会全体の道徳的水準が高まり,このことが犯罪発生を抑制する方向に作用する。適切な救援活動が行われることが,同時に犯罪防止にとっても肝要となる。もっとも犯罪抑制の働きは,被害の程度,被災した社会の状態,救援・復旧の迅速さなどによっても異なる。これに対して,人災ではそれを引き起こした人々に対して被災者やその他の人々は怒りの感情を向ける。その結果,社会の結束が形成されにくくなり,犯罪発生を促進する要素が多くなる。とくに,暴動やテロリズムの場合,被害者も自衛の措置を講じたり,反撃したりするため,社会的緊張が高まり,犯罪抑止のメカニズムが働きにくくなる。

大災害後の犯罪問題は、時の経過により、様相が大きく変化する。こうした変化に的確に対応することが極めて重要である。

［註］
1) 足立昌勝「関東大震災における警備体制と犯罪」甲南大学総合研究所編『阪神大震災後の犯罪問題』(甲南大学総合研究所，2001年) 104頁以下。近年の業績として，松尾章一『関東大震災と戒厳令』(吉村弘文館，2003年)。なお，姜徳相『関東大震災』(中公新書，1995年)，鈴木淳『関東大震災——消防・医療・ボランティアから検証する』(ちくま新書，2004年) 189頁以下，山田昭次『関東大震災時の朝鮮人虐殺——その国家責任と民衆責任』(創史社，2003年)。
2) 前掲・註1) 甲南大学総合研究所。なお，刑法雑誌42巻1号 (2002年) 16頁以下「特集 阪神大震災と犯罪問題」は，共同研究の成果の一部である。
3) Zhou, D., Disaster, *Disorganization, and Crime*, 1997. University of Albany State University of New York PhD diss. Ann Arbor, MI: Unoversity of Microfilms International.
4) Teh, Y.K. "The Abuses and Offenses Committed during the Tsunami Crisis", *Asian Criminology,*. 3 (2008) pp. 201-211.
5) http://www.47news.jp/CN/201001/CN2010012201000125.html.
6) Cromwell, P., R.Dunham, R.Akers and L. Lanza-Kaduce. "Routine Activities and Social Control in the Aftermath of a Natural Catastrophe", *European Journal on Crime Policy and Research* 3 (3) (1995) pp. 56-69.
7) Berthelot, "Southern Cities Post-Katrina: The Effect of Social Disorganization in New Orleans and Houston Neighborhoods", *originally presented at 16th World Congress of the International Society for Criminology* (2011). 本書第5章に収録。
8) Siman, B.A., *Crime during Disaster*, University of Pennsylvania PhD diss (1977). Ann Abor, MI: University of Microfilms International.
9) Siman,ibid., pp. 81-82.
10) Murty, K.S. & Roebuck. J.B. "The Los Angels Riot and the Criminal Justice Response" *Crime and Criminal Justice in Disaster,* ed., Harper D. W. & Frailing, K. (Carolina Academic Press, 2010). 193-216.
11) Frailing, K., "Fraud Following the September 11, 2001 and Hurricane Katrina Disasters" Harper & Frailing, ibid. 139-159.
12) Moritz Liepmann, *Krieg und Kriminalität in Deutschland* 1930. 邦訳には次の2つがある。小川太郎訳『戦争の犯罪に及ぼせる影響』(日本評論社，1943年) および『ドイツにおける戦争と犯罪』司法省調査部司法資料245号 (1940年)。
13) Frank Exner, *Krieg und Kriminalität in Osterreich*, 1927. 邦訳『戦争と犯罪』司法省調査部司法資料267号 (1938年)。
14) 佐伯千仭『戦争と犯罪社会学』(有斐閣，1946年)。
15) 1972年2月26日，アメリカのウエースト・バージニア州バッファロー渓谷の鉱山のダムが決壊し，甚大な被害を生じさせた。Frailing, K., & Harper, D.W. "Crime and Disaster in Historical Perspective" Harper. & Frailing, ibid 7-26 ; K. Erikson, K.T.. *Everything In its Path: Destruction of Community in the Buffalo Creek,* (Simon & Schuster, 1976)。
16) 1989年3月24日，アラスカのプリンス・ウイリアム海峡でスーパータンカーのエクソン・バ

ルデス（Exxon Valdez）号が座礁して，1100万ガロンから33万ガロンの原油を流出させ，大規模な環境破壊を生じさせた。Gill, D.A, Picou J.S. & Ritche L.A.,"*When the Disaster is a Crime: Legal Issues and the Exxon Valdez Oil Spill*" Harper & Frailing, ibid. 61-82.

17) Wohlenberg, E.H., " 'The Geography of Civility' Revisited: New York Blackout Looting", *Economic Geography* 58 (1) (1982) pp. 29-44. 前掲・註1）甲南大学総合研究所［田中康代訳］86頁以下。

18) Mueller, G.O.W. & Adler, F., *Criminology of Disaster*. この論文は公刊されていないが，斉藤が直接筆者から入手した。その紹介として「災害の犯罪学」前掲・註1）甲南大学総合研究所［平山真理訳］75頁以下。ニューヨークでも1965年の大停電では略奪は生じなかったが，1977年には略奪が生じている。

19) Genevie, L., Kaplan, S.R., Peck, H. & Streuning, Kallos J.E., Muhlin, G.L. & Richardson, A, "Predictor of Looting in Selected Neighbourhoods of New York City during the Blackout of 1977", *Sociology and Social Research* 71 (3) (1987) pp. 228-231. 前掲・註1）甲南大学総合研究所［田中康代訳］86頁以下。

20) 神戸新聞1995年3月29日。なお，斉藤豊治「阪神大震災後の詐欺及び悪質商法」西村春夫先生古稀祝賀論文集『犯罪被害とその修復』（敬文堂，2002年）62頁。

21) 朝日新聞2011年3月17日夕刊11面など。

22) Mueller, G.O.W. & Adler, F., Criminology of Disaster. 前掲・註18) 平山75頁以下。このことを指摘する外国の文献は多数に上る。

23) 斉藤豊治「地震と犯罪」潮海一雄編『阪神・淡路大震災と法』（甲南大学阪神大震災調査委員会，1997年）263頁。

24) 次のような報道がある。「宮城県警は地震発生から3日目の13日までに計21件の窃盗があったことを明らかにした。人のいないコンビニなどを狙う事件が多く，津波被害で混乱する地域で多発する傾向がみられるという。被害総額は約40万円にのぼり，ガラスを割って店内に侵入し，食料品やたばこ，現金などが盗まれた。震災で閉店しているコンビニや小売店が狙われている」（時事通信2012年3月13日）。

25) 前掲・註20) 斉藤58頁。

26) オートバイは歩道を往来していたが，これは本来道路交通法に違反する犯罪である。

27) Cynes, R.R. & Quarantelli, E.L., "Looting and Property Norms: Conflict and Consensus in Community Emergencies" *paper presented at the 1968 Annual Meeting of the American Sociological Association at Boston,* Massachusetts. 前掲・註1）甲南大学総合研究所［松原英世］78頁以下。

28) Frailing, Kelly, "Fraud Following the September 11, 2001 and Hurricane Katrina Disasters", Harper & Frailing, ibid. 146-152.

29) 前掲・註23) 斉藤263頁。

30) 前掲・註20) 斉藤67頁以下。

31) 足立昌勝「関東大震災における警備体制と犯罪」刑法雑誌42巻1号（2002年）65頁以下。

32) 斉藤豊治「阪神大震災と犯罪問題」刑法雑誌42巻1号（2002年）29頁。

33) Mueller, G.O.W. & Adler, F., *Criminology of Disaster*. ミューラーとアドラーは，災害前段階，災害発生段階，災害発生後の段階にわけている。前野育三「震災と犯罪」刑法雑誌42巻1号（2002年）59頁参照。

34) Thornton, W.E & Voigt, Lydia, "Disaster Phase Analysis and Crime Facilitation Patterns" *Harper & Frailing*, ibid. 193-216.

35) 前掲・註23) 斉藤263頁

〔斉藤 豊治〕

2 阪神・淡路大震災後と関東大震災後の犯罪現象の比較

1 ■ はじめに

　1995年1月17日に，兵庫県南東部において発生した地震は甚大な被害をもたらした。当時学生で神戸市内に在住していた筆者も被災した。震災からの復興が早いとはいえないものの着実なスピードで進むなか，震災1ヶ月後の2月17日に報じられたある新聞記事が社会の注目を集めた。兵庫県警の発表によると，阪神・淡路大震災後の約1ヶ月間に被災地域で発生した窃盗事件は，前年の同時期に比べ約30%も減少した，とその記事では報じられていた。このことは当時の私には大きな驚きであった。大きな災害等で社会が混乱に陥った場合は通常，その混乱に乗じた犯罪が多発すると一般的には考えられている。現に阪神・淡路大震災は戦後の日本社会が直面した最も大きな自然災害であり，ライフ・ラインの断絶に始まり，社会は大きな混乱に投げ込まれた。そのなかで本当に犯罪は増えなかったのか。そうだとしたら，その理由は何なのか。それがこの研究をしようと思った最初のきっかけとなった。

　一方，1923年の関東大震災では，混乱に乗じた犯罪が多く発生し，さらには一部の人種的マイノリティへの排除や殺戮さえ発生した。同じような大災害が起きながら，なぜその後の犯罪現象はこうも異なったのだろうか。これがこの研究の根底にある大きな関心事である。

　ところで，それぞれの震災は大正，平成と実に70年以上も時を隔ての現象であり，当然社会は大きく変化し，そのことは必然的に犯罪現象の違いにも大

きな影響を及ぼす。2つの犯罪現象が大きく違うことは、単に時代の変化であるといい切れてしまうかもしれない。しかし本章では、この2つの大震災後の犯罪現象を比較するなかで、そこに違いがみられるのであれば、それは社会がどのように変化したことによるところが大きいのかについても分析を行いたいと考える。

2 ■ 関東大震災後の犯罪現象

1923年9月1日午前11時58分、関東地方をマグニチュード7.9の大激震が襲い、東京府（当時）、神奈川県等において大きな被害を出した。この震災による死者は9万1344人で、被災地域の当時の人口は11,758,000人であったというから、実に人口の約7.8％の人が死亡するという甚大な被害であった。[3]

この大惨事に対し当時の政府は、社会の大混乱を懸念し、地震から5日後の9月6日、枢密院会議において三大緊急勅令を可決した。まず、生活必需品の物価高騰を防止するために「暴利取締令」が発令された。

また、債務・再建の特例措置に関する支払延期令による「支払」も定められた。もう1つの勅令は治安維持令である。それらは9月7日に公布、同日施行された。しかし、政府のこの比較的迅速な対応に反し、未曾有の大災害に襲われた人々は混乱を極め、犯罪も多発した様子が地震後の新聞に報じられている。たとえば、「犯罪は増える一方で一日80名が検挙された」[4]であるとか、「平素余り多くない犯罪が増え、震災後2ヶ月の間に金庫破りが19件、棄児が12件、死体遺棄が2件、救護品横領が5件、誘拐が2件、女性への暴行が7件、警察庁により検挙された」[5]等報じられており、震災後、被災地域で犯罪が増加したことが窺える。

ところで、関東大震災後の犯罪については、震災後2ヶ月（9月、10月）の犯罪件数を前年の同時期と比較した小野清一郎による研究がある。[6]関東大震災後の犯罪について次に表で述べる数値は「検事局受理数」であり、そこには警察で逮捕されながら送検されなかった数が含まれない、という意味で一定の限界があるデータであることは確かである。しかし、震災後の犯罪について知ることのできる貴重なデータであることは間違いなく、ここではそれを検討する。

表 2-1　東京地方裁判所及び同管内裁判所検事局受理のなかで増加した犯罪

罪　名	1923年9月・10月	1922年9月・10月	増加数
放　火	19	8	11
放火予備	1	—	1
殺　人	51	16	35
窃　盗	2,887	1,738	1,149
占有離脱物横領	49	2	47
建造物損壊	13	6	7
浄水汚染	5	—	5
出版法違反	156	7	149
鉄砲火薬類取締法違反	26	6	20

表 2-2　同管内のなかで著しく減少したもの

罪　名	1923年9月・10月	1922年9月・10月	減少数
詐　欺	378	1,398	1,020
横　領	253	899	646
業務上横領	28	96	68
賭　博	155	402	247
傷　害	121	326	205
名誉棄損	2	19	17

　まず，被害の大きかった地域については，表2-1，2-2となる（以下A群）。

　次に，災害による被害程度の小さかった地域については，表2-3，2-4，2-5となる（以下B群）。

　上記の表について見てみると，まず，被害の甚大であったA群については，放火，窃盗，殺人が激増している（表2-1）。小野は，放火の激増については，地震後絶え間なく続いた火災により人々が火に対して敏感になり過ぎたため，警察の取り締まりが厳しくなり，その結果として検挙件数が上がってしまったのではないか，と分析している[7]。また，殺人については，震災後の群集心理興奮によるものであると分析し，さらに窃盗事件の激増については，震災後の経済的影響や，窃盗の機会が豊富にあったためである，とそれぞれ分析している[8]。ここでいう「窃盗の機会」とは必ずしも明らかにされていはいないが，他人の財物を欲する人々がいる（動機付けられた犯罪者の存在）という前提のもと，家屋等が全壊，半壊になることで被害対象物がより可視化され（被害物の存在），住人は混乱や避難でそれを監視する余裕がなかった（監視の不存在）ことも意味するのであろう。犯罪の発生を説明するうえでの「日常生活理論」がまさにあてはまる状況が存在していたといえよう。

　また，占有離脱物横領や建造物横領については，震災後の混乱した状況を考

えると，占有状態の保護が非常に難しく，受理数の増加は当然のことともいえるであろう。

さらに，震災後の警察の一般検挙方針として，「警察権に反抗の実（情）ある者の検挙は厳正なること」とするものが採られていたことからも[9]，上で揚げた表においては統計がとられていないが，公務執行妨害の件数についても増加したと推測される。またこの方針は，すべての犯罪の検挙件数の増加（そして検事局への受理数の増加）に影響したと推測することができる。

ところで，表2-2を見てみると，詐欺事件や横領事件の受理件数が減少していることがわかる。詐欺罪はその態様が複雑であり，また横領罪はその成立に加害者と被害者の間の信用関係の存在が必要であるために，窃盗罪と同じく財産犯罪ではあるものの，減少したのではないか，と小野は分析している[10]。このことは，震災後の犯罪は時の経過とともに量だけではなく質もまた変化するという，重要な分析である。また，賭博罪と名誉棄損罪の受理数の減少については，その機会や余裕が当時の住民の間にはなかったためであり[11]，傷害事件の受理件数の減少については，震災時の混乱により，警察の検挙活動が不十分であったため，暗数の存在が考えられるが，震災後は道徳的緊張や（被害者）相互の同情及び飲酒の機会減少等が影響したのではないか，と分析している[12]。

ところで，被害程度の小さいB群について殺人等の凶悪犯の受理数は増加しているものの，窃盗犯はA群とは逆に減少しており，注目に値する。これは，被害程度が低かったために，家屋の倒壊度がA群に比べると小さく，したがって家屋から貴重品を運び出す余裕が住民にあったため，窃盗の対象となるものが比較的残りにくかったことも一因である，と分析できるのではないだろうか。

では，実際にはどのような殺人事件が起きていたのかを震災直後の当時の新聞報道等から何件か紹介してみたい。殺人事件については，震災の混乱のなか，手提金庫を持って逃げ惑う夫婦を突き刺し，その金庫を奪った強盗殺人のケース[13]や，震災後の生活の苦難のために病気の父親を殺害した息子のケースなどが報じられている[14]。

しかし，関東大震災後の殺人事件としてはやはり特定のマイノリティ民族や社会主義者等についての流言に惑わされた人々が，彼らを攻撃する結果となってしまったことを重視する必要がある。これらの流言には「朝鮮人が井戸に毒

表 2-3　千葉地方裁判所検事局受理

罪　種	1923年9月・10月	1922年9月・10月	増　減
騒　擾	20	1	＋19
殺　人	46	6	＋40
賭　博	42	69	－27
窃　盗	307	361	－54
詐　欺	248	424	－176

表 2-4　浦和地方裁判所管内における同上

罪　種	1923年9月・10月	1922年9月・10月	減少数
騒　擾	5	―	＋5
強　姦	8	―	＋8
殺　人	7	4	＋3
強　盗	15	2	＋13
傷　害	43	60	－17
窃　盗	354	512	－158

表 2-5　前橋地方裁判所管内における同上

罪　種	1923年9月・10月	1922年9月・10月	増減
騒　擾	2	―	＋2
殺　人	21	5	＋16
傷　害	57	41	＋16
窃　盗	343	403	－60
詐　欺	68	172	－104

を投げ込んだ」とか「朝鮮人が放火している」等，根拠のない流言[15]が殺戮につながってしまったのである。この流言による殺戮行為は民衆や住民によるだけでなく，軍隊や警察までが参加したという説もあり[16]，また震災後各町ごとに青年団や在郷軍人や町会等が自衛のためと称して結成した自警団による朝鮮人や中国人に対する殺戮が横行し，数千人以上の朝鮮人，中国人が犠牲になったという指摘もある[17]。

　このことを考えると，上記A群，B群の表における殺人事件の増加はあまりにも少ない。これは検事局受理数であり，とくに群集心理に基づいたよる朝鮮人への殺りく行為はかなりの暗数が含まれるであろうし，また検挙されてもその後釈放された者の数も多く含まれるであろう。当時の警視庁の活動についての記録『警視庁史 大正編』では，自警団による殺りくや傷害は9月4日未明から捜査を始めたと記している[18]。このことはつまり，震災発生後3日までは警察活動は大きく制限され，ゆえに多くの暗数が存在することを示唆するものである。そして警視庁は9月中に捜査の結果，殺人45件（161名），傷害16件（85

名),強盗1件(1名)の計62件247名をそれぞれ検挙したとする[19]。

3 ■ 阪神・淡路大震災後の犯罪現象

1995年1月17日,午前5時46分,兵庫県南東部をマグニチュード7.2の激震が襲い,主な被災地域の人口166万9740人中,6434人が死亡し,3人が行方不明,そして4万3792人が負傷するという大きな被害をもたらした[20]。政府は1月17日に非常災害対策本部を,19日には緊急対策本部を置き,震災に対応した[21]。

震災後起こり得る便乗犯罪を懸念し,2月1日の検察会同では,「震災便乗犯罪に厳正に対処をするように」訓示が出され[22],また警察庁は便乗犯罪の取り締まりと防止を最優先課題として兵庫県警の事件処理を強化する緊急通達を2月3日に出している[23]。政府も当初から震災後の便乗犯罪を懸念していたことがうかがえる。

件数としては多くはないものの,震災直後には混乱に乗じた強盗や略奪はもちろん発生していた[24]。ところが,先述したように,震災から1ヶ月後に報じられた新聞記事[25]ではむしろ被災地における犯罪の減少が報じられた。つまり,1月17日～2月14日までの間に被災地域における窃盗の認知件数は1487件で,前年の同時期に比べ669件減で,これは30％の減少になる。また,交通事故と負傷者についても,前年同時期より約10％も減少していることが報じられていた。

震災後1ヶ月ほどのこの時期の交通事故の減少については,震災後の道路の慢性的渋滞のため,スピードを出すことそのものが不可能であったためであると分析できるが,窃盗事犯の認知件数がなぜ減少したと考えられるかについてはもう少し詳しい資料を見てみることにしたい。

まず,被災地域関係警察署14署(神戸市:東灘,灘,葺合,生田,兵庫,長田,須磨。阪神;芦屋,西宮,甲子園,伊丹,宝塚。淡路;岩屋,津名西)における震災後100日間の犯罪発生件数(この場合は震災後に「発生」した犯罪についての認知件数であり,これ以前の時期に発生した犯罪を含まない)と検挙数について見てみると,表2-6のようになる。

表2-6 被災署における震災後100日間の犯罪発生・検挙状況 [26)]

罪　種	1995年 認　知	1995年 検　挙	1994年 認　知	1994年 検　挙	認知増減	検挙増減
殺　人	5	5	4	4	(+) 1	(+) 1
強　盗	1	5	4	4	-6	-4
放　火	4	4	1	1	3	3
その他	4	4	4	4	±0	±0
小計(重犯)	14	13	16	13	-2	±0
粗暴犯	101	101	108	107	-7	-6
公務執行妨害	9	9	3	3	(+) 6	(+) 6
その他	282	257	335	277	-53	-20
計(窃盗除く)	406	380	462	400	-56	-20
侵入盗	412	80	923	102	-511	-22
自動車等	155	20	315	32	-160	-12
ひったくり	49	0	89	8	-40	-8
す　り	57	8	144	41	-87	-33
小計(重窃)	673	108	1,471	183	-798	-75
オートバイ盗	2,122	93	1,476	70	(+) 646	(+) 23
自転車盗	918	52	979	68	-61	-16
その他	1,478	186	2,319	618	-841	-432
計(窃盗)	5,191	439	6,245	939	-1,054	-500
合　計	5,597	819	6,707	1,339	-1,110	-520

　まず，殺人犯については，震災前年に比べ1件のみ増加していることがわかる。しかし兵庫県下の過去の殺人事件の認知件数の移り変わりを見ても，さほど大きな増加であるとはいえず，震災との関連を指摘することはできない。もちろん，心理学的に見ると何らかの影響を受けたケースがあるかもしれない。しかし，阪神・淡路大震災後は関東大震災時と違い，一部の人種マイノリティに対する攻撃などは見られなかった。

　ここで，一番大きな変化といえるのは，窃盗犯の著しい減少であろう。ところで，表2-6を見ると，窃盗犯全体としては減少しているものの，オートバイ盗の認知件数は前年同時期の1476件から2122件に激増していることがわかる。これは被災地域の交通状況に大きな理由があるのではないか。確かにオートバイ盗はもともと認知件数の多い犯罪ではあるが，阪神・淡路大震災でライフ・ラインが完全に麻痺し，交通機関は長い間使用を大きく制限された。そのような状況のなかで，親戚の安否確認や生活物資の買い出しという目的で，オートバイが重宝されたことがオートバイ盗激増の大きな原因のひとつではないか。これは，同じく乗り物等でも自動車盗の認知件数がほぼ半減していることからも裏づけられる。震災後被災地域では，道路がまったく使えない状態や，

また使用できても復興対策関係者に限定された期間がかなり長く続いたために自動車の使用価値が下がったのであった。
　また，オートバイ盗，自転車盗について前年に比べ，前者は4.7％から4.3％へ，後者は0.6％から0.5％へと検挙率が下がっている。これらの犯罪の認知・検挙活動は被害法益のわりに，非常に時間と労力を必要とすることから，当時の警察が他の犯罪検挙や救援，復興作業に忙殺されていたため，十分にそこまで手が回らなかった，ことが大きな理由であろう。
　一方，窃盗事件の認知件数の減少の大きな原因は侵入窃盗に見いだすことができる。これは，全壊や半壊した建造物から，そこの住人が貴重品については持ち出したり，また避難所に携帯して持って行ってしまう場合が多く，潜在的加害者が金品等を窃取しようとしてもめぼしい物が残っていない，という状況が多かったと分析できるのではないだろうか。
　また，窃盗事犯のなかでは，「すり犯」が約3分の1強にまで減少していることがわかる。これは，すり犯が主にその犯罪行為を行う場所である交通機関や遊興場が長期にわたり使用不可能であったり，あるいは一部営業などの制限付きであったため，その犯行の場所，機会がともに乏しかったこと大きな原因のひとつではないだろうか。
　一方，表2-6からは公務執行妨害罪の認知件数が前年に比べかなり増えていることがわかる。これは震災後，警察が犯罪取締活動や治安の維持などにかなりナーヴァスにならざるを得なかったことが反映された結果と思われる。
　次に，特別法犯の犯罪に注目すると（これは被災地域だけでなく兵庫県下全体における統計であるが），1995年1月～10月までに「覚せい剤取締法」違反が615件検挙されている。[27] 前年の同時期における検挙件数は561件であるから，約9.6％増加している。
　震災後の犯罪に対し，兵庫県警をはじめとする被災地域警察署は全国から1月17日～6月30日までに，合計のべ43万人の警官の来援を全国から受けた。[28] 全国から派遣された警察官は兵庫県警と協力し，被災地域や避難所の24時間パトロール，交通整理，貴重品を持ち出せなかった人の家屋の見張り，ライトアップ作戦（電気が不通で暗く，住民が不安になりがちな地域を関西電力の協力を得て照らした），また避難所のお年寄りを女性警察官が訪問し，不安や悩みを聞く

といった「のじぎくパトロール」等，心のケアにも力を入れていく[29]。このような警察の姿勢（アウトリーチの芽生え）と被災者の心の傷への注目は，この後，わが国の犯罪被害者支援を警察が大きなイニシアティヴをとりつつ推し進めていく流れへとつながっていったのではないか[30]。

4 ■ 2つの大震災後の犯罪現象の比較

窃盗事件

　2つの大震災後の犯罪現象を比較して，やはり一番大きな相違点は，関東大震災後は被災地において窃盗事件が激増したが，阪神淡路大震災後は窃盗が大幅に減少したことが挙げられる。この窃盗の激減については，手口別にみると，そのなかでも「侵入窃盗」が激減していることが大きな理由として挙げられる。この理由はまずは，大正時代と現代の住宅構造の違いが挙げられるであろう。大正時代の木造の平屋造りは崩壊し易かったであろうし，あるいは半壊の状態であっても，非常に侵入し易い状態にあったといえ，窃盗事件が発生し易い状況にあったといえる。動機づけられた犯罪者がいて，被害物が存在し，監視が不存在である，という，いわば日常生活理論が説明するところの「犯罪が起きやすい状況」が三拍子そろっていたことになる。

　一方，阪神・淡路大震災では，マンションなど家屋が丈夫であったために，関東大震災に比べると，全壊する家屋は少なかったといえる。そして，家屋自体が半壊の状態であっても，構造上外から侵入しにくい複雑な構造になっていたことも影響したのであろう。また半壊の家屋であれば，中から貴重品を取り出すことができ，住人が避難所に避難する際に貴重品は携帯して持って行ってしまうために，生活の水準が豊かになった現代では，窃盗犯にとっても盗むに値する物が少なかったことが大きな原因の一つではないか。

流言蜚語犯罪と外国人コミュニティ

　2つの大震災後の犯罪現象の相違で最も重要なものは，阪神・淡路大震災後は流言やデマゴーグに惑わされた住民による犯罪が起きず，被災者が冷静に行

動した，ということであろう。関東大震災後は，上で述べたように，流言に惑わされた人々が暴徒化し，大惨事を引き起こした。これは当時の情報媒介機関であったラジオや新聞が震災により使用不可能，困難となり，「人から人への伝え聞き」という，非常に曖昧な情報伝達手段しかなくなってしまったことも大きな原因であろう。

　流言について研究したPrasadは，R（rumor/噂，流言）= I（Importance重要性）× A（ambiguity 曖昧さ）という公式を立て，流言の大きさはその重要性と曖昧さに比例すると述べたが，関東大震災後の大虐殺劇は，「朝鮮人が放火する，襲ってくる」といった生命や身体に危険を感じさせる内容の噂という意味で非常に重要であり（importance），ラジオや新聞等の情報伝達手段が非常に制限されたなかで，「誰それがそう言っていた」という伝聞であり，内容が非常に曖昧であった（ambiguity）ことから，大きな流言があっという間に拡まってしまった典型的なケースであるといえる。

　また関東大震災時は，当時まずは真実を伝えるべき一番重要な役割を担う新聞までが「不逞鮮人各所に放火し帝都に戒厳令を布く」とか「鮮人至る所メッタぎりをはたらく」等流言を真否やニュース・ソースを確認しないまま報道し，人々の蛮行に拍車をかけたことに大きな役割を担ったのではないだろうか。一部の朝鮮人なかには震災後に便乗して犯罪を犯した者もいたかもしれない。戒厳部隊の報告によると，9月1日〜11月末日までに，朝鮮人が犯した犯罪として，殺人2件，殺人未遂1件，放火2件，強姦1件等が報告されている。しかし仮にこの数字が真実だとしても（そして仮にさらに暗数の存在があるとする主張があったとしても），在日朝鮮人に対して行われた大規模な殺害や排除行動の原因や言い訳として挙げることは不可能であろう。むしろ逆に，地震により逃げまどい，転んだ女性の横に躓いて自らも転んだだけで，強姦未遂だとみなされたり，古新聞とマッチを持っていただけで放火未遂とみなされた例なども報告されている。情報の入手が遮断され，流言に惑わされ恐怖を感じた住民が，パニックに陥って人種的マイノリティである在日朝鮮人を「恐怖の存在」とみなすだけでなく，「略奪者」や「放火犯」等，具体的な犯罪者ラベルを付与し，攻撃対象としてラベリングしてしまったところに大きな悲劇がある。実際，住民は震災後在日朝鮮人に対し大きな恐怖感を抱いていたようで，当時の小学生

は地震後にとられたアンケートで「一番恐ろしかったこと（は何か）」という問いに対し，地震，家事，旋風に次ぐ第4番目に「（朝）鮮人」を挙げているし，また別の小学校の生徒は「いけない事だと思ったことは何ですか」という問いに対し「秩序紊乱」に次いで2番目に「（朝）鮮人の行為」と挙げていることは流言の影響力のすざまじさを物語っていた。

　また，これらの大虐殺は震災の2日後に出された「戒厳令」と密接な関係を持つことが看過できない。足立昌勝は，本来ならば戦時中か敵の存在を要件として施行されるはずの「戒厳令」が震災という，（敵が存在するわけではない）自然災害後に公布された問題について詳細な分析を行っている。足立は，当時の内閣が「焼け野原となった東京でまだ暴動も起きていない段階において，治安が乱れるという想定の下で」戒厳令を施行したことは，戒厳令施行の要件を満たしていないばかりか，軍部が朝鮮人を（騒擾を起こす）敵として登場させ，その前提で戒厳令を公布した，と指摘する。

　さらに足立は，上述の小野による殺人事件の増加（表2-1）についての分析について異論を唱え，実際には非常に多くの暗数が存在し，多くの虐殺は軍隊や自警団によって実行されたものであったことも指摘している。

　またこれらの殺害，排除行為は，当時の日本社会全体が「自分たちとは異なる者，人種」を排除する傾向がまだ強く，日ごろから人種に基づく差別が横行していたために，その罪悪感の裏返しとして感じる恐怖感が流言を雪だるま式に大きくし，極端な攻撃行動として加速してしまったのであろう。またこれに拍車をかけたのは政府による報道統制であった。市民や自警団による朝鮮人等への攻撃については震災後50日が経過した10月21日に至るまで政府により報道が禁止されていたことが当時の新聞記事からはうかがえる。

　では，阪神・淡路大震災後はどうであったであろうか。神戸市は国際都市であり，多くの在日外国人が暮らす都市である。神戸市には在日韓国人，中国人，ベトナム人，フィリピン人等の大きなコミュニティが存在し，震災前年の1994年10月1日時点における神戸市の人口は151万8982人であったが，うち登録外国人数は4万4205人（ただし1994年3月末時点）であった（平成6年版神戸市統計書）在日外国人であった。このような外国人が多く住む地域で地震が起きたことは，とくに在日外国人のなかには，地震後とっさにまずその脳裏

に関東大震災後の悲劇がよぎった人もいたようである[44]。一方，報道などでは，避難所における日本人と在日外国人の助け合いや交流がクローズアップされ報道されることも多かった[45]。実際のところ人種的偏見に根ざすいわゆる「ヘイト・クライム」は，阪神・淡路大震災後は報道等からは1件もうかがえない。しかし，より細かく在日外国人の声を拾っていくと，マスコミ等では報じられなかった声を聴くこともできた。たとえば，神戸市長田区は在日韓国人が多く住む地域であり，FMラジオ局「FMわいわい」は，その長田区で地震2週間後から，日本語が十分に理解できない在日外国人に向けた情報発信や，在日外国人と日本人コミュニティの間の交流イベントなどを精力的に行ってきた。筆者らはこの「FMわいわい」のゼネラル・マネジャー（当時）のCさんに対するインタビューでは，以下のような話を聴くことができた[46]。

　……普段は『本名』で生活している在日韓国・朝鮮人の方々の中には，『通名』（＝日本語名）で避難所に行った方々もいた。自分たちが在日韓国・朝鮮人であることを日本人被災者に知られることを望まなかったのである……。

　……避難所では日本人被災者からベトナム人被災者に対し差別的な暴言が吐かれたという話も聞かれた。ベトナム人被災者が救援物資を軽自動車で運んでいる姿を見て，『盗難品が運び込まれている』などの根拠のないデマが流れたりもした……。

また，たとえば神戸市長田区でベトナム人と日本人それぞれが作ったテント村で些細なことが理由で大きな喧嘩が発生しそうになったものの，震災ボランティアが仲裁に入り潤滑油としての役割をはたして回避した例や，在日外国人のグループが行っていた炊き出しの大鍋が何者かに叩き割られたこともあった等も報道されており[47]，まさに「一触即発」の出来事は何件かあったようである。

大災害後はコミュニティの間に特別な共同体が立ち上がり，ともに助けあう「ユートピア」が発生する場合もある[48]一方で，差別や他者への攻撃の芽が生まれる可能性も常にある。[49]阪神・淡路大震災後にこうした悲劇が起きなかったのは，もちろん人々の意識の変化が大きいであろうし，またマイノリティ社会と日本人社会の平常時からの交流も大きな役割を果たしていると思われる。また情報伝達手段の多様化が大きな役割を果たしたことは間違いない。阪神・淡路

大震災後もテレビや固定電話等のライフ・ラインは打撃を受けたが、代わりにラジオ、携帯電話やインターネットを使用した情報交換が積極的に行われた。また上で紹介した「FMワイワイ」等、在日外国人により震災後早い段階から開始されたラジオ番組が日本語理解力に制限のある外国人に正確な情報を提供し続け、在日外国人コミュニティに安心をもたらし、結果として日本人コミュニティとの交流にもつながったことも大きい。異なった人種や文化的背景をもつコミュニティの間のまさつを防ぐために、どういった努力が地域や近隣レヴェルで行われていたのかについては今後検証する必要が非常に高いであろう。

性犯罪

　阪神・淡路大震災発生後、被災地を中心に流れた噂のひとつとして、被災地では性犯罪が多発している、というものがあった。これらはたとえば「神戸に来た女子学生が次から次へとレイプされている」、「神戸ではスカートをはいているだけでレイプされる」というものであった。一方、兵庫県警作成の犯罪統計上は、震災後100日間の被災署における強姦の認知件数は1件（検挙）、強制わいせつは3件（いずれも検挙）であり、例年と比べて増加しているとは言えない。被災地で性犯罪が多発していたというのは単なるデマに過ぎなかったのであろうか。強姦事件に限らず、性犯罪はそもそも被害者が警察に届け出ることを期待しにくく、暗数の高い犯罪であるといえる。しかし、先述の流言が多数発生したのは「火のないところに煙は立たない」からだという視点を持つのであれば、民間の相談機関等が当時の性犯罪被害をどの程度把握していたかについて検討してみる必要がある。

　性教育を専門に実践する教育評論家である北沢杏子は神戸新聞が1996年にリレーエッセーとして特集した「性を語ろう」において、阪神・淡路大震災後の被災地や避難所で性被害が多発したことについて、被害者や支援者からの相談を根拠に指摘している。また、同じく北沢は震災後、当初（期間については明記していない）女性団体や婦人科医師によせられた性暴力の件数だけでも40件余りもあった、と指摘している。

　また、当時神戸市東灘区で「CHIE フィニッシング・セミナー」を経営していた東山千恵の報告によると、東山は震災1ヶ月後より女性からの電話相談を

受け付けていたが、2月17日から6月17日の4ヶ月間の間に、レイプあるいはレイプ未遂の被害にあったと相談を37件受け、うち半数が既遂であったとしている。

　これらの民間の相談機関等による報告は非常に重要であるが、残念なことに、真相を確かめるすべがないことも真実である。また、この相談件数がのべ数であるか否か、被害者自身からの相談であったか否かが不明である点なども含め、その信憑性に対し疑問の声も存在する。しかし、そもそも性犯罪は顕在化しにくい犯罪であり、被害者が公的機関や社会を信頼していない限りは、いっそう潜在化してしまうものである。

　この意味でもより重要なのは、東山がこの報告のなかで、相談してきた被害女性のほとんどが、いわゆる警察でのセカンド・レイプ（2次被害）を恐れて被害届を出さなかった、と指摘している点である。震災後、警察による被害者支援が進んだことはすでに述べたが、性犯罪被害者支援もまた、1996年より各警察署に性犯罪捜査指導官、性犯罪捜査指導係が置かれ、性犯罪被害者が捜査過程で負わされる精神的負担の軽減が推進されることとなった。

5 ■ むすびに

　本章では、阪神・淡路大震災と関東大震災、これら2度の大震災後の犯罪現象を比較し、それぞれの震災後の犯罪現象に大きな違いがみられたことを分析した。震災後の住民の行動には正確な情報がどれだけ迅速に（隠されることなく）伝達されるかがさまざまな面で大きな影響を与えることを改めて強調したい。

　上で見たように、阪神・淡路大震災後の犯罪現象は全体としては減少したと評価できる。しかし、これもより長期的スパンで見る必要がある。たとえば、震災翌年の1996年1～11月の被災地14警察署における刑法犯の認知件数は22,721件で前年の同期より500件あまり増え、震災前の水準に戻った、と報じられている。デュルケームが「犯罪常態説」を唱えたように、社会の機能が通常に戻るにつれて、犯罪もまた一定数起こる、ということかもしれない。

　東日本大震災後もメディア等では被災住民の冷静な行動や治安の良さが報道されたが、一方では避難して住民のいなくなった地域では空き巣等の犯罪が多

発していることも報じられている。東日本大震災は被害の程度も被災地の大きさも阪神・淡路大震災を大きく超える。また，原発事故の影響がこれに追い打ちをかけている。阪神・淡路大震災後も，その復興計画において住民と官の間で対立があり，決してスムーズに行ったわけではなかったが，被災者には「元の場所に帰る」という希望があった。東日本大震災ではこの希望すら奪われてしまっている被災者も多く，これは復興にも深刻な影響を及ぼしている。阪神・淡路大震災後は仮設住宅での孤独死が深刻な問題となり，これを防止するための対策が東日本大震災後はとられている。東日本大震災の被害や影響は阪神・淡路大震災を大きく超えるので，犯罪現象についても長い時間をかけ調査していく必要があるが，阪神・淡路大震災後の官民の防犯活動や地域コミュニティの連携等，一定の効果を挙げたと思われるものがあればそこでの知見を活かすべきである。人々の努力や英知によってせめて人災は回避されなければならない。

　何らかの災害や大混乱に社会が遭遇した際に，そこではどのようは犯罪現象が見られ，それらはどのようにすれば防止することができるのか。今後もその研究を続けていく必要があろう。

［註］
1) 朝日新聞1995年2月17日。
2) 気象庁は当初「平成7年(1995)兵庫県南部自身」と名付けたが，毎日新聞が1月18日朝刊で「阪神大震災」と呼称してからマスコミで一般化したという。しかし，この名称では淡路島が被災地に含まれないので，政府は同年の2月10日の閣僚懇談会で気象庁の正式名称とは別に「阪神・淡路大震災」と呼称を統一する異例の措置をとった，という。小松左京『大震災'95』（河出書房新社，2012年）358頁。一方，関東大震災もまた，大正大震災等様々な呼称があったようである。この議論については，尾原宏之『大正大震災――忘却された断層』（白水社，2012年）頁以下も参照。
3) 中島陽一郎『関東大震災』（雄山閣出版，1995年）。
4) 東京朝日新聞1923年9月7日。
5) 毎日新聞1923年10月27日。
6) 小野清一郎「震災後の犯罪現象」『大正大震火災誌』（改造社，1925年）243～246頁。
7) 前掲・註6) 小野243頁。
8) 前掲・註6) 小野244頁。
9) 法務府特別審査局編『関東大震災の治安回顧』（1949年）。
10) 前掲・註6) 小野244頁。
11) 前掲・註6) 小野244頁。

12) 前掲・註6）小野244頁。
13) 東京毎日新聞1923年10月27日。
14) 東京朝日新聞1923年9月29日。
15) 姜徳相『関東大震災』（中公新書，1994年）2章「流言の発生」では，流言の発生源とその展開過程について分析が行われている。
16) 松尾章一『関東大震災と戒厳令』（吉川弘文館，2003年）80～93頁。
17) 前掲・註16）松尾。
18) 警視庁史編さん委員会編『警視庁史大正編』（1960年）440頁。
19) 前掲・註18）警視庁史編さん委員会編441頁。
20) 「阪神・淡路大震災の概要」（http://www.bousai.go.jp/１info/kyoukun/hanshin_awaji/earthquake/index.html）。
21) 前掲・註20）HP。
22) 朝日新聞1995年2月1日。
23) 兵庫県警本部編『阪神・淡路大震災警察活動の記録──都市直下型震災との闘い』（1996年）。
24) 震災翌日の18日に東京から4人組の犯人が車で神戸にやってきて神戸の中央にある三宮の「そごう」のなかの宝石売り場に侵入し550点の宝石類総額1億4000万円相当を盗んだ事件（朝日新聞1995年3月6日），同じく三宮の商業ビルにあった宝石店が震災直後に壊れたシャッターをこじ開けられ計169点の宝石類総額1億5000万円相当が盗まれた事件（神戸新聞1995年3月29日）などがある。また，被災地のコンビニでは略奪事件が続発していた。震災後，3月29日までの時点で神戸市内で少なくとも7店の被害が確認され，被害額は1店あたり2百～4百万円に上るという。加害者はプロの窃盗団もいたが一般の主婦や子どもの姿も認められたという。「震災直後，コンビニ略奪あった」神戸新聞1995年3月29日記事。この記事も指摘するように，泣き寝入りしている店舗は多く暗数はずいぶんあるのではないか。
25) 前掲・註1）朝日新聞。
26) 前掲・註23）兵庫県警本部・244頁。
27) 兵庫県警調べ（速報値）。
28) 前掲・註23）兵庫県警本部。
29) 前掲・註23）兵庫県警本部。
30) また，専門家ではなくとも素人レベルでできる支援（つまりボランティア）の役割の重要性を社会が認識し，1995年はわが国における「ボランティア元年」となったことも，わが国のその後の被害者支援の発展に大きく寄与したといえる。
31) 吉村昭『関東大震災』（文春文庫，2004年）140～155頁では，震災直後の報道機関の混乱といかにニュース伝達能力が制限されていたかが説明されている。
32) J. Prasad, THE PSYCHOLOGY OF RUMOUR: A STUDY RELATING TO THE GREAT INDIAN EARTHQUAKE OF 1934, *British Journal of Psychology*, General Section, Volume 26, Issue 1.
33) 東京日日新聞1923年9月3日。
34) 東京日日新聞1923年9月3日。
35) 前掲・註9）・法務府特別捜査局。
36) 前掲・註9）・法務府特別捜査局。
37) 現代日本史の会編『関東大震災』（草風館，1996年）290頁。
38) 前掲・註37）現代日本史の会編289頁。

39) 足立昌勝「関東大震災における警備体制と犯罪」刑法雑誌42巻1号（2002年）65-78頁。
40) 前掲・註39）足立69頁。
41) 前掲・註39）足立66頁。
42) 前掲・註39）足立73頁。
43) 「震災地の朝鮮人殺害事件10月廿日を以って新聞記事禁止解除となる。各地の犯行は殆ど予審終結す」大阪毎日新聞1923年10月21日。
44) 兵庫朝鮮関係研究会編『兵庫の大震災と在日韓国・朝鮮人』（社会評論社，2009年）
45) 「苦労背負い助け合い」朝日新聞1995年3月8日11面など。
46) 平山真理「FMわいわい」（へのインタビュー）『阪神大震災後の犯罪問題』（甲南大学総合研究所，2001年）72頁。
47) 「国籍超え互助の輪」朝日新聞2000年9月2日15面。
48) レベッカ・ソルニット［高月園子訳］『震災ユートピア——その時なぜ特別な共同体が立ち上がるのか』（亜紀書房，2010年）では世界各国でこれまで起きてきた大災害後にどのような「助け合い共同体」が形成されたかを分析している。同書では，関東大震災後に人種マイノリティーへの攻撃が行われたことのみを紹介している。もちろん関東大震災後も助け合い共同体は多く形成されたであろう。たとえば京都に住んでいた作家の志賀直哉は親戚の安否を気遣い震災の翌日2日に東京入りしたが，被災地では薬局が被災者には半額で薬を売ったり，山の手ではすべての民家がその軒先で水を振舞っていた，と語っている。「美しい人情の現はれ」大阪朝日新聞1923年9月10日。
49) 「礼儀正しく，暴動を起こさない」と海外でも敬意と驚愕を持って報じられた被災地の神戸市では震災の前年，朝鮮学校の女子学生の民族衣装が日本人高校生によって切り裂かれる事件が起きていたことは多くの読者の記憶に残っているであろう。また，2000年4月9日に開かれた陸上自衛隊練馬駐屯地での創隊記念式典で石原都知事は「不法入国した多くの三国人，外国人が非常に凶悪な犯罪を繰り返している。すごく大きな災害が起きた時には騒擾事件すら想定される……」と発言したと報じられている。前掲・註41）朝日新聞。わが国において来日外国人検挙人員は1999年より2006年まで増加し続けたことを鑑みれば，このような懸念を持つ人々もいたことは理解できなくはない。しかし，なぜ阪神・淡路大震災後には不法滞在者を含め，外国人による犯罪が多発せず，また日本人社会との間に大きなトラブルが起きなかったかを検証することの方がわが国の今後にとってはより重要であると思われる。
50) とくにインターネットを使用した情報交換は大きな役割を果たした。ネット上の掲示板を提供したニフティ・サーヴには1月中述べ100万回もの利用が行われ，安否情報やどこに行けば生活物資が手に入るかなどの情報が提供された。
51) ニューズワーク阪神大震災取材チーム『流言兵庫——阪神大震災で乱れ飛んだ噂の検証』（碩分社，1995年）138頁以下。
52) 前掲・註23）兵庫県警本部223頁。
53) 神戸新聞リレーエッセー「性を語ろう」は1996年3月～4月に5回に分けて連載された。
54) 「性暴力と闘う（3）」沖縄新聞1995年4月19日。
55) 東山氏の電話相談活動は神戸新聞1995年8月13日「連載／50年目の決算　震災で問われたもの」でも紹介されている。
56) 東山千絵「女性のための電話相談を解説して」女性ライフサイクル研究所5号（1995年）。
57) 与那原恵「被災地神戸『レイプ多発』伝説の作られ方」『諸君』1996年8月号。与那原の批判はやや東山への個人攻撃ともとられかねないものであるが，しかし性被害問題を専門家とし

て社会に報告する以上，データや資料は正確で後の検証に耐え得るものでないといけないことも確かである。与那原の批判に対する東山の反論については，東山千絵「文字の通り魔事件に遭遇した私」『月刊論座』3巻7号（1997年）6頁。
58）　前掲・註56）東山。
59）　たとえば斉藤豊治「地震と犯罪」潮海一雄編『阪神・淡路大震災と法』（甲南大学阪神大震災調査委員会1997年）262〜276頁では，阪神淡路大震災後の犯罪現象を「震災直後の犯罪」，「避難所および救援活動に関する犯罪」，「震災後の生活の確保，再建に関連する犯罪」等に分け，犯罪が時の経過とともに質・量が変化することを分析しており，興味深い。
60）　また，震災前より非行行動を示していた少年に対し震災が背景となって非行が促進された事例もあるとする報告について，岡本英生ほか「非行少年・犯罪者に見られる阪神・淡路大震災の影響」犯罪心理学研究34巻1号（1996年）43-50頁参照。
61）　「孤独死119人／犯罪は増加」神戸新聞1997年1月10日。
62）　たとえば朝日新聞2011年6月10日「福島で侵入盗4割増加　義援金窃盗は全国で274件　警察庁発表」では，岩手，宮城，福島における3〜5月の刑法犯認知件数は，強盗や強姦などの凶悪犯罪や詐欺などほぼすべての項目で前年同時期より減ったが，宮城と福島では侵入盗が増加し，とくに福島県では，昨年同時期より207件（42％）増え，695件に上った，と報じている。朝日新聞2011年7月26日「被災車，海外へ流れる　盗んで分解し通関　東日本大震災」では，1月以降の自動車盗の件数が平年の2倍になっている，という宮城県警の発表を紹介し，被災者の車が解体され海外に売られていることを報じている。
63）　前掲・註54）神戸新聞。

〔平山　真理〕

3 阪神・淡路大震災後の犯罪現象

1 ■ はじめに

阪神・淡路大震災後にはどのような便乗犯罪があったか[1]

阪神・淡路大震災後の被災地では，多くの便乗犯罪が発生した。

当時大きく報道されたものとしては，震災直後に東京から神戸市にやって来た者たちが被災したデパートに侵入し，1億4000万円相当の貴金属を盗んだという事件がある[2]。そのほかにも，宝石店や消費者金融などへの侵入盗があった[3]。個人の家も被害にあっており，被災して無人になった家やマンションが空巣に入られた事件が発生している[4]。なかには，被災したアパートに窃盗目的で侵入したが，盗む物がなかったことに腹を立てて放火したというケースもあった[5]。

家が壊れた被災者に，瓦や屋根用のビニールシートなどを高価格で売りつけようとする悪質業者も続出した[6]。また，補助金が出るので安くなるなどと嘘を言って屋根の修理契約を結ばされた事件や[7]，家屋修理費をだまし取った事件が発生している[8]。家が倒壊した被災者に対し，マンションのあっせんを持ちかけ，保証金をだましとろうとした事件もあった[9]。

避難所でも犯罪が起きている。震災後，九州から窃盗目的で神戸市に来て，被災者のふりをして避難所に泊まり，避難者から現金等を盗んだ者がいた[10]。避難所に来ていたボランティアが，他のボランティアから貯金通帳と印鑑を盗ん

だ事件もあった[11]。避難者のために設置された簡易風呂も盗まれた[12]。さらに，避難所で喫煙を注意されたことなどから腹を立てて避難者が別の避難者に対し暴行を加え怪我を負わせたという事件も起こっている[13]。

また，震災直後は交通網が寸断されたために，バイクが被災者たちの足代わりとなっていたが，このバイクを盗む事件も多く発生していた[14]。ただし，あまりにも数が多いためか個々の事件についての新聞報道は少ないようである。

大災害後の便乗犯罪の数は多い

以上は新聞報道された事件である。もちろん新聞報道されたものは実際に起きた犯罪の一部でしかない。軽微なものや被害届が出ていないものまでは報道されないだろう。したがって，実際にはさらに多くの犯罪が発生していた可能性がある。ところが，警察の発表では震災後の犯罪はそれほど発生していないことになっている。震災後1ヶ月を経過したあとの兵庫県警の発表によれば，震災後の約1ヶ月間で，被災地における窃盗全体の届け出件数が前年の月平均より約3割も減少したということである[15]。ただし，バイク盗についてのみ前年の月平均の約1.7倍と増加していた。スリ，ひったくりや侵入盗といった平時なら多い犯罪が軒並み減少したことで全体数を下げたとのことである。阪神・淡路大震災後の直近に発行された警察白書でも，被災地ではオートバイ盗や乗物盗が増加したが，侵入盗は激減したとなっている[16]。

たしかに，ひったくりやスリなどについては，その主な犯行場所である道路や交通機関がほとんど使えなくなってしまっている。そのため，震災後それらの犯罪発生は抑制されただろう。しかし侵入盗についてはどうだろうか。震災後の状況を考えれば，容易に盗みを行うことができそうである。ひょっとすると実際には侵入盗が多く発生していたが，震災後の混乱のため，被害にあっても住民は通報どころではなかったのかもしれない。

被災地の住民が1995年3月末までに実際にどれだけ犯罪被害にあっていたかというアンケート調査の結果を見ると[17]，たしかにバイク盗は最も多かったが，「倒壊した住宅からの盗み」や「倒壊していない住宅への空き巣」も多かった（表3-1）。したがって，実際にはバイク盗だけではなく，侵入盗なども多く発生していたことがうかがえる。

表 3-1　1995 年 3 月末までに地域で発生したとされた割合

犯罪種類	発生率
自転車・オートバイの窃盗，無断使用，乗り捨て	27.5%
倒壊した住宅からの盗み	21.6%
倒壊していない住宅への空き巣	15.5%
倒壊した商店・事務所・倉庫からの盗み	12.1%
倒壊していない商店・事務所・倉庫などでの盗み	5.1%
営業中の商店・コンビニから，どさくさまぎれに商品を持ち去る	9.9%
避難所での盗難	8.9%
ひったくり	4.9%
性的な暴行，性的いたずら	2.9%
暴走族による暴走行為	3.5%
けんか・小ぜり合い	16.4%
ダンプカー等の無謀な運転による人身事故	1.2%
震災に便乗した価格のつり上げや詐欺的な悪質な商法	12.6%
シンナー吸引，覚醒剤などの使用	1.9%
その他	1.9%

注　発生率は調査票を回収した自治会のうち発生したと回答した自治会の割合。

　それではなぜこのように被災地の住民は侵入盗が多く発生していたと答えているのに，警察データではそれが反映されていないのであろうか。これは，住民が警察に届けなかったためと考えるのが自然である。表 3-1 のなかの「倒壊していない住宅への空き巣」があったと答えた自治会のうち，警察に通報したと答えた割合を求めてみると，震災被害の程度が大きい地域ほど警察への通報が行われていなかった。[18] つまり，被災者が震災被害への対応に追われて，それどころではないといった状況であったため，警察に通報できなかったらしい。したがって，被災地では警察が把握していた以上に侵入盗が発生していた可能性がある。

本章の目的——災害と犯罪の関係を明らかにする

　このように，阪神・淡路大震災後の被災地では便乗犯罪がかなりの数発生していたことがうかがえる。東日本大震災のあとも同様な便乗犯罪が起きているが，これまで報道されたものを見聞きした限りでは，阪神・淡路大震災のときよりも多発している印象を受ける。報道されるものはあくまでも実際に起こった犯罪の一部でしかないが，それが阪神・淡路大震災のときよりも多いとすれば，実際に発生している犯罪はかなりの数になるだろう。

　東日本大震災は阪神・淡路大震災よりも被害規模が大きく，さらに原発の問

題もあって復興がかなり遅れている。東日本大震災後のこの状況と阪神・淡路大震災後の便乗犯罪の状況とを照らし合わせてみて推測できることは，災害の被害が大きい，あるいは災害被害からの回復が遅れると，それだけ犯罪の発生も多くなるのではないか，ひいては災害が犯罪発生に影響を与えている可能性があるのではないかということである。

本章では，災害が犯罪発生にどのように影響しているのかということについて，阪神・淡路大震災という実際例に基づいて明らかにすることを目的とする。そのため，次節では，なぜ災害後に犯罪が発生しやすいのかということについての犯罪学的な説明（ここではコーエンとフェルソンの提唱する日常活動理論を用いる）を行う。次に，被災地の住民を対象として行った調査結果を使って，災害と犯罪の関係を明らかにする。最後に，得られた結果に基づいて，将来起こるかもしれない新たな大災害後の防犯のあり方について述べたいと思う。

2 ■ 犯罪学理論による災害と犯罪との関係についての説明

日常活動理論(routine activity theory)とは

災害が犯罪発生を誘発する理由の説明として，ここではコーエンとフェルソンの提唱する日常活動理論を用いる。[19]日常活動理論では，犯罪を引き起こしやすい要因として，「潜在的な犯行者」，「格好の標的」，そして「犯罪に対する有能な監視者の不存在」の3つをあげている。

「潜在的な犯行者」とは，犯罪への抵抗感が弱かったり，犯罪への動機づけが高いなど，犯罪をする可能性が高い者のことである。何度も犯罪をくり返す者はその典型である。また，これまで犯罪に縁のない生活を送っていた者でも，職を失ったり，多額の借金の返済に困るようになって，犯罪でもしようかと考えるようになると「潜在的な犯行者」になる。

「格好の標的」は，犯罪者にとって魅力的なもの，たとえば高価で持ち去りが簡単で，すぐに使うことができる，あるいは換金がしやすいものである。現金や貴金属が特にそうである。また，邪魔されることなく容易に接近することができるものも「格好の標的」である。たとえば，金庫に入れられておらず，

玄関先にむき出しで現金が置かれていれば，それは「格好の標的」ということになる。

「犯罪に対する有能な監視者の不存在」というのは誰にも見られていない状況のことである。監視者というのは必ずしも警察官などでなくてもよい。一般の通行人などで十分である。また，人が直接見ていなくても，監視カメラで見られているという状況でも「犯罪に対する有能な監視者の不存在」ではない状態となる。

これら3つの要因のうち，1つだけでも犯罪は発生する場合があるが，2つ重なるとより犯罪が起きやすく，3つが同時に揃うとさらに犯罪が発生しやすくなる。次の説明でもわかるように，大災害後には，これらいずれの要因も生じやすく，かつ複数の要因が重なりやすいのである。

阪神・淡路大震災後の状況と犯罪の起きやすさ

阪神・淡路大震災は都市直下型の地震であり，人口が集中した地域を直撃した。その結果，多数の被害者（死者6308人，行方不明者2人，負傷者4万3177人）を出した[20]。住居も多くが被害を受け，全壊約10万棟，半壊約10万9000棟にのぼった[21]。また，火災が発生した地域もあった[22]。住居が被害を受けたために避難者の数も多く，ピーク時には約32万人の被災者が避難所に暮らしていた[23]。このため，一時的に多くの家が無人になった。繁華街の店舗にも誰もいないという状況になった。

このように被災地では，無人となった家や店舗が多くあり，誰にも見られていない状況が生じた。これは日常活動理論でいうところの「犯罪に対する有能な監視者の不存在」の状態であったといえる。たとえ監視カメラがある店舗でも，停電により作動しなかった。警察官は人命救助を最優先としたため，パトロールなどが十分にできなかっただろう。

さらに，震災後は停電のためにセキュリティ・システムが作動しなかったり，ドアや窓が壊れて容易に入れるようになった建物があった。また，建物自体が壊れてなかにあった貴重品が表に飛び出て簡単に誰でも持ち去ることができるということもあっただろう。つまり，震災後には「格好の標的」が多くある状態であった。

「潜在的な犯行者」についてはどうだろうか。震災直後，被災した宝石店に侵入して貴金属を盗んだ男は，「今が稼ぎ時やと思ってやった」と述べている[24]。この男は犯罪傾向を強く持つ人物であろう。「潜在的な犯行者」の典型といえる。このような者たちがもともと被災地にいれば，震災に便乗した犯罪を行いやすい。また，震災が「潜在的な犯行者」を作り出すということもある。震災による環境の激変により，生活が困窮・破たん，あるいは過度のストレスから犯行に手を染めるということがあり得るからである。実際に，これまで犯罪をしたことがなかった者が，震災よる影響で借金の返済がうまくいかなくなったため強盗を行ったというケースがあった。また，覚せい剤の使用を止めて立ち直りつつあった者が，震災で家族を失った悲しみや避難所生活でのストレスから再び覚せい剤を使うようになったというケースもあった[25]。震災が「潜在的な犯行者」を増やした可能性は十分にあっただろう。

被災地の外から「潜在的な犯行者」がやって来る場合もある。震災直後は交通網が寸断され，高速道路や国道等で27路線36区画が通行止めとなったうえ[26]，鉄道についてはJRのほか，阪急電鉄，阪神電鉄をはじめとした各私鉄が不通になっている[27]。通常であれば被災地外の「潜在的な犯行者」は，震災後ただちに被災地に入ることが容易でなかったと思われるが，実際には東京や九州から窃盗のため神戸に来た者がいた。おそらく，「犯罪に対する有能な監視者の不存在」や「格好の標的」を期待してやって来たのだろう。そういった意味では，ある要因が別の要因を引き付けたといえる。要因がすでに2つ揃った場所では，3つめが簡単に揃いやすいのかもしれない。

このように，阪神・淡路大震災後は，日常活動理論のいう3つの要因がそれぞれ生じやすい状況であった。さらに，1つの要因だけではなく，複数の要因が重なることもしばしばあったと思われる。とくに，震災被害が大きければそれだけ犯罪を誘発しやすい要因が揃いやすかったということが重要である。たとえば，震災による被害が大きければ，家や店舗が無人で，かつ扉やシャッターが壊れてなかに入りやすいという「犯罪に対する有能な監視者の不存在」と「格好の標的」の2つが揃いやすい。さらに震災被害が大きくなれば，そのような無人で壊れた家や店舗があることに加えて，震災後の過度のストレスにより「潜在的な犯行者」となる者もあらわれやすくなるだろう。

震災被害が大きいほど，犯罪を誘発する要因が揃いやすいが，災害の復旧が進むと，家や店舗には人が戻り，壊れたところも直され，さらに被災者に対するケアも行われるようになると，犯罪を誘発する要因は徐々に解消されていく。したがって，震災からの回復が早ければそれだけ便乗犯罪の発生が収束するということになるだろう。逆にいえば，震災からの回復が遅ければそれだけ犯罪が発生しつづけることになる。

　ここまで日常活動理論に基づいて，阪神・淡路大震災後の犯罪について検証してみた。ここまでで導かれた結論としては，災害が犯罪を誘発しやすい要因を生み出すということである。とくに，災害後の犯罪発生に影響を与える重要なポイントは，災害の被害の大きさと，災害からの回復のスピードにあると思われる。そこで，次に，①災害被害が大きければそれだけ便乗犯罪が多く発生する，②災害被害からの回復が遅ければそれだけ便乗犯罪が多く発生する，という2つの仮説について，阪神・淡路大震災後の被災地の住民に実施した調査結果を使って明らかにしていきたい。

3 ■ 震災と犯罪との関係

分析を行う前に

　2つの仮説を検証するために，先にも紹介した阪神・淡路大震災後に被災地の住民を対象に実施した調査の結果を用いる[28]。この調査では，阪神・淡路大震災の4～5年後に，被災地の各自治会を対象にして，震災被害，犯罪発生や防犯活動などに関してアンケート方式での質問を行った。アンケートでは，地域的な特徴について尋ねる質問のほか，地域の震災被害の程度，震災被害からの回復の遅れや，どのような犯罪が発生したかなどを質問している。

　分析の対象とした犯罪は，「自転車・オートバイの窃盗，無断使用，乗り捨て」（以下，「自転車・バイク盗」とする），「倒壊建物での盗み」，「非倒壊建物での盗み」，「けんか・小ぜり合い」「震災に便乗した価格のつり上げや詐欺的な悪質な商法」（以下，「悪質商法」とする）の5つである。住民報告による犯罪発生の内訳は表3-1で示したとおり全部で15あるが，分析ではある程度以上の発生報告数が

あった犯罪のみを使っている。また，アンケートでは「住宅」と「商店・事務所・倉庫」を区別して犯罪を尋ねているが，分析の際にはそれらを区別せず「建物」とすることで，発生報告数が少ない「倒壊していない商店・事務所・倉庫などでの盗み」もデータに含むことができるようにしている。

それでは分析の結果を見ていこう。

第1の仮説――震災被害が大きいと便乗犯罪が発生しやすい

まず，震災被害が大きいほど便乗犯罪が多く発生していたかどうかを検討する。

調査対象となった地域は，神戸市東灘区，中央区，長田区及び西宮市であり，いずれも震度7の激震地を含んでいる。ただし，激震地は一部であり，比較的軽度な被害で済んだ地域もある。震災被害の大きさの指標としては，地域における震災後の火災の有無と，震災により亡くなった人の数についてのアンケートの回答を用いている。

(1) 火災の有無と犯罪の関係

火災があった地域はなかった地域に比べて，「倒壊建物での盗み」，「非倒壊建物での盗み」，「自転車・バイク盗」，「けんか・小ぜり合い」で，発生報告の割合が高くなっていた（図3-1）。「悪質商法」については，わずかに火災あり地域が火災なし地域に比べて発生報告の割合が高くなっているものの，明らかな関係があるとまではいえなかった。

(2) 死亡者数と犯罪の関係

図3-2では震災による死亡者数と犯罪発生との関係をグラフにしている。死亡者数が多いほど，「倒壊建物での盗み」，「非倒壊建物での盗み」，「自転車・バイク盗」，「けんか・小ぜり合い」で，発生報告の割合が増えている。ただし，「悪質商法」については，死亡者数とは関係がなかった。

(3) 震災被害の大きさと犯罪の関係についてのまとめ

以上のことから，「倒壊建物での盗み」，「非倒壊建物での盗み」，「自転車・バイク盗」，「けんか・小ぜり合い」については，震災による被害が大きいほど発生しやすいといえる。震災後の混乱が大きければ，それだけ犯罪を誘発しやすい要因が揃い，犯罪が発生するという1つめの仮説が検証されたことになる。

図3-1 火災の有無と犯罪発生の関係

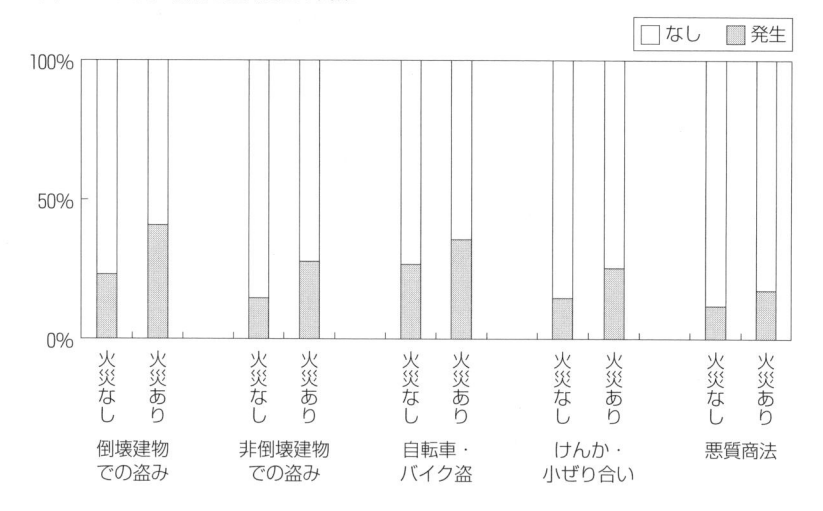

図3-2 死亡者数と犯罪発生の関係

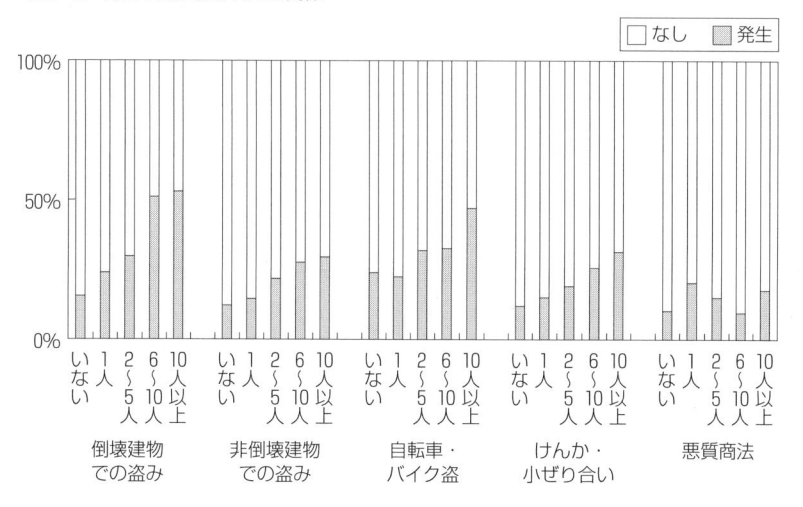

ただし、「悪質商法」については、震災被害の大きさによる影響は見られなかった。どうやら「悪質商法」については、震災被害の大きさに関係なく起きるものと考えたほうが良さそうである。

第2の仮説——震災からの回復が遅いと便乗犯罪が発生しやすい

次に，震災被害からの回復が遅いほど便乗犯罪が多く発生するかどうかを検討する。

震災被害からの回復の遅れの指標として，地域での「停電期間の長さ」についてのアンケートの回答を用いた。「停電期間の長さ」については，「停電がなかった」，「震災当日夕方までに回復した」，「3日以内に回復した」，「1995年1月末までに回復した」，「1995年3月末までに回復した」のいずれかに回答してもらっている。停電期間が長かったと答えればそれだけ震災被害からの回復が遅かったということになる。

図3-3では，「停電期間の長さ」と犯罪発生の有無との関係を見ている。停電期間が長いほど，「倒壊建物での盗み」，「非倒壊建物での盗み」，「自転車・バイク盗」の発生報告の割合が高くなっている。「けんか・小ぜり合い」も一見そのようになっているが，明らかな関係があるとまではいえなかった。「悪質商法」については「停電期間の長さ」との関係は見られなかった。

以上のことから，「倒壊建物での盗み」，「非倒壊建物での盗み」，「自転車・バイク盗」については，震災被害からの回復が遅いほど犯罪がより発生しやすくなり，災害被害からの回復の遅さと犯罪発生との関係という2つめの仮説を検証することができた。しかし，「けんか・小ぜり合い」と「悪質商法」については，震災被害からの回復の遅さによる影響は見られなかった。これらの犯罪は復興の遅さと関係なく発生すると考えたほうがいいだろう。とくに「悪質商法」については，先にも見たように震災被害の大きさとも関係がなかった。しかし，震災を利用した悪質商法が現に発生していることから，震災とまったく関係がないわけではないだろう。震災被害の程度やその回復の速度とはほとんど関係なく，一定数発生するといった性質があるのかもしれない。

仮説の総合的な検証

ここまで犯罪と震災被害の大きさとの関係について，そして犯罪と震災被害からの回復の遅さとの関係について，それぞれ検討してきた。ところで，震災被害の大きさと震災被害からの回復について，それぞれお互いの影響を取り除

図3-3　停電期間の長さと犯罪発生の関係

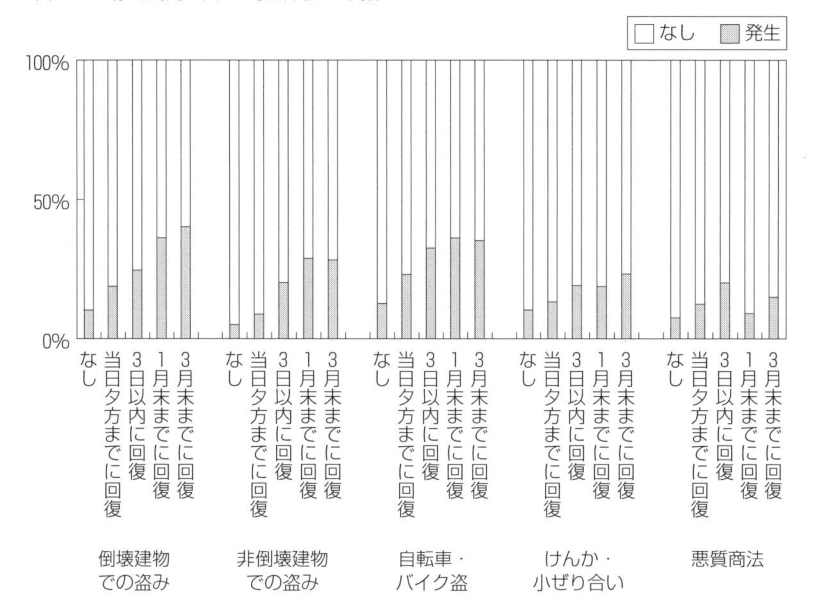

[グラフ：凡例 □なし ■発生。横軸カテゴリ：倒壊建物での盗み／非倒壊建物での盗み／自転車・バイク盗／けんか・小ぜり合い／悪質商法。各カテゴリ内に「なし」「当日夕方までに回復」「3日以内に回復」「1月末までに回復」「3月末までに回復」の5本のバー]

いた検討までは行っていない。たとえば，復旧が遅い地域のなかには，震災被害が大きかったために復旧も遅れたというところもあるだろう。つまり，震災からの回復の遅さが犯罪発生と関係していたという結果であっても，それは回復の遅さだけの影響なのか，それとも震災被害の大きさも影響しているのかということが判然としないのである。

また，これまでの分析では，震災被害の大きさや回復の遅れ以外の要因について検討していない。たとえば商業地域であれば，高額な商品も置いてあり，それだけ「格好の標的」が多く存在することになる。また，一人暮らしが多い地域であれば，普段から監視する者が少なく，「犯罪に対する有能な監視者の不存在」が起こりやすい。もしこれらの地域で震災後に犯罪が増えたとしても，それは震災のみの影響によるものなのか，あるいはもともとの地域的な特徴によるものなのかということが曖昧なのである。

このような点もふまえ，総合的に検討しなければ，震災と犯罪の関係が本当に明らかにされたとはいえないだろう。複数の要因を総合的に検討する方法として多変量解析があるが，ここではそのなかの1つのロジスティック回帰分析

という方法を用いて，さらに検討していきたい。ロジスティック回帰分析の詳しい説明はここでは行わないが，犯罪発生の有無に対して，震災被害の大きさ，震災被害からの回復の遅れ，そして地域的な特徴のいずれの要因が影響を与えているかを同時に検討できる方法だと思っていただければよい。

分析の結果を表3-2に示している。影響があると確認された要因に○をつけてある。「倒壊建物での盗み」と「非倒壊建物での盗み」はどちらも「死亡者数」と「停電期間の長さ」の影響を受けていた。「自転車・バイク盗」は「死亡者数」のみの影響を受けていた。「けんか・小ぜり合い」は「死亡者数」，「停電期間の長さ」，そして「一人暮らしが多い」の影響を受けていた。「悪質商法」はいかなる要因からも影響を受けていなかった。以上のことから，「悪質商法」は別にして，その他の犯罪については，震災による何らかの影響を受けていたことになる。

住民調査の結果から，阪神・淡路大震災後の被災地では，震災被害の大きさが便乗犯罪の発生に影響を与えていたことが確認できた。さらに，震災被害からの回復の遅れも犯罪発生に影響を与えていたことがわかった。ただし，「自転車・バイク盗」については震災被害からの回復の遅れは関係していなかった。また，いわゆる悪質商法については，震災被害の大きさとも，震災被害からの回復の遅れとも関係していなかった。

このように一部の例外はあるものの，震災後のさまざまな混乱が犯罪を誘発する要因を作り出し，その混乱の程度が大きければそれだけ誘発要因が重なり便乗犯罪を多く発生させたということがいえるだろう。したがって仮説は2つとも一応は検証されたことになる。

4 ■ 今後の大災害に備えるために

本章で明らかになったことに基づいて，将来新たな大規模災害が起きた場合の対応について考えてみたい。

日常活動理論によれば，「潜在的な犯行者」，「格好の標的」，そして「犯罪に対する有能な監視者の不存在」が犯罪発生を誘発する要因であった。大災害のあとではこれら要因が複数生じることで，便乗犯罪が多発してしまうのであ

表 3-2 震災被害・回復の遅さ，地域特徴と犯罪発生の関係

	倒壊建物での盗み	非倒壊建物での盗み	自転車・バイク盗	けんか・小ぜり合い	悪質商法
火災の有無					
死亡者数	○	○	○	○	
停電期間の長さ	○	○		○	
一人暮らしが多い				○	
商業地域					

る。では，大災害のあとでこれらの要因が生じないようにすることはできるだろうか。

　大災害直後の非常に混乱した状況では，「格好の標的」と「犯罪に対する有能な監視者の不存在」が生じないようにすることはほとんど絶望的である。多額の現金や高価な品物を金庫に入れていたとしても，建物が全壊あるいは半壊してしまえば，持ち去られやすくなるだろう。また，建物が倒壊しかけているような危険な状況にもかかわらず自分の財産の番をするということは現実的でない。監視カメラを備え付けていたとしても，災害により壊れたり，停電で使えなくなってしまう。つまり，どんなに工夫し，努力しても大規模災害の直後に「格好の標的」が存在せず，そのうえ「犯罪に対する有能な監視者の不存在」でもない状態にすることはとてもむずかしいといえる。

　ただし，「潜在的な犯行者」を減らすようにすることはある程度可能なのではないだろうか。大災害が起こったあとで人々がお互いに助け合うことで，災害によるストレスをやわらげ，被災者のなかから「潜在的な犯行者」が出ることを防ぐことはできるだろう。さらに，そのようにして被災者同士の結びつきが高まることで，外から入ってくる「潜在的な犯行者」も侵入しにくくなる。災害のすぐ後には人々の間で連帯感が生まれ，それが犯罪を防止する効果を発揮するとも言われている。29) ただし，それも時間の経過とともに弱まってくる。人々の連帯意識を維持させるような工夫を考案していく必要があるだろう。

　最後に，災害後しばらくたったあとのことを考えてみよう。これはこの原稿を書いているとき（2012年1月31日現在）の東日本大震災後の被災地にもあてはまることである。災害の被害からの回復の遅れは便乗犯罪の発生に影響を与える。したがって，大規模な災害が起きたあとは，私たちは復興を急がなけれ

ばならない。災害後の便乗犯罪というものは，被災者の財産や安全を脅かすものであり，彼らの生活を再建していくうえでの大きな障害となる。復興を急ぐことは，被災者たちの生活再建にとって，直接的にも間接的にも良い影響をもたらすことになる。

[註]
1) 阪神・淡路大震災後の便乗犯罪のまとまった紹介については，次の論稿でも行われているので参照してほしい。斉藤豊治「地震と犯罪」潮海一雄編『阪神大震災の記録2 阪神・淡路大震災と法』（甲南大学阪神大震災調査委員会，1997年）262-276頁
2) 朝日新聞1995年3月6日。
3) 読売新聞1995年2月10日，朝日新聞1995年3月29日。
4) 毎日新聞1995年2月18日，朝日新聞1995年2月26日，朝日新聞1995年6月8日，朝日新聞1996年4月30日。
5) 毎日新聞1995年5月25日。
6) 読売新聞1995年2月6日。
7) 朝日新聞1995年2月5日。
8) 朝日新聞1995年10月5日，毎日新聞1995年11月3日，朝日新聞1995年11月18日，朝日新聞1995年12月1日。
9) 朝日新聞1995年2月17日。
10) 朝日新聞1995年2月1日。
11) 朝日新聞1995年2月3日。
12) 読売新聞1995年5月22日。
13) 朝日新聞1995年3月4日。
14) 毎日新聞1995年2月21日。
15) 毎日新聞1995年2月21日。
16) 『平成7年版 警察白書』58頁。
17) 1999年11月から2000年3月にかけて，神戸市東灘区・中央区・長田区及び西宮市のすべての自治会長891人に対して質問票を郵送又は配布し，614人から返送を受けた。返送率は68.9％になる。そのうち，無回答であるなどのものを除いて，593人ぶんを今回の分析対象としている。発送人数を分母とした有効回答率は66.6％になる。調査票の内容などについては，次の書を参照してほしい。斉藤豊治ほか『甲南大学総合叢書63 阪神大震災後の犯罪問題』（甲南大学総合研究所，2001年）。
18) 岡本英生・斉藤豊治・西村春夫「阪神大震災後の犯罪問題(4)――犯罪認知件数についての警察と自治会報告の比較」日本犯罪社会学会第30回大会報告要旨集（2003年）49-50頁
19) Cohen, L. E. & Felson, M. 1979 Social change and crime rate trends: A routine activity approach. American Sociological Review, 44, 588-608. なお，日本語での日常活動理論の説明としては，次の書がある。マーカス・フェルソン著（守山正監訳）『日常生活の犯罪学』（日本評論社，2005年）（Felson, M. 2002 Crime and Everyday Life, 3rd ed. Sage Publications, Inc.），谷岡一郎『こうすれば犯罪は防げる――環境犯罪学入門』（新潮社，2004年）
20) 『平成8年版 防災白書』7頁。なお，この数字は1995年12月27日現在のものである。

21) 『平成8年版　防災白書』5頁。
22) 火災被害については，焼損棟数約7500棟，焼失面積65万平方メートル以上となっている。『平成8年版　防災白書』12頁。
23) 『平成8年版　防災白書』12頁。
24) 毎日新聞1995年3月29日。
25) 岡本英生ほか「非行少年・犯罪者に見られる阪神・淡路大震災の影響――非行・犯罪と震災との関連についての事例研究」犯罪心理学研究34巻1号（1996年）43-50頁
26) 『平成8年版　防災白書』10頁。
27) 朝日新聞1995年2月17日。
28) 前掲・註17）を参照。
29) Mueller, G.O.W. & Adler, F. The Criminology of Disasters（未公刊）

〔岡本　英生〕

4 阪神・淡路大震災後の犯罪防止活動

1 ■ はじめに

災害後犯罪は増加するのか

　概して，「災害後犯罪は増加する」と考えられている。おそらくそれは，生活物資の不足からの食料等の奪い合い，避難によって生じた空き家からの窃盗，そして，それらを助長するであろう警察機能の麻痺などを想像するからだと思われる。けれども，実際はどうだろうか。本当に犯罪は増加するのだろうか。結論から先にいえば，阪神・淡路大震災では，「犯罪は増加する」との信念は誤りであった。では，なぜ被災地では社会秩序は良好に保たれたのだろうか。本章では，住民たちの犯罪防止活動に焦点を当てながら，その理由を検討してみたい。

用いるデータと理論

　用いるデータは，被災地域中，西宮市，神戸市東灘区，神戸市中央区，神戸市長田区，神戸市北区，神戸市西区，神戸市須磨区，神戸市垂水区の全ての自治会（自治会会長）を対象とした質問紙調査と，とりわけ被災の程度が高かった，西宮市，神戸市東灘区，神戸市中央区，神戸市長田区の各自治会からそれぞれランダムに2つずつ選ばれた自治会（自治会会長）へのインタビュー調査である。

用いる理論は，「日常活動理論（Routine Activity Theory）」である。本理論は，犯罪行動を状況に基づいた合理的な選択として説明するものである。なお，その具体的な内容については，次節で改めて紹介するが，先に第3章でも説明してあるので，すでにそちらを読まれた方は次節をとばしていただいてかまわない。

2 ■ 日常活動理論

犯罪の3要素

日常活動理論は，米国の犯罪学者であるコーエンとフェルソンによって提示された[1]。彼らは，犯罪の構成要素として，「動機づけられた行為者」，「適当な標的」，「犯罪に対する有効な監視者の欠如」を取り出し，この3要素が時間的・空間的に集合したときに犯罪が発生すると仮定する。そして，この3要素と日常生活における人々の「日常的な活動」のパターンとの関係を分析することで，犯罪の量と分布の変化を検証した。

このようなアプローチは，従来の犯罪学が「なぜある種の人々（個人や集団）には犯罪傾向が備わっているのか」に関心を寄せていたのに対して，そうしたことは問題とせず——すなわち，犯罪傾向は所与のもの（誰でも持っているもの）として——，犯罪者が犯罪を実行するその「状況」に注目しようとするものである。すなわち，犯罪を時間的・空間的な特定の場で発生する「出来事」として捉え，犯罪傾向を行為へと移させるその実行場面での状況的要因に注目するのである[2]。

日常活動理論による犯罪の増減の説明

日常活動理論によれば，特定の時間と場所で犯罪が発生する可能性は，犯罪に対する有効な監視者が欠けた状況で，「動機づけられた行為者」と「適当な標的」が収斂する結果として理解される。それゆえ，ある地域におけるこの3要素の比率が一定であるとしても，そこに暮らす人々の「日常的な活動」が変化し，そのことによってこの3要素が時間的・空間的に収斂する可能性が高ま

れば，それに応じて犯罪発生率も増加することが予想される。そしてもちろん，この3要素の比率それ自体の変化も，犯罪発生率の変化に影響を及ぼす。たとえば，「動機づけられた行為者」と「適当な標的」が増加し，「有効な監視者」が減少することで，犯罪の3要素が時間的・空間的に収斂する可能性が高まり，それに応じて犯罪発生率も増加するというようにである。

　ここで注目すべきは，個人を犯罪へと促す（犯罪傾向を形成する）社会構造上の要因（たとえば，社会的絆の弛緩や合法的な機会からの締め出し）に変化がなくとも，犯罪発生率は上昇するということである。また，このような視点は，これまでの犯罪学は，われわれの「日常的な活動」のなかで自然に生じていた，市民による相互の監視や財産の監視（これらの監視はもっぱら意図的でないものを指している）の重要性を見過ごしてきた，ということを示唆してもいる。[3]

日常活動理論の震災後の状況へのあてはめ

　コーエンとフェルソンの研究は通常の社会状況での分析であるが，彼らの理論枠組みは，自然災害という特殊な状況における犯罪の分析にも有効である。なぜなら，自然災害は人々の「日常的な活動」に急激な変化をもたらす一方で，個人を犯罪へと促す（犯罪傾向を形成する）社会構造上の要因には——少なくとも，短期的には——変化をもたらすことがないからである。それゆえ，自然災害がどのように人々の「日常的な活動」に変化をもたらし，その変化がどのように「犯罪機会」を作りだしたかに注目するうえで，日常活動理論は極めて有効な枠組みを提供してくれる。

　では，自然災害——ここでは大震災であるが——がもたらした状況に，日常活動理論の枠組みをあてはめたらどういうことがいえるだろうか。まず，被災地外から被災地への人々の流入が「動機づけられた行為者」の数を増加させるといえるだろう。そして，犯罪の標的となるもの（たとえば，窃盗の対象）は無防備な状態におかれ，公的な社会統制（たとえば，警察機能）は崩壊しているといえるだろう。それゆえ，犯罪の3要素が時間的・空間的に収斂する可能性は明らかに高まることが推測される。すなわち，被災地では犯罪の増加が予想されるということである。しかしながら，事実はそうではなかった。警察統計もわれわれのデータも犯罪が少なかったことを示しているのである。[4] なぜなのか。

Q23 「阪神淡路大震災では，震災後にもかかわらず比較的犯罪が少なかった」という意見がありますが，これについて，あなた自身はどう思いますか。

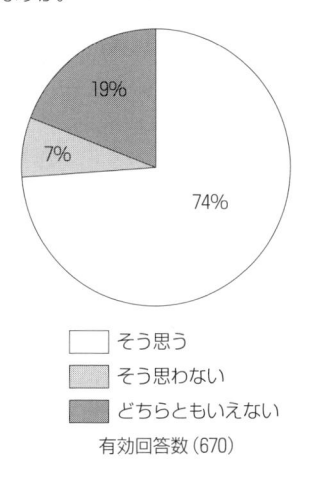

Q24-1：「阪神淡路大震災では，震災後にもかかわらず比較的犯罪が少なかった」とすれば，それはどんな理由からだと思いますか。

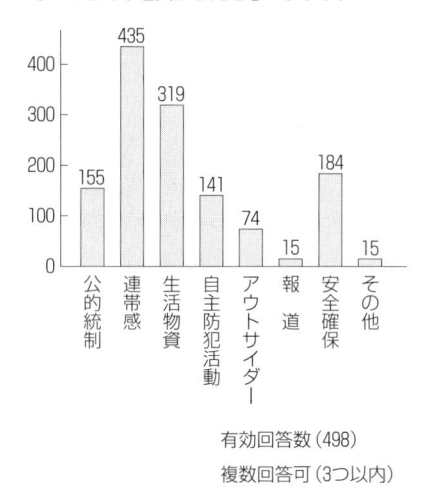

- □ そう思う 74%
- ▨ そう思わない 7%
- ■ どちらともいえない 19%

有効回答数(670)

公的統制 155
連帯感 435
生活物資 319
自主防犯活動 141
アウトサイダー 74
報道 15
安全確保 184
その他 15

有効回答数(498)
複数回答可(3つ以内)

次節でその理由を考えてみたい[5]。

3 ■ なぜ震災後に犯罪は増加しなかったのか

震災後の犯罪状況

　まず，震災後の犯罪状況について，被災地域で暮らす人々の視点から確認しておこう。「Q.23」では，次のような質問を行っている。

> Q.23：「阪神淡路大震災では，震災後にもかかわらず比較的犯罪が少なかった」という意見がありますが，これについて，あなた自身はどう思いますか。
> ① そう思う
> ② そう思わない
> ③ どちらともいえない

　「Q.23」への回答が示すように，被災地域で暮らす人々の視点からは，犯罪は増加しなかったといえそうである[6]。では，なぜ犯罪は増加しなかったのか。

「Q.24-1」において，その理由を尋ねている。

犯罪が少なかった理由①

Q.24-1：「阪神淡路大震災では，震災後にもかかわらず比較的犯罪が少なかった」とすれば，それはどんな理由からだと思いますか。
① 警察や自衛隊が大勢出動していたから…「公的統制」
② 被災者同士や人々の連帯意識・助け合いが強まったから…「連帯感」
③ 食糧などの補給が早くから行われ，生活物資の不足が深刻でなかったから…「生活物資」
④ 自警団等人々の自主的な防犯活動が活発化したから…「自主防犯活動」
⑤ 震災後の交通（道路，鉄道）が麻痺して，外部から犯罪者が入り込みにくくなったから…「アウトサイダー」
⑥ 新聞・テレビなどで悪いことをしないよう呼びかけたから…「報道」
⑦ 震災が深刻なため，犯罪傾向を有する者がいたとしても自分の安全確保に精一杯だったから…「安全確保」
⑧ その他

「Q.24-1」への回答が示すように，被災地域で暮らす人々の多くは，犯罪が増加しなかった理由として，②被災者同士の連帯感が高まったこと，③生活物資の不足が深刻でなかったことを指摘している。[7]

犯罪が少なかった理由②

しかしながら，これらの理由は被災者のみにあてはまるものである。換言すれば，これらの理由は被災地の住民でない人々，すなわち，アウトサイダー（被災地の外からやって来た人たち）にはあてはまらない。このことを裏づけるものとして，われわれのインタビュー調査においても，犯罪は被災地域で暮らす人たちではなく，外からやって来た人たちによって行われたという認識が，被災地の住民たちに共有されていたことがわかった。被災地の住民たちは，震災によってもたらされた犯罪機会が，それを利用しようと動機づけられた人々を被災地に呼び込んだと考えていたのである。

だとすれば，アウトサイダーによる犯罪が増加し得たということはできる。では，何がそれを防いだのだろうか。それは，地域住民たちによるインフォー

マルな監視，すなわち，地域住民たちによる防犯活動——後述する「見回り」——である。警察等の公的な社会統制は減少したけれども，地域住民たちによる非公的な社会統制がそれを補ったのである。そして，この非公的な社会統制は，被災者同士の連帯感の高まりから生じている。すなわち，被災地域の人々に対して犯罪を抑制するように働いたのと同じもの——被災者同士の連帯感——が，他方で，犯罪を防ぐための非公的な社会統制を立ち上げることを促したのである。

非公的な社会統制

ここで，震災後に立ち上がった非公的な社会統制——地域住民による「見回り」——について，留意すべき点を述べておきたい。

本調査を始めた当初，われわれは地域の「見回り」は犯罪対策として行われるものと考えていたが，調査により得られたデータを検討していくうちに，そうではないことがわかってきた。すなわち，「見回り」は，まず震災直後に，災害対策である「防火・救助」として開始され，その後それを続けているうちに，いつの間にか防犯へと関心が移っていたというものである。それゆえ，震災による被害が少なかった地域では，「見回り」は生じなかったか，非常に限られていたということがある。また，このように，「見回り」は意図的なものというよりは，自然発生的なものだということも重要である。

ただし，自然発生的なものとはいえ，それが機能し，継続していくためには，ある程度の組織化が必要である。そして，それがうまくいくかどうかは，災害以前の地域のありよう，たとえば，自治会活動が活発に行われている等，普段からの住民相互の連携に大きく規定されるように思われる[8]。

Q.23とQ.17の矛盾

ここで，次の図4-1を見て欲しい（この表は「Q.17」を基に作成したものである[9]）。

Q.17：震災後の地域での事件についてお尋ねします（又聞きも含めてお答え下さい）。次にあげる事件について，震災後あなたの地域（避難所を含む）で事件発生がありましたか。
　① 自転車・オートバイの窃盗，無断使用，乗り捨て…「乗り物盗」

② 倒壊した住宅からの盗み…「倒壊住宅盗」
③ 倒壊していない住宅への空き巣…「空き巣」
④ 倒壊した商店・事務所・倉庫からの盗み…「倒壊商店盗」
⑤ 倒壊していない商店・事務所・倉庫からの盗み…「商店盗」
⑥ 営業中の商店・コンビニから，どさくさまぎれに商品を持ち去る…「持ち去り」
⑦ 避難所での窃盗…「避難所盗」
⑧ ひったくり…「ひったくり」
⑨ 性的な暴行，性的いたずら…「性犯罪」
⑩ 暴走族による暴走行為…「暴走行為」
⑪ けんか・小ぜり合い…「けんか」
⑫ ダンプカー等の無謀な運転による人身事故…「無謀運転」
⑬ 震災に便乗した価格のつり上げや詐欺的な悪質な商法…「便乗商法」
⑭ シンナー吸引，覚醒剤などの使用…「薬物使用」

　先ほど，「Q.23」の結果を示して，震災後被災地域では犯罪が増加しなかったと述べたが，一方で，「Q.17」への回答によれば，けっこうな数の犯罪が発生したと見ることもできる。同一の質問紙調査で，なぜこのような矛盾が生じるのだろうか。実は，この矛盾こそが，前述の「見回り」が「犯罪に対する有効な監視」として機能していたことを明らかにする鍵でもある。以下，この点を掘り下げながら，「見回り」について詳しく見ていくことにしたい。

なぜQ.23とQ.17は矛盾するのか

　図4-1においてもっとも高い発生率を示した行為類型は，「乗り物盗」である。ただし，この「乗り物盗」については，震災後の非常事態，および，交通の便の悪さから（さらには，それに乗じた中古自転車価格の高騰も含めて），やむを得ないものと考えていたようで，被災地域で暮らす人々はこれらの行為についてはいわゆる「犯罪だ」との認識を持っていなかったことがわれわれのインタビュー調査からわかった。なので，ここではそれ以外の行為，とりわけ，「倒壊家屋や倒壊商店等からの窃盗」の高い発生率（そのなかでも，東灘区における高い発生率）に注目して分析をすすめることにしたい。
　では，なぜ「Q.23」では犯罪が少なかったと答えているにもかかわらず，被災地域の住民たちは「Q.17」において多くの犯罪の発生を報告しているの

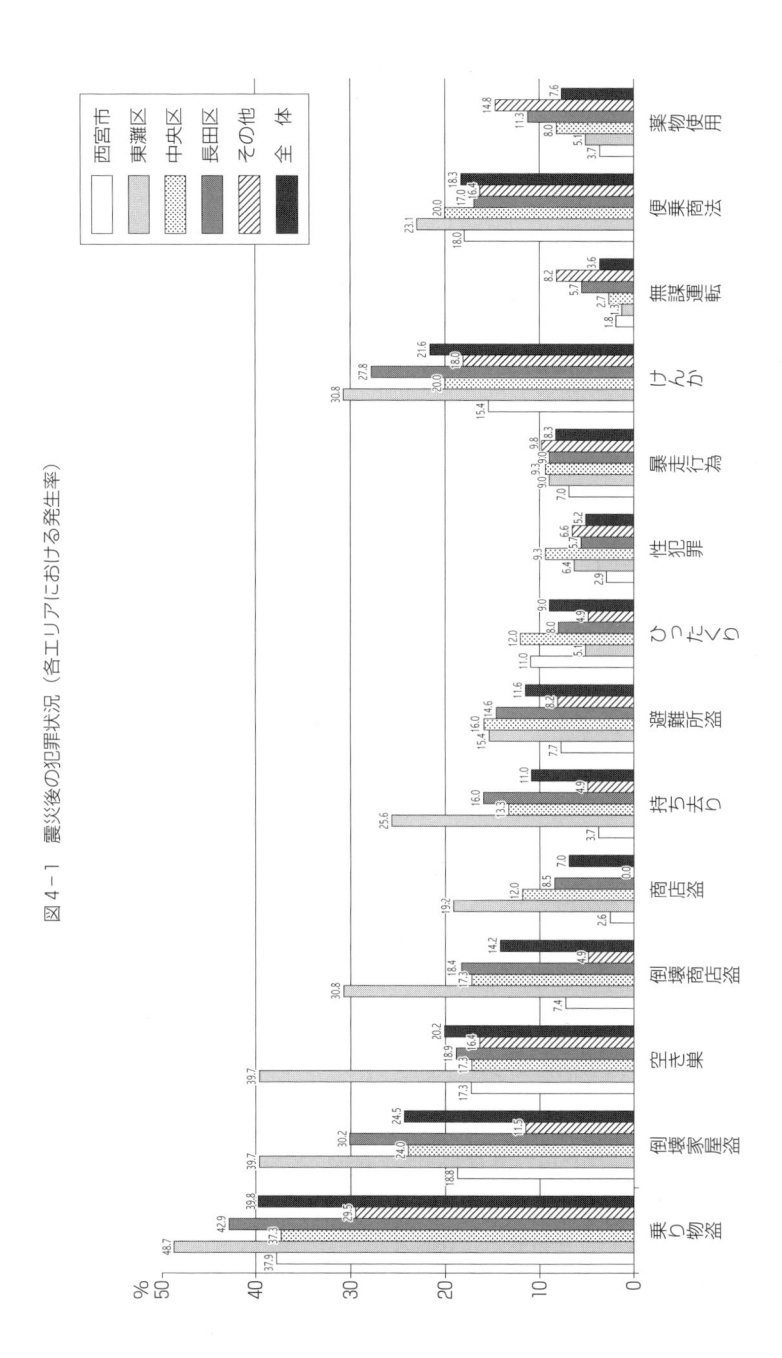

図4-1 震災後の犯罪状況（各エリアにおける発生率）

4 阪神・淡路大震災後の犯罪防止活動

だろうか。逆説的ではあるが、「Q.17」における犯罪発生の報告率は、「動機づけられた行為者」が監視の存在を認識していたことを示す指標として解釈することができる。すなわち、地域の住民たちが「犯罪を見聞きする」ということは、その地域において「動機づけられた行為者」を目撃したということである——実際に犯罪の発生を見聞きしたのか、単に不審者を見かけただけなのかは不明であるが——。そして、このことは、「動機づけられた行為者」からすれば、彼／彼女らも地域の住民たちが「見回り」をしているのを目撃したということである。だとすれば、「動機づけられた行為者」は、被災地において、公的な社会統制とは異なる新しいタイプの監視の存在に気づいていたのであり、そのことが犯罪防止に貢献した——地域住民たちの「見回り」が監視として（防犯活動として）機能した——というように考えることができるだろう。

事件の見聞はそれを目撃する機会があったということにすぎない

そして、「Q.17」における犯罪発生の報告率の地域ごとの差異は、その地域の住民たちが「動機づけられた行為者」を目撃する機会の差異を反映したものと考えることができる。すなわち、図4-1は、必ずしも、現実の犯罪発生件数に対応していない——むしろ、「動機づけられた行為者」の目撃率に規定されると考えた方がよい——ということである。これについては、次のように説明することができるだろう。

被災地の住民が「見回り」をし、その地域の「停電」期間が長く、建物の「倒壊率」が高いところでは、「動機づけられた行為者」を目撃する機会が多くなると考えることができる。すなわち、「動機づけられた行為者」は、その地域の「停電」期間が長ければ、暗くて監視が行き届かないと考えるだろうし（「犯罪に対する有効な監視者の欠如」）、また、建物の「倒壊率」が高ければ、遮るものがないので侵入しやすいと考えるだろうから（「適当な標的」）、そのような地域には「動機づけられた行為者」が押し寄せてくることが予想される。他方で、震災による被害が大きければ大きいほど、防火や人命救助のために、地域住民たちはその地域をより頻繁に「見回る」ので、そこにやって来た「動機づけられた行為者」を目撃する機会はそれだけ多くなることが予想される。また、「見回り」を続けるうちに、地域住民たちも、その地域の状況を「動機づけられた

行為者」が考えたのと同じように——犯罪機会が増加している と——考えるので，さらに「見回り」を——今度は防犯のために——継続するようになり，それに応じて，「動機づけられた行為者」を目撃する機会も増加すると考えることができる。要するに，住民が「見回り」をし，「停電」期間が長く，建物の「倒壊率」が高い地域では，「動機づけられた行為者」の目撃率が高くなるということである。

「犯罪の見聞」と「見回り・停電の長さ・建物倒壊率」との関係

そこで，こうした仮説を検証するべく，「犯罪の見聞」と「見回り・停電の長さ・建物倒壊率」でクロス集計を行ったところ，統計的に有意（1％未満）な結果が得られた。すなわち，住民が「見回り」をしており，「停電」期間が長く，建物の「倒壊率」が高いという条件が重なり合う地域では，犯罪の報告率が高いということである。他地域と比較して，そのような条件にあてはまるのが東灘区であった（Q.26，Q.28参照）[10]。

したがって，「Q.17」における犯罪の報告率の高さは，実際に犯罪が発生したことを示す指標というよりも，「動機づけられた行為者」の目撃率を示す指標として見たほうがよいように思われる。そして，視点を変えていえば，このような犯罪の報告率の高さは，「動機づけられた行為者」にとって，それだけ「見回り」が目につく機会が多かったということでもある[11]。

「動機づけられた行為者」たちは，地域住民たちの「見回り」に遭遇することで，新しい水準の監視が存在することを認識していたのであり，そのことが犯罪の抑制に寄与したものと思われる。「見回り」は，震災被害を受けたほぼ全ての地域で行われており，その効果に対する積極的な評価はいずれの地域においても高かったことを付け加えておきたい（Q.14参照）[12]。

4 ■ 本分析からの示唆

インフォーマルな社会統制

最後に，以上の分析から導かれる若干の示唆を述べてむすびとしよう。

震災後，被災地域では，「動機づけられた行為者」と「適当な標的」は増加したけれども，それに比例して，新しい種類の監視も増加した。いい換えれば，警察による監視のような公的な社会統制は減少したけれども，新しいタイプの監視，すなわち，「見回り」のような非公的な社会統制がそれを補った。

　震災による被害の大きかった地域では，公的な社会統制はほとんど機能しなくなったけれども，被災という共有された経験により連帯感が強化され，非公的な社会統制が震災後直ちに形成された。それは事前に計画されたものではなく，公的な社会統制の崩壊に応じて自然発生的に立ち上がってきたものである[13]。

法は他の社会統制に反比例して変化する

　このような事実は，ブラックの法に関する命題「法は他の社会統制に反比例して変化する」とも一致する[14]。本命題は，「法は他の社会統制が弱い（少ない）ところで強くなる（増加する）」ということだけでなく，その逆，すなわち，「他の社会統制は法が弱い（少ない）ところで強くなる（増加する）」ということも意味している。阪神・淡路大震災では，後者のケースを見ることができた。さらにいえば，ブラックの命題は，通常の社会状況における法と他の社会統制（インフォーマルな社会統制）との関係について述べたものであるが，本研究の知見は，ブラックの命題は災害のような特殊な状況においても妥当することを示している。

犯罪予防への示唆

　以上の分析から，公的な社会統制が欠けるなかで，地域の住民たちが「見回り」というかたちで「犯罪に対する有効な監視者」を提供できるならば，略奪や侵入盗のような犯罪は防ぐことができるといえるだろう。他方で，詐欺や悪質商法・便乗商法といった犯罪は，非公的な社会統制がその防止に無関心なため――その防止のために組織化されているわけではないので――，それを防ぐためにはその他の対策が必要となる。そうでなければ，この種の犯罪は増加するかもしれないということである。

　なお，補足として，災害後の犯罪状況について，犯罪予防とは異なる問題を

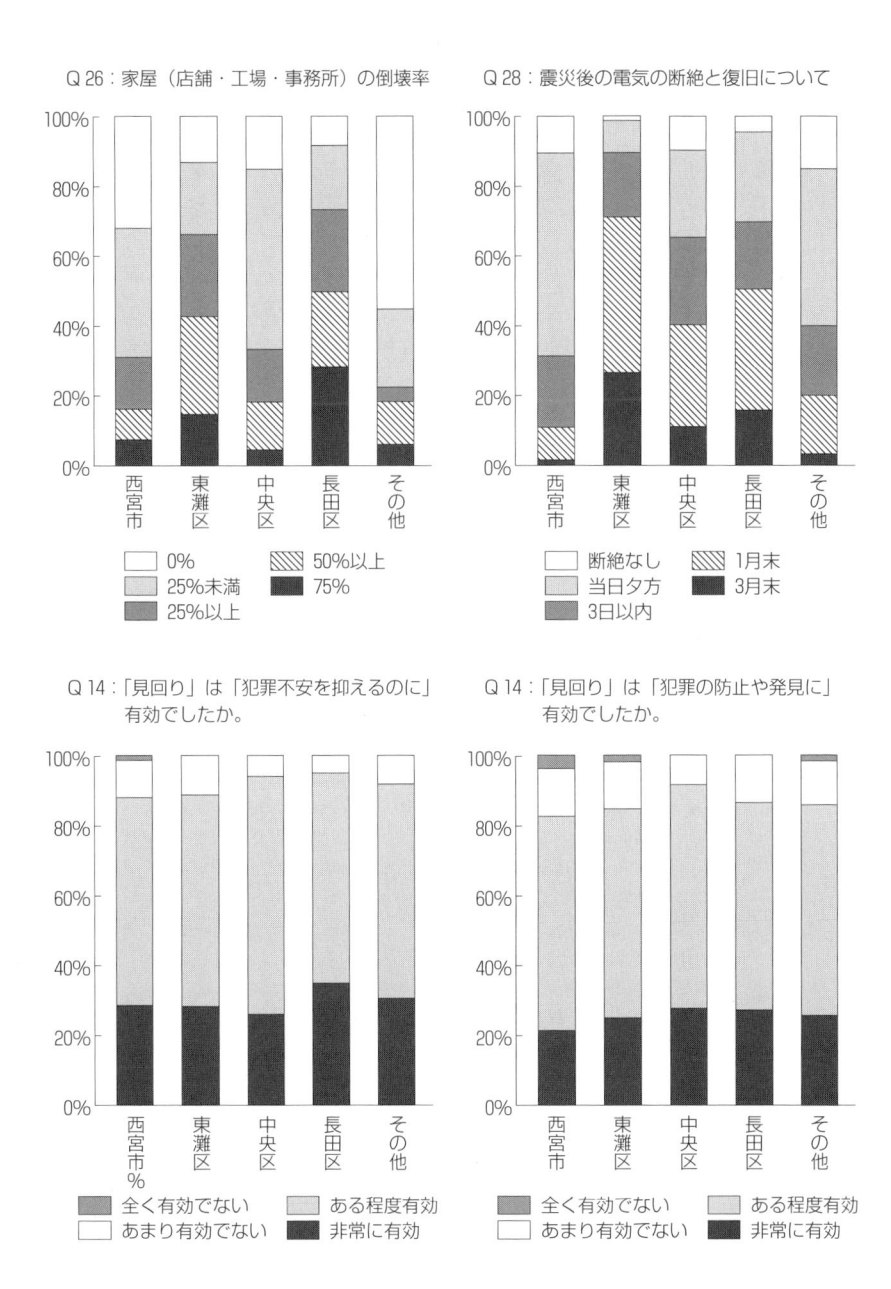

Q 26：家屋（店舗・工場・事務所）の倒壊率

Q 28：震災後の電気の断絶と復旧について

Q 14：「見回り」は「犯罪不安を抑えるのに」有効でしたか。

Q 14：「見回り」は「犯罪の防止や発見に」有効でしたか。

指摘しておきたい。それは，本章の冒頭において「概して，災害後犯罪は増加すると考えられている」と述べたが，このような認識が引き起こす問題である。

たとえば，災害後，被災地域で掠奪犯罪や暴力犯罪が蔓延し，治安状況に極めて問題があると推測された場合，まずは治安部隊（軍隊や警察）を被災地に派遣することが優先される——医療や生活物資を届ける人たちに危害が及ぶことが予想されるからである——。そうなると，その分だけ医療や救援活動が遅れることになる。災害後一刻を争うときに，このような遅れは致命的である。もちろん，日本では治安に関してそれほど深刻な状況が想定されることはないかもしれないが，実際に米国等ではこのような問題が指摘されている[15]。念のために付け加えておけば，災害直後に犯罪が多発しないという現象は日本に限ったことではなく，米国を含め広く各国においてみられる現象である（多数の研究によってこうした事実が示されている）。災害後に犯罪が増えるわけではないという事実は，犯罪予防を超えて，われわれが共有しておくべき事実であるように思われる。

［註］
1) Cohen, L. and M. Felson "Social Change and Crime Rate Trends." *American Sociological Review* 44 (1979) pp. 588-608. なお，日常活動理論を分かりやすく紹介した日本語文献として，谷岡一郎『こうすれば犯罪は防げる——環境犯罪学入門』（新潮社，2004年）があるので，本理論に興味のある方は本書を参照されたい。
2) 日常活動理論のように，「潜在的な犯罪者が実際に犯罪を犯そうとするその状況」に注目して犯罪研究を行う立場は，従来の犯罪学とは異なり，犯罪行為者よりもむしろ彼／彼女が犯罪を実行する「場（＝環境）」を扱うことから，近年では「環境犯罪学」と呼ばれている。
3) コーエンとフェルソンの研究は，掠奪犯罪を対象として行ったものであるが，彼らが示した日常活動理論の枠組みは，殺人，侵入強盗，強姦，青少年の被害等，多数の研究によって支持されている。なお，筆者はかつて，日常活動理論の枠組みを用いて，企業活動規制について分析したことがある。興味のある方は，松原英世『企業活動の刑事規制——抑止機能から意味付与機能へ』（信山社，2000年）第三部「企業活動規制戦略の理論的検討」を参照していただければ幸いである。
4) 当該地域の警察統計によると，震災が発生した年とその前年とを比べた場合，警察の認知件数に限っていえば，犯罪は増加していない（むしろ減少している）ことが分かる。もちろん，そこには他の複数の要因が考えられるが，ここでは立ち入らないこととする。
5) 本章では，コーエンとフェルソンが示した3要素の「時間的な」変動を取り上げるということはしなかったけれども，彼らの分析枠組みを用いて震災後の犯罪種類ごとの時系列的な分布の変化を検討すれば，興味深い知見が見いだせるのではないかと考えている。
6) 詳細は省略するが，前述のとおり，本結果（犯罪は増加しなかった）は警察資料からも裏付けられる。
7) なお，後の記述との関係で，④（自警団等人々の自主的な防犯活動が活発化したから）を「犯

罪が少なかった」理由とする回答が少なかったことについて触れておきたい。自治会へのインタビュー調査から分かったことであるが，地域住民たちは，自分たちの行った「見回り」等を，ここにいう「自警団等の自主的な防犯活動」にあたる（あえていえば，それほど大げさなもの）とは考えておらず，それゆえ，④をその理由としてあげた回答が少なかったものと思われる。

8) この点については詳細な検討を行っていないけれども，インタビュー調査の過程でそのような印象を受けたということである。

9) この表には「各エリアにおける発生率」との標記を付しているが，ここにおける数値は，各エリア（各区・市等）において該当事件が発生したと答えた自治会の比率である。

10) それゆえ，「見回り」「停電」「倒壊」の比率の差異で，地域ごとの犯罪発生率（行為類型別の発生率も）の差異が説明できるのではないかと考えている。

11) インタビュー調査において分かったことを補足すれば，被災の激しかった地区の自治会長のほとんどは「犯罪が増えた」と思っていたのであるが，その理由としては，自分たちが行った「見回り」の過程で多くの不審者を目撃したからだということであった。けれども，本文で述べたように，不審者を多く目撃したということは，逆から見れば，それだけ「見回り」の効果があったということである。なお，犯罪を見聞きした（不審な人を見かけた）ことと，犯罪が増えたと思うこととの間には相関（.407：1％水準で有意）があった。したがって，犯罪が発生したとの報告率が高くとも，それだけでは実際に犯罪が多かったとはいえないということである。

12) なお，地域住民による「見回り」は次のようなものであったことを付け加えておきたい。インタビュー調査によると，地域住民たちが「見回り」を行う際には，犯人を捕まえるとか，不審な人物に物理的に働きかけるとかということは全く考えておらず（むしろ，そのようなことは危険なので行えないとのことである），巡回していることをアピールすることに主眼をおいていたということである。このことは，「見回り」の非公的な社会統制という性格を端的に示していると思われる。また，それゆえ——註11）の記述と関係するのであるが——，「見回り」を行っていた住民たちには，彼／彼女らが目撃した不審な人物（「動機づけられた行為者」）が単にそのあたりを物色していただけなのか，それとも実際に犯罪を行っていたのかは，よくわからなかったものと思われる。

13) ちなみに，被害が少なく，公的な社会統制が崩壊しなかったところでは，それを補う非公的な社会統制は生じなかったか，非常に限られていた。

14) Black, D., *Behavior of Law*, Academic Press, 1976, p.6.

15) たとえば，Bevc, C. and E. Kuligowski "Metaphors Matter: Disaster Myths, Media Frames, and Their Consequences in Hurricane Katrina," *The ANNALS of the American Academy of Political and Social Science* 604（2006）pp. 57-81 参照。

〔松原　英世〕

5 ハリケーン・カトリーナ後のアメリカ南部の危機

1 ■ はじめに

　ニュー・オーリンズ市は2005年8月29日の夕方に衝撃的なまでに変わってしまった。この夜，ハリケーン・カトリーナが上陸し，一連の大災害を引き起こしたのだ。これには市の80％の面積が洪水の被害を受け，経済的損失は1250億ドルにも及び，オーリンズ郡（Orleans Parish）の住居の半分を破壊し，約1800人の市民が死亡した災害が含まれる。[1] 災害のさなかに，住民の大部分には市からの避難命令が出た。ブルッキングズ研究所（The Brookings Institution）は「このような短期間に市民を退去させたのは合衆国が未だかつて経験したことがないものだった」としている。[2] 避難しなかった住民たちは，人工堤防が決壊した後救護されたか，救援を待って死に至ったかのいずれかであった。
　「ストームの被災者は最も傷つきやすい人々かあるいは最も周縁に置かれている人々か，どちらかである傾向にあった」。「カトリーナの被害を受けた70万人の人々は，アメリカ人全体の比率から見ても，貧困者が多く（アフリカ系アメリカ人が最も多かった），また就業率も低く，受けている教育のレヴェルも低かった（すなわち，高校を卒業していないなど）」。[3] ニュー・オーリンズで洪水の被害を最もひどく受けた地域は，海抜が低く，アフリカ系アメリカ人の居住地であった。[4] 避難してきたり，逃げてきたりした住民の多くは南ルイジアナの中には他に行く場所を持たない人々で，彼らは州外に出ることを選択するか，あるいはそう強制される結果となった。

テキサス州ヒューストン市は，ニュー・オーリンズからの多くの避難民の受け入れを歓迎した。実際，市はアストロドーム（訳注：ヒューストン市に1965年に建設された世界初のドーム球場）を避難者のための巨大シェルターとして開放したのだ。「アストロドームとその周りの諸施設やシェルターは，台風後に政府の支援を受けながら避難したニュー・オーリンズ市民にとって主要な目的地となっていた5)」。これらの周辺施設には，レリアント・センター（Reliant Center），ジョージ・R・ブラウン・コンヴェンション・センター（George R. Brown Convention Center），そしてヒューストンのグレーター地域に設立された小規模の赤十字シェルターなどが含まれていた。当初，ヒューストン市の役人たちはニュー・オーリンズ市にあるスーパードーム（訳注：1975年にNFLのために設立されたスタジアム）からFEMAが手配したバスで「ドームからドームへ」というかたちで移送されてくる避難民を受け入れることを予想していた。しかしながら，実際はその予想をはるかに超える数の避難民がやってきて，そこには政府が支援しながら行う避難計画に含まれていない住民やスーパードームから移送されてきたのではない住民が多く含まれることとなった6)」。

　ハリケーン・カトリーナがルイジアナ州のニュー・オーリンズ市を襲った直後から，メディアの被災者の描き方は「社会的に破壊していて，無法状態であり，暴力が横行している」というものであった7)。これは24時間放映されるニュースや，インターネットによる情報，そのなかでも主に噂が拡散したことが大きな原因であろう8)。それらはスーパードームやコンベンション・センターにニュー・オーリンズの「都市の下層市民」が水も食料もなしにいる，という描き方であった9)。強姦や略奪，そして銃器の使用などが多発していると報告され，市民は不安に陥っている，というのが一般的な理解であった。実際，「ハリケーン・カトリーナの上陸3日以内で，ルイジアナ州知事とニュー・オーリンズ市長はニュー・オーリンズにおける人命救助を保留し，その代わりに，掠奪者を逮捕し，犯罪を抑止することに集中する緊急事態声明（emergency responders）を出したほどであった10)」。夜間外出禁止令が出され，単なる被災者が潜在的な犯罪者のように扱われたのである。多くの警察や軍隊の姿が至る所で目にされた。

　カトリーナによる避難民に対するメディアの似たような描き方はヒュースト

ンでもみられた。ヒューストンにおける避難民はメディアによって犯罪と結び付けられ，住民はより「アンチ・犯罪」の態度を示すことでこれに応じて行った。ニューズウィーク（Campo-Flores, Arian. 2006. "Katrina's Latest Damage." Newsweek, March 13, 2006 issue.［Accessed May, 2011］）によると，ニュー・オーリンズ市のある指導者が，台風後のある時点で「勤労な市民のみ戻ってきてほしいと我々は考えている」とコメントしたという。この発言は，ヒューストン市の市議会に対し人々が抗議活動を起こすことにつながった。彼らはBig Easy（訳注：ニュー・オーリンズ市の愛称）の政治家たちは，彼らにとって望ましくない市民をヒューストン市に押し付けようとしている，と抗議したのである。ヒューストンに移された避難民の多くはニュー・オーリンズに戻れず，そのままヒューストンに住みついたということが推察される。ゆえに，ニュー・オーリンズとヒューストン両市における暴力犯罪を考察することは重要であろう。

2 ■ カトリーナ後のニュー・オーリンズの都会の下層民と社会解体

ニュー・オーリンズの住民にとってハリケーンは「馴染みのないもの」ではないし，次に来るハリケーンこそが「でかいやつ」だと考えてしまうという無気力さのために，ハリケーンを「やり過ごそう」としてしまう。ゆえに，気象学者などにより，メキシコ湾で起きているストームの大きさを考えるとハリケーンの3日前に真剣に避難を検討すべきである，と警告されても，多くの住民は市を立ち退かない。「避難することは，仕事をする時間を奪われることだし，移動や滞在費もかかる。そして居残ってさえいれば，土地家屋に与える被害が回避できたり最小化できた，ということもある」[11]。

ヘイニー，エリオット，そしてファッセルらによる研究は，カトリーナ前に出された警告に対する人々の反応は「R-5フレームワーク」により説明できるとしている。つまり，その人が避難するか否かの決定に寄与する主要な要素は，危険の感知，役割，責任，人種，そして宗教である，というのである[12]。人々が入手可能な資源というのは，現在の研究においてもとくに関心が置かれるものである。これは，資源の欠乏という考え方に基礎を置く社会解体論に焦点を

あて，また欠乏の結果としての解体論に争点をあてるからである。経済的資源をより多く有する者は，ストームの前に避難する費用をねん出できるだろうし，一方で経済的に豊かでない人々が避難する割合は下がるであろう。ギャロップ組織や全米赤十字社から得られるデータによると，収入の低い人は高い人に比べ避難をする割合が低かったことが分かっており，彼らはニュー・オーリンズの家屋に残ったのであった。ヒューストンのアストロドームにいた避難民の61％が年収2万ドル以下であると報告している[13]。

「R-5フレーム・ワーク」の人種的側面もまた現在の研究にとって重要である。ニュー・オーリンズ市における人種的成層のために，ハリケーン・カトリーナによって黒人が住む地域が不均衡なまでに被害を受けた。彼らはまさに，避難するか否かを選択できなかった人々である。ハリケーン・カトリーナ以前は，ニュー・オーリンズ市の貧困率は23％，と信じがたい値であった[14]。ヘイニーらによると[15]，ニュー・オーリンズ市の黒人の人口比の高さや彼らの低い収入について統制群とした後でも，白人は黒人に比べ27％も避難しやすかった。既存の研究が示しているところによると，社会のネットワークにおける人種や階層の同質性もまた，黒人が白人に比べ避難しない傾向にあることを説明すると指摘している。ハールバート，ヘインズ，そしてベッグズらは[16]，黒人のネットワークはよりひずんでおり（strained），そのことは彼らが集団として避難するために資源を収集する能力を減じさせる，と指摘している。

サエンツの研究によると[17]，ニュー・オーリンズのアフリカ系アメリカ人の人口はもはや最大グループではなく，家賃が50％近く値上がりしたことや，カトリーナ後にも雇用が戻らないこと，また賃金も値上がりしないこと等により，アフリカ系アメリカ人が市に戻ることを阻んでいるという。ハリケーン後，ニュー・オーリンズでは黒人には住居が入手しにくくなり，収入の低い黒人の居住地域では不均衡なまでに家屋の再建が難しい事態となった。「ロード・ホーム修復プログラム」（Road Home Recovery Program）があり，それは最高15万ドルまで家屋所有者にローンを貸付するものであるが，この対象は家屋所有者に限定されている。ニュー・オーリンズでは，家屋に住む者たちの約50％は賃貸者であり，そしてその大半は黒人である[18]。

上述したように，ルイジアナ州のニュー・オーリンズについての分析に加え，

ニュー・オーリンズからの避難民を快く受け入れた他の市の犯罪傾向を考察することも重要であろう。ヒューストンはスーパードームから出発するバスの主要な目的地であった。カトリーナ発生の1年後、ヒューストン市ではアフリカ系アメリカ人の人口が10.8％、10万1575人増加した。実際のアフリカ系アメリカ人の増加は2006年―2007年では1.2％、1万1611人である[19]。

3 ■ ニュー・オーリンズ、そしてヒューストンの発達する都市における社会解体

制度の不便さとコミュニティと制度の不安定さが都市の社会構造に与える影響については、研究者の間でも大きな議論があった。暴力的犯罪の発生においてこの不利益が大きな役割を果たし、貧困や女性であること、父親か母親のどちらかしかいないこと、また失業などがアメリカ合衆国における殺人や加重暴行の主要な原因であることを示す研究もある[20]。これらの研究は、産業革命によって社会構造が変化したために、迅速な成長が地元民の本質的な崩壊をもたらしたことを示唆している。同じように、ハリケーン・カトリーナ後のニュー・オーリンズを見ると、従前は約48万5千人の人口を抱えていたが、台風後は実質上0人となり、1年後には少なくとも20万人に達した。この地域では、家族支援のサーヴィスや制度がなく、また教育や雇用の機会も欠如していたために、高校中退者や失業者、父親、母親いずれかしかいない家庭、そして貧困が高い割合で見られた。

社会解体理論は社会が（もっと特定化すると「近隣」が、といい換えることができる）行動を規制するために共通の目的についての規範的な同意に依拠していると主張する。このような生態学的観点は、住民に対して効果的な社会統制を維持する能力をコミュニティが欠いているために、不均衡なまでにその地域で犯罪が多発していることについての責任を、不利な条件にある人々に負わせる、という考え方に異議を唱える。彼らの理論は、ワースの研究を引き合いに出す[21]。ワースは都市部の近隣地域における生態学的要素（人口規模、人口密度、そして人口の異質性）が相互の交流を促進し、絆を弱め、コミュニティの社会的重要性を減少させる、と主張していた。人口の規模も密度も大きい都市中心部においては、匿名性や不利な条件を促進し、その結果住民の間での紛争の機会を増

加させる。人種や民族的に異質な者が集まる近隣地域では、そのグループへの愛着を持つことやコミュニケーションが難しくなる。それゆえに、より高い多様性を示すコミュニティは団結したコミュニティほどには結び付きは強くなく、コミュニティが住民を社会的に統制する能力をさらに弱体化してしまうだけでなく、社会的連帯や近隣におけるお互いの結び付きを邪魔することにもなってしまう。

　貧困率も高く、住民の入れ替わりが激しい近隣地域もまた規範についての合意が崩壊し、住民同士の社会的絆を維持することが難しくなり、社会的統制のレヴェルは下がり、犯罪発生率が上がってしまう、と仮定される。高い貧困率が蔓延している地域では、住民に対する社会的統制を効果的に行うことが難しく、住民は暴力的になり易い傾向にある。地域を襲った貧困のゆえに、たとえば教会や学校、またヴォランティア団体のような基本的な施設を確立し、維持するのに必要な資源が欠如する傾向にある。このような種類の施設の存在は地域や社会の連帯性のレヴェルを高めるもので、それはコミュニティ内の社会統制を高め、結果として犯罪行為の事例を減少させるのである。住民の定着率が低いということは、人口が早い速度で入れ替わりするので、近隣住民がお互いに長期間継続する絆を形成することをできにくくする。短期間しか居住しない住民が多かったり、住民の移動の頻度が高い地域においては、住民がお互いに仲良くなったり信頼関係を築くのに充分な期間留まらないのだから、地域の連結性は確立されない。

　カサーダとジャノヴィッツは、社会的絆の発達に住民が住んでいる長さが影響を与えているとして、社会解体理論をさらに発展させた。その地域社会に住んでいる期間が長ければ長いほど、近隣住民との社会的絆は強くなるし、それは結果として社会統制の発達を助け、犯罪を減少させる。サンプソンとグローヴスもまた、彼らの唱えるコミュニティレヴェルの社会解体理論を使って、社会解体論をここにも適用した。彼らはインフォーマルなネットワークの結び付きの利点をとりあげ、これがいかによそ者たちをうまく認識するか、地域安全への意識を高めるか、またこの両方の点が犯罪被害者を生みだす危険性をいかに減少させるか、について議論している。これらのデータは、社会解体の様々な測定方法（たとえば、友人のネットワークに乏しい、監視なき10代の仲間グループ、

所属集団への低い参加姿勢等）は社会解体の構造的な前提（社会経済的地位の低さ，居住環境の不安定さ，異種の人種／民族が混合している，そして家長が女性である家族）によって媒介されることを示している。

　サンプソン，ローデンブッシュとアールズ[27]によると，不利益条件の集約率と暴力が結び付くことは必ずしも，個々人の人口的な特徴のみに影響を与えるのではない。近隣地域で多様な暴力事件が発生していることの主な理由は，コミュニティの住民が「共通の価値観を認識し，効果的な社会統制を維持」しなければならないことが不可能になった状態のゆえなのである[28]。彼らはまた次のことを主張する。すなわち，集団的な行動に関する能力（collective efficacy）——インフォーマルな社会統制能力を確立するためのコミュニティの能力に対立する不利益な活動によって生み出される「孤立，搾取，そして依存」についてである。彼らが注目するのは，たとえば近所の子どもを見守る行動や，彼らのずる休みを防止するために積極的に介入したり，また近隣の平和を乱すような輩と対決したり，というようなインフォーマルな社会統制メカニズムについてである。これらはたとえば警察に代表されるような，よりフォーマルで外的な社会統制メカニズムと対極に置かれるものである[29]。彼らの研究結果によると，集約された不利益条件は実際のところ，集団的な行動に対する能力とは反比例関係にあり，ジェンダーや民族のような個人レヴェルの特性は集団的な行動に対する能力とは関係しない。彼らのモデルのなかには，集団的な行動に対する能力を近隣において認識される暴力行為の予測因子として捉えているものもあった。彼らの研究結果が示すところによると，たとえ社会構成について統制した場合でも，集団的な行動に対する能力は暴力と反比例の関係にある，ということであった。不利益な条件が高い濃度で集約されている地域を見分ける要素には，貧困や失業，家長が女性である家族の存在，そして空家の率があるとする研究がいくつかある[30]。ウィルソン[31]は，これらの諸要素により特徴づけられる地域においては，住民は生き残るための手段として暴力を使用しがちである，と主張している。

　本章の目的は，ハリケーン・カトリーナ後のニュー・オーリンズとヒューストンにおける犯罪発生率に対し，社会解体の程度が与える影響について考察することである。ニュー・オーリンズの大部分は修復・再建されたし，多くの住

民は戻ってきているが、これまでは市の人口を見積もることしかできない研究が多かった。「人々が元の地域に戻り出すにつれ、市の人口統計も大きく変化した。このことは、深刻で長期間にわたる人々の移動が不均衡なまでにマイノリティや低所得層の住民に負担をかけていることを示している。富裕層や白人たちについては、彼らの多くは海抜の高い地域に住んでいたのであるが、大洪水を逃れ、元いた地域に戻り生活を再建することがより可能であった。また、彼らにとっては市街地に近い場所に一時的な滞在先を見つけることがより容易であった」。上でも引用したブルッキング報告書においては、「より裕福ではないニュー・オーリンズ市民はヒューストンやアトランタなどの、より遠い地域に移動することになった。そして借家人であるとか、家屋への被害がより大きかったとか、財政や就労能力がより危機にさらされているという問題があればあるほど、それらは彼らが地域に戻る上での障害として立ちはだかることになった」と明記されている。

4 ■ 暴力犯罪と社会解体についてのデータと尺度

　ハリケーン・カトリーナが来る前のルイジアナ州ニュー・オーリンズ市は、国内でもっとも高い犯罪率に悩まされていた。ニュー・オーリンズ市の犯罪率は、合衆国国勢調査局と連邦調査局（FBI）の両方によって推定されてきた。これら2つの組織は、異なる推定方法を使用し、その市についてのかなり違った推定人口を出している。たとえば、合衆国国勢調査局は、ニュー・オーリンズ市の人口は、2006年には22万3388人、2007年には28万8113人、そして2008年には31万1853人と推定しているが、連邦調査局は2006年には45万1153人、2007年には22万641人と推定している（表5-1）。

　このように、ニュー・オーリンズ市と周辺のほかの市の人口の推測がずいぶんと違っているために、ニュー・オーリンズにおける犯罪の総数や、2005年のハリケーン・カトリーナのあとどのように犯罪傾向が変わってきたかについて述べることは、とてもリスクが大きい。ニュー・オーリンズの人口規模についての合衆国国勢調査局の推定と連邦調査局の推定の両方は、2000年の国勢調査をもとにしているし、時間の経過による人口規模の通常の変動を使って推

表 5-1　合衆国国勢調査局と連邦調査局が推定したルイジアナ州
ニュー・オーリンズ市のカトリーナ後の人口

	2006 年	2007 年
合衆国国勢調査局の人口推定	223,388 人	288,113 人
連邦調査局の人口推定	451,153 人	220,641 人

測されている。しかしながら，ハリケーン・カトリーナのあとで起こった人口の変化は，まったく通常のものではなかった。最近の正確な人口データが役に立つようなものでないことから，犯罪と犯罪被害の正確な割合もまた同様に手に入れることができなかった。

　2005年から2009年にかけてのアメリカのコミュニティ調査（ACS）の人口データがここでは役に立つ。その人口データがハリケーン・カトリーナによる人々の離散のあとのニュー・オーリンズとヒューストンの両方の人口について非常に正確な見積もりを教えてくれるので，この研究の分析を行う際に用いることにした。ACSには次のような計算可能な人口統計的データが含まれている――おのおのの調査地域の年齢，人種，そして性の構成，おのおのの調査地域の空き家率，おのおのの調査地域の人口サイズと移住，そしておのおのの調査地域における貧困，教育，雇用，家庭収入といった社会経済的な構成である。

　従属変数（訳注：結果となる変数のこと）である殺人と加重暴行は，ニュー・オーリンズ市警察部門からのデータとヒューストン犯罪委員会からのデータを用いて両方の犯罪の件数を平均化することで指標化している。殺人やとりまく自然災害（ハリケーン・カトリーナのような）のようなまれな出来事において起こるであろう変動の大きさを小さなものにするために，犯罪件数は2006年から2010年の間の4年間のものを平均している。ニュー・オーリンズの犯罪データは，事件（殺人，加重脅迫（aggravated assault），そして加重暴行（aggravated battery））についての時間，日，およその住所を含んでいる。ヒューストンの犯罪データは，犯罪タイプ（殺人と加重暴行）時間，日，住所，建物，そして警察の巡回を含んでいる。ニュー・オーリンズにおける加重脅迫と加重暴行が一緒にされているのは，ルイジアナ州とテキサス州における加重脅迫と加重暴行の定義が違っているためである（訳註：ニュー・オーリンズがあるルイジアナ州法とヒューストンがあるテキサス州法とで，同じ用語を使っていても定義が異なる。前者

では、aggravated assaultは、武器を用いた脅迫であり、aggravated batteryは、武器を用いた暴行を意味する。テキサスは両者を区別せず、広い定義をおいている。両方を比較するため、ニュー・オーリンズについて二つを一本化して、比較している)。殺人と加重暴行は分けて調べるとともに、両方を合わせることで暴力犯罪という1つの指標にもしている。

この分析における興味のある最初の予測変数（訳注：結果となる変数である加重暴行や殺人に対して影響を与える変数のこと）は、不利益あるいは社会解体の指標であり、次のものを含んでいる――女性が世帯主であり子どもがいる家庭の割合、連邦により認められた貧困ラインよりも下にある人口の割合、高校を卒業していない人の割合、無職の割合、離職人口の割合、無人である住居の割合、アフリカ系アメリカ人の人口の割合、そして15歳から24歳までの人口の割合。さらに統計的な手法を用いて、いくつかの不利益の指標の結果を1つにまとめた変数を作った。その変数には次の指標が含まれている――貧困、女性が世帯主である家庭、高校を卒業していない、無職、そして黒人の割合。この変数は、不利益の第1の指標として、分析の際に用いられた。その他の不利益の指標（離職人口、無人の家屋、そして犯罪をしやすい年代（15歳から24歳））については、分析の際には独立した予測変数として用いた。人口を自然対数に変換したもの（訳注：統計テクニックの1つの方法で、数値の変動の幅が大きい場合に、自然対数に変換することで変動を小さくする）、性別、そして家庭収入、人口統計的な、そして経済的な情報もまた分析の際には独立した変数として使用した。まとめて1つの不利益指標とした変数についてであるが、不利益の指標上の差異を示すように群分けをした。この不利益の変数は、4つの群に分けた。この変数の群別化は、社会的解体のさまざまなレベルの影響の解釈をより容易にするだけではなく、暴力犯罪に関するコミュニティの不利益の異なった程度の影響をさらに深く分析するのに役に立つ。

指標とサンプルの制限からデータがとれなかったものがあったため、以下の分析で使用したサンプルは、ルイジアナ州のオーリンズ郡（訳註：ニュー・オーリンズを含む地域）で171の調査地域、そしてテキサス州のハリス郡（訳註：ヒューストンを含む地域）で555の調査地域となった。表5-2は、これらの変数の記述的な統計をあらわしており、社会的解体の指標のおのおのの要素を含んでいる。

5 ■ 記述分析

　殺人と加重暴行の実際の割合を出さないで考察している。というのも，それらは10万人の住民に対する割合ということで示しているからである。ニュー・オーリンズ市における殺人の4年間の平均は，10万人につき86.05人であり，2009年において合衆国では人口10万人以上の市では殺人率は10万人につき5人であるから，それは平均の17倍以上である。[34] これは2004年のカトリーナ以前の割合である57.1人よりも実質的な増加である。[35] ヒューストンの殺人率の平均は24.45であり，これは国内平均の約5倍であるが，ニュー・オーリンズのものより有意に低い。ただし，2004年のカトリーナ以前の10万人につき13という殺人率よりは実質的に増加している。

　2004年，ヒューストンの加重暴行の推測された割合は，住民10万人につき591であった。最近の研究による4年間の平均値では，加重暴行の平均の割合は10万人につき1000を少し超えており，これはカトリーナ前の割合の約2倍になっている。ニュー・オーリンズの加重暴行の割合は，10万人につき630である。ニュー・オーリンズとヒューストンの両方における殺人と加重暴行がきわめて高い割合であることから，両市におけるこれら犯罪に影響を与えている変数を調べることはきわめて重要である。

　社会解体の各指標をみると，ニュー・オーリンズとヒューストンの間にはとても多くの違いがある。ニュー・オーリンズでは，子どもを持つ約53％の家庭の世帯主が女性である（標準偏差33.68）。一方，ヒューストンの子どもを持つ家庭は26％だけが世帯主が女性である。ニュー・オーリンズの貧困率はカトリーナ前のレベルよりもほんのわずか（2％）高くなった（訳注：カトリーナ後のニュー・オーリンズの貧困率は25.9％である）が，ヒューストンの貧困率は18％しかなかった。2005年から2009年の間のニュー・オーリンズの失業率は8.5％であるが，ヒューストンは5％しかなかった。これらの数字は最近の正確なものではないが，より最近，合衆国を襲っている猛烈な失職や経済的圧力によるものである。教育水準が低い者の割合は，ヒューストンがニュー・オーリンズよりも不利であることを示す唯一の指標である。ニュー・オーリンズで

表 5-2 ルイジアナ州ニュー・オーリンズ市とテキサス州ヒューストン市についての記述統計 (2006～2010年)

	ニュー・オーリンズ			ヒューストン		
	地域数	平均	標準偏差	地域数	平均	標準偏差
加重暴行	180	630.27	1305.17	601	1000.53	7314.44
殺人	180	86.05	197.49	601	24.45	148.41
暴力犯罪（加重暴行＋殺人）	180	716.32	1492.72	601	1024.89	7498.14
不利益の指標	170	0.00	1.00	640	0.00	1.00
女性が世帯主である割合	170	52.95	33.68	640	26.30	17.93
貧困ラインより下の割合	179	25.89	18.21	644	18.26	13.11
無職の割合	180	8.46	8.16	649	5.03	2.80
高校を卒業していない割合	180	20.44	15.47	645	24.92	17.07
人種（ヒスパニックでない黒人の割合）	180	62.26	34.54	645	20.18	24.29
人口の大きさ	180	1825.94	1358.86	649	6024.33	3803.16
離職率	180	23.95	12.32	645	20.08	10.43
性（女性の割合）	180	53.40	9.00	645	49.88	4.50
犯罪をしやすい年齢層（15～24歳）	180	14.16	9.96	645	14.30	6.21
無人の家屋	179	27.40	11.73	644	11.59	7.07
家庭の収入	178	3.88	2.50	642	5.47	3.30
黒人の貧困者	172	31.16	23.13	604	23.56	23.13

は人口（25歳以上）の20％が高校を卒業していないが，ヒューストンでは人口（25歳以上）の約25％が高校を卒業していない。ニュー・オーリンズとヒューストンの人種的相違はとても大きい。ニュー・オーリンズの人口の62％以上がアフリカ系アメリカ人であるが，ヒューストンの場合人口の20％をほんの少し超えるだけがアフリカ系アメリカ人である。空き家となっている住居の割合も2つの市では大きく異なっている。ニュー・オーリンズの家の27％以上は空き家であり，ヒューストンではおよそ11.5％だけが空き家である。ニュー・オーリンズの家庭収入はヒューストンのものよりもかなり低い。ニュー・オーリンズの家庭収入は3万8800ドルで，ヒューストンは5万4700ドルである。ニュー・オーリンズにおいては貧困ラインよりも下にある黒人人口の割合は31％以上であり，一方，ヒューストンは約23.5％である。

　人口統計的な情報を見ても，2つの市には非常にたくさんの違いがある。2005年から2009年の間で，ニュー・オーリンズの推定された人口の大きさは32万8669人であり，ヒューストンの場合は390万9790人である。ヒューストンの人口はニュー・オーリンズの人口の10倍であるだけでなく，おのおのの調査の地域に住んでいた人の密度についても，ヒューストンはニュー・オーリンズよりもかなり高い。ヒューストンの各調査地域は，平均で住民6000人以

上からなるが，ニュー・オーリンズの調査地域の平均は住民2000人よりも少ない。ニュー・オーリンズにおける離職者人口と女性の割合（離職者人口24%，女性割合53.4%）は，ヒューストンのもの（離職者人口20%，女性割合49.88%）よりおよそ4%だけ多い。

6 ■ 統計的な分析，議論，そして結論

表5-3は，ルイジアナ州オーリンズ郡の171の調査地域とテキサス州ハリス郡の555の調査地域についての殺人と加重暴行の割合を予測するポワソン回帰モデル（訳注：統計手法の1つ）の結果を示している。モデル1とモデル2は，ニュー・オーリンズとヒューストンにおいて，社会的解体の指標が暴力犯罪に及ぼす影響について分析している。それらモデルを比べると，社会的解体の指標は実際のところニュー・オーリンズとヒューストンでの暴力犯罪の高い割合を説明していることがわかる。しかしながら，それらモデルは次のことも示している——ニュー・オーリンズにおいては，社会的解体の参照カテゴリ（訳註：「低—不利益群」のこと）と比較すると，不利益の程度が大きい地域である他の3つの社会的解体の群（訳註：「中低—不利益群」「中高—不利益群」「高—不利益群」のこと）は暴力犯罪を減少させていた。これは予期されたことと逆である。地域の不利益の程度が増せば，暴力犯罪も多くなるのが普通だからである。ヒューストンでは1つ例外はあったものの，社会的解体の指標はすべて期待されたとおりに働いていた。高不利益群は，社会的解体の中低群と中高群のどちらよりも小さい係数であった。このことは，中低群と中高群の地域において，もっとも不利益な地域におけるよりもより多くの暴力犯罪があることを示している。また，ニュー・オーリンズにおいては家庭収入は暴力犯罪に影響していたが，ヒューストンではそうではなかった。このことは，次のことを示唆している——家庭収入の平均が高い地域では暴力犯罪がより少なくなる傾向がある一方，ヒューストンでは家庭収入の平均値は暴力犯罪の発生に何も影響を与えていない。

殺人と加重暴行が別々に考察された場合は，より多くの情報が集積されることになる。モデル3とモデル4は，ニュー・オーリンズとヒューストン市にお

表5-3 ニュー・オーリンズ市の171調査地域とヒューストン市の555調査地域についてのポアソン回帰モデル（2006～2010年）

	暴力犯罪（加重暴行＋殺人）		加重暴行		殺人	
	ニュー・オーリンズ（モデル1）	ヒューストン（モデル2）	ニュー・オーリンズ（モデル3）	ヒューストン（モデル4）	ニュー・オーリンズ（モデル5）	ヒューストン（モデル6）
不利益変数						
低―不利益群（参照カテゴリ）						
中低―不利益群	-0.475 ***	0.512 ***	-0.435 ***	0.514 ***	-0.782 ***	0.451 ***
中高―不利益群	-0.500 ***	0.749 ***	-0.476 ***	0.753 ***	-0.687 ***	0.597 ***
高―不利益群	-0.435 ***	0.342 ***	-0.398 ***	0.347 ***	-0.724 ***	0.174
人口の大きさ（自然対数に変換）	-0.338 ***	-1.247 ***	-0.332 ***	-1.250 ***	-0.383 ***	-1.190 ***
離職率	0.008 ***	0.019 ***	-0.008 ***	-0.019 ***	0.001	-0.023 ***
性（女性の割合）	-0.008 ***	-9.048 ***	-0.008 ***	-0.049 ***	-0.005	-0.039 ***
犯罪をしやすい年齢層（15～24歳の割合）	-0.003 *	-0.002 ***	-0.003 *	-0.003 *	-0.004	0.014 *
無人の家屋の割合	0.022 ***	0.020 ***	0.022 ***	0.020 ***	0.021 ***	0.022 ***
家庭の収入	-0.436 ***	-0.008	-0.430 ***	-0.008 **	-0.477 ***	-0.021
黒人の貧困者	-0.007 ***	-0.002 **	-0.007 ***	-0.002 ***	-0.010 ***	0.001

注　数値は非標準化係数
　　*** p<.001，** p<.01，* p<.05

ける加重暴行事件に社会解体論がどのような影響を及ぼしているかを分析したものであり，モデル5とモデル6は殺人事例に対する社会解体論の影響の分析である。これらのモデルについてはいくつかの結果を指摘すべきであろう。まず最初に，社会解体論の影響が指し示すところについては，暴行と殺人の両方に類似した行動が見られる。くり返すが，このことは次のことを示唆している——ヒューストンにおいては社会解体が高レベルになると殺人と加重暴行の件数が増え，ニュー・オーリンズでは不利益の程度が低い集団が殺人と加重暴行の件数と関係している，つまり不利益の程度が低い地域と比べて不利益の程度が高い地域で殺人と加重暴行の発生が少なくなっている。また，ヒューストン市における高不利益群では統計的に有意でなかったが（訳注：統計的に有意であるというのは，その結果が単なる偶然以上のものであることを示す。ここでは「有意でなかった」ことから，結果は偶然の範囲内のものでしかないことを意味する），このことはヒューストン市の不利益度がもっとも高い調査地域では，不利益であることが殺人の高い発生率を説明できないことを示している。

この2つの種類の犯罪を別々に見ると，ニュー・オーリンズ市についての両方のモデルにおいて，影響の大きさは，「中低」，「中高」，そして「高」度に不利益な条件を有する集団のすべてにおいて非常に類似していることがわかる。このことは次のことを示唆する——その調査地域における社会的解体のレベルにかかわらず，殺人と加重暴行の発生はまったく同じである。これは社会解体理論から予期されることではない。サンプソンの研究では，激しい不利益は暴力犯罪をもっともよく予測するものであり，不利益がより激しいレベルである地域では，暴力犯罪が高率で発生することが予期されるからである。

　別の重要な視点からモデル3（ニュー・オーリンズでの加重暴行）とモデル5（ニュー・オーリンズでの殺人）を見てみる。これらのモデルでは社会的解体の指標が有意であるが，社会的解体のほかの独立した指標についてはすべて同じようにはなっていない。加重暴行のモデルでは，離職人口の指標と犯罪をしやすい年齢層が統計的に有意であるが，負の関係になっている。このことは，その地域で，人口移動と若者の割合が増加すると加重暴行の発生が少なくなることを示す。殺人のモデルでは，これらの指標が統計的に有意でない。このことは，人口の移動と若者の割合が殺人の発生と関係ないことを示す。

　今度は，暴力犯罪のモデルと似ている，殺人の2つのモデル（訳註：モデル5とモデル6）を見てみる。殺人のモデルにおいて，ヒューストンでは家庭収入から殺人を予測することはできない。一方，ニュー・オーリンズではこの予測が可能になる。このことは，ニュー・オーリンズにおいては収入の指標が上がると殺人の発生が減るが，ヒューストンではそれが言えないということを示している。最後の重要な視点は，困窮した黒人の住民の割合が多い地域での殺人に関するものである。ニュー・オーリンズでは，このような地域は殺人の発生率が高くなっているが，ヒューストンではこの指標は殺人の発生率に影響を与えていなかった。

　結論をいえば，ニュー・オーリンズではハリケーン・カトリーナ後に暴力犯罪に関して何か異常な事態が起こっていたことになる。アメリカ合衆国における暴力的犯罪を社会解体論は予期できるかについてくり返し検証されてきたし，人々が置かれる不利な条件の尺度は暴力犯罪の強固で，肯定的な予測因子として確立してきた。しかしこれは本章の研究にはあてはまらない。この研究

では,人々が置かれる不利な条件の尺度は,ニュー・オーリンズ市の暴力的犯罪においては重要であるが否定的な予測因子となり,一方ヒューストン市では予期されたように機能していた。この異常な状態（anomaly）を検証するためにも,さらなる調査が必要であると思われる。

[註]
1) Saenz, Arthur L. 2010. "Population Displacement in Post-Katrina New Orleans." San Diego State University Digital Research Collection. 〈http://sdsu-dspace.calstate.edu/xmlui/handle/10211.10/579〉[Accessed May, 2011].
2) Frey, William H. and Audrey Singer. 2006. "Katrina and Rita Impacts on Gulf Coast Populations: First Census Findings." The Brookings Institution METROPOLITAN POLICY PROGRAM.
3) Gabe, Thomas, Gene Falk, Maggie McCarty, et al. 2005. Hurricane Katrina: Social-Demographic Characteristics of Impacted Areas. Washington, D.C.: Congressional Research Service, Library of Congress.
4) Cannavo, P.F. 2008. In the Wake of Katrina: Climate Change and the Coming Crisis of Displacement. In S. Vanderheiden(Ed.), "Political Theory and Global Climate Change". Cambridge, MA: The MIT Press.
5) Appleseed. 2006. "Appleseed Hurricane Katrina Project: Houston City Report." Washington, DC: Apple-seed. http://www.appleseeds.net/Publications/ReportsToolkits/ AContinuingStorm/tabid/92/Default.aspx [Accessed May, 2011].
6) Brezina, Timothy. 2008. "What Went Wrong in New Orleans? An Examination of the Welfare Dependency Explanation." Social Problems55: 23-42.
7) Tierney, Kathleen, ChristineBevc, and Erica Kuligowski. 2006. "Metaphors Matter: Disaster Myths, Media Frames, and Their Consequences in Hurricane Katrina." The ANNALS of the American Academy of Political and Social Science604: 57-81, Tierney, Kathleen and ChristineBevc. 2007. "Disaster as War: Militarism and the Social Construction of Disaster in New Orleans." in Brunsma, David L., David Overfelt, and J. Steven Picou. The Sociology of Katrina: Perspectives on a Modern Catastrophe. Rowman and Littlefield Publishers, Inc.: Lanham, MD.
8) Thomas, Shaun A. 2007. "Lies, Damn Lies, and Rumors: An Analysis of Collective Efficacy, Rumors, and Fear in the Wake of Katrina." Sociological Spectrum 27: 679-703.
9) Barnshaw, John. 2006. "Beyond Disaster: Locating Katrina within an Inequality Context." Pp. in Learning from Catastrophe: Quick Response Research in the Aftermath of Hurricane Katrina,edited by G. Guilbert. Boulder, Co.: Natural Hazards Applications and Information Center, 47-70.
10) 前掲・註7) Tierneyほか (2006).
11) Haney, Timothy J., James R. Elliott, and Elizabeth Fussell. 2007. "Families and Hurricane Response: Evacuation, Separation, and the Emotional Toll of Hurricane Katrina." pp. 71-90 in The Sociology of Katrina: Perspectives on a Modern Catastrophe, edited by David Brunsma,

Dave Overfeldt, and J. Steven Picou. Lanham, MD: Rowman& Littlefield.
12) 前掲・註11) Haneyほか.
13) 前掲・註1) Saenz.
14) Dynes, R.R. and Havidan Rodriguez. 2010. Finding and Framing Katrina: The Social Construction of Disaster. In Brunsma, D.L., D. Overfelt, and J.S. Picou. "The Sociology of Katrina: Perspectives on a Modern Catastrophe." Rowman and Littlefield Publishers, Inc.: Lanham, MD.
15) 前掲・註11) Haneyほか.
16) Hurlbert, Jeanne, Valerie A. Haines, and John J. Beggs. 2000. "Core Networks and Tie Activation: What Kinds of Routine Networks Allocate Resources in Nonroutine Situations?" American Sociological Review 65: 598-618.
17) 前掲・註1) Saenz.
18) 前掲・註1) Saenz.
19) U.S. Census Bureau, American Community Survey 2005-2009 5-Year Estimates. http://factfinder.census.gov/servlet/DatasetMainPageServlet?_program=ACS [Accessed May 2011].
20) Massey, Douglas S. 1995. "The New Immigration and Ethnicity in the United States." Population and Development Review 21: 631-652, Peterson, Ruth D. and Lauren J. Krivo. 1993. "Racial Segregation and Black Urban Homicide." Social Forces 71: 1001-1026, Wilson, William J. 1987. The Truly Disadvantaged: The Inner city, the underclass, and public policy. Chicago: University of Chicago Press, Wilson, William J. 1996. When Work Disappears: The World of the New Urban Poor. New York: Knopf, Sampson, Robert J. and William J. Wilson. 1995. "Race, Crime and Urban Inequality." pp37-54 in Crime and Inequality, edited by John Hagan and Ruth D. Peterson.Stanford University Press, Shihadeh, Edward S., and Nicole Flynn. 1996. "Segregation and Crime: The Effect of Black Social Isolation on the Rates of Black Urban Violence." Social Forces 74: 1325-1352.
21) Wirth, Louis. 1938. "Urbanism as a Way of Life." American Journal of Sociology 44: 1-24.
22) Krivo, Lauren J., and Ruth D. Peterson. 2000. "The Structural Context of Homicide: Accounting for Racial Differences in Process." American Sociological Review 65: 547-559, Shaw, Clifford R, Frederick M. Zorbaugh, Henry D. McKay, and Leonard S. Cottrell. 1929. Delinquency Areas. Chicago, Ill.: University of Chicago Press, Shaw, Clifford R, and Henry D. McKay. 1931. "Social Factors in Juvenile Delinquency: Report on the Causes of Crime, National Commission of Law Observance and Enforcement." Washington D.C.
23) Bursik, Robert J. 1988. "Social Disorganization and Theories of Crime and Delinquency: Problems and Prospects." Criminology 26: 519-552.
24) Kornhauser, R.R. 1978. Social Sources of Delinquency-An Appraisal of Analytic Models. Chicago, IL: University of Chicago Press, Elliott, Delbert S. and Scott Menard. 1996. "Delinquent Friends and Delinquent Behavior: Temporal and Developmental Patterns." In Delinquency and Crime: Current Theories ed. J. David Hawkins. Cambridge University Press: New York, Sampson, R. J., and W. Byron Groves. 1989. "Community Structure and Crime: Testing Social Disorganization Theory." The American Journal of Sociology 94: 774-802, 前掲・註20) Shihadehほか, 前掲・註23) Bursik.
25) Kasarda, John D., and Morris Janowitz. 1974. "Community Attachment in Mass Society."

American Sociological Review 39: 328-339.
26) 前掲・註24) Sampsonほか.
27) Sampson, R. J., Stephen W. Raudenbush, and Felton Earls. 1997. "Neighborhoods and Violent Crime: A Multilevel Study of Collective Efficacy." Science 277.
28) 前掲・註27) Sampsonほか.
29) 前掲・註27) Sampsonほか.
30) Jargowsky, Paul A. 1994. "Ghetto poverty among blacks in the 1980's." Journal of Policy Analysis and Management 13: 288-310, Massey, Douglas S. 1996. "The age of extremes: concentrated affluence and poverty in the twenty-first century." Demography 33: 395-412, Squires, Gregory D., ed. 2002. Urban Sprawl: Causes, Consequences, and Policy Responses. Washington, DC: Urban Institute Press, Krivo, Lauren J., Ruth D. Peterson, Helen Rizzo, and Jonh R. Reynolds. 1998. "Race, Segregation, and the Concentration of Disadvantage: 1980-1990." Social Problems 45: 61-80.
31) 前掲・註20) Wilson (1996).
32) 前掲・註4) Cannavo.
33) 前掲・註2) Freyほか.
34) U.S. Department of Justice, FBI, Crime in the United States, 2009. http://www2.fbi.gov/ucr/cius2009/index.html [Accessed May, 2011].
35) VanLandingham, M.J. 2007. "Murder Rates in New Orleans, La, 2004-2006." American Journal of Public Health 97: 1614-1616.

〔エミリー・ベースロット／平山真理＆岡本英生訳〕

6 東日本大震災の大津波への対応は適切だったか

1 ■ はじめに

 東日本大震災では，太平洋側の東北地方および関東地方において，大きな損害が生じた。わが国では，地震や津波による損害を防ぐための研究は，世界で最高水準に達しているといわれていた。また，その研究成果に基づいて，損害を最小に抑えるために，巨額の金を使って防災対策を講じていた。2011年3月11日の大津波の際には，それらがどうして役立たなかったのであろうか。そこには，人為的なミスがあったのであろうか。もしそれがあったとしたら，誰かが，その責任を問われるべきでないであろうか。
 資本主義経済体制が高度に発展したわが国では，人々は精巧な予測に基づいて行動している。その予測を攪乱させるような事故を起こして，大きな損害を生じさせた場合には，原因をつくった人や組織体は，厳しく過失責任を問われるようになっている。[1]たとえば，工場で火災が発生して死傷事故が生じると，警察は，すぐに現場検証を行って，業務上過失致死傷で立件できないかを調べるようになっている。数人の死傷事故でも，このように厳しく責任が問われているのであるから，東日本大震災では，地震および津波で2万人近くの人が死亡したり行方不明になったりしているので，注意義務違反で結果回避を怠った人は，犠牲者に対して何らかの責任を問うことが考えられる。ここでは，3月11日の大津波への対応において，人為的なミスがある場合に，その責任が問われるべきかを考察したい。[2]

考察するのは，マクロとミクロの両方のレベルから可能である。マクロのレベルとしては，日本の社会構造の特徴，つまり，地方の過疎化，高齢化，情報化，クルマ社会化，官僚制の浸透による組織的活動の硬直化，マニュアル化といった社会構造の特徴を踏まえて分析する。ミクロの次元としては，津波に関する情報源，情報の送り手，情報の送り方，情報の受け手という視点から，責任が問われるべき事案が存在していたかを分析する。津波からの個人の避難行動などについては，環境犯罪学のひとつの成果であるルーティン行動（Routine Activities）の視点に着目する。つまり，ルーティン化した日常行動をふまえて，津波の被害に遭いやすい人と，津波が来襲した時の保護者の欠如という点を分析する。

2 ■ 防　　災

過去のデータの分析に基づく対策は適切であったか

わが国は，予測システムが高度に発達している。予測は過去のデータに基づいて行われているが，適切なデータを入力しなければ，いくら精巧な分析手法を使い，コンピュータで処理計算しても，その予測結果は的外れのものとなる。

三陸地方で知られていた地震による大津波は，1896年の明治三陸大津波と1933年の昭和三陸大津波であった。1896年の地震のマグニチュード（M）は8.5であり，震源地は陸地から200kmであった。この地震による死者は，22,000人であった。1933年のM8.1の地震による津波は，最大で28mの高さに達し，死者と行方不明者は約3,000人であった。

このような情報を把握していたので，たとえば，宮城県では，最大でM8.5の地震と，それによる津波を想定して，防災計画を立てていた。他方，最近では，地層の調査によって，津波の到達範囲を確認することがおこなわれていた。産業技術総合研究所の研究チームは，この調査手法を使って，869年に生じた貞観地震では，極めて高い津波が生じて，宮城県の石巻では海岸から約3km，仙台では約2km，福島県沿岸では約1.5kmまで，浸水したことをつきとめていた（日本経済新聞2011年3月27日）。そこで，この研究チームの研究者は，2006

年の秋には，宮城県内の自治体を訪問して，巨大津波来襲の警告をしたという（日本経済新聞2011年4月11日）。しかし，各自治体の防災担当者たちは，「何年先かもしれないことを言われても困る」と述べて，この警告を無視した。この4年半後に，貞観地震よりも大規模な津波が生じたのである。もし防災担当者たちが，この警告をきちんと受け止めて，津波対策を見直していれば，多くの人命を救うことができたはずである。見直さなかった彼らに，責任はないのであろうか。

日本列島が乗っている北米プレートには，常時，太平洋プレートが沈み込んでいる。そこで，何年かに1回には，その沈みが元に戻るために跳ね返りがあり，大地震が生じている。1773年以降，M7からM8の大地震は，6回確認されているので，平均すると37年間に1回の割合で大地震が起きていたことになる。そこで，政府の地震調査研究推進本部は，岩手県沖でM7.5～8前後の大地震が，今後30年以内に99％の確率で起きると予測して，防災対策を講じていた（朝日新聞2011年3月12日）。その予測どおりに，2011年3月11日に大地震と大津波が生じたのであるが，その規模は予想をはるかに超えるものであった。事前の予測に甘さがあったとすれば，政府や自治体などは，責任を問われることになろう。しかし，現実には，予想を超える未曾有の自然災害として，予測の甘さについて，政府や自治体などの責任を問う声は出ていない。

ハード面での地震対策

日本列島は，北米プレートとユーラシアプレートの両方の端の上に乗っかっており，また，太平洋側の近海において，太平洋プレートとフィリピン海プレートに接している。太平洋プレートは，北米プレートとフィリピン海プレートの下に沈みこんでおり，フィリピン海プレートは，南からユーラシアプレートの下に沈みこんでいる。沈み込みに伴うプレートの変形が限界に達して，元に戻ろうとして急激に跳ね返りが生じる際，今回のような大地震が生じる。また，プレートの沈み込みなどの影響により，内陸部に歪エネルギーが蓄積されて，地下の断層の破壊でそのエネルギーが解放されるという形でも地震が生じている。1995年1月17日に発生した阪神・淡路大震災は，この型の地震によるものであった。

日本は，このように特殊な地形であるので，世界で最も多く火山の噴火および地震が生じている。2000年から2009年の間のM6.0以上の地震は，全世界で1,036回生じているが，そのうちの20.5％が日本で生じている（『平成22年版　防災白書』33頁）。このような自然環境にあるので，政府および地方自治体などは，地域の特性に応じた海岸堤防や避難路の建設など，ハード面での地震津波対策を積極的に講じてきた。

　ハードの面での地震津波対策は，1978年に制定された地震対策特別措置法に基づいて実施されてきた。1991年からは，3次にわたって「地震防災緊急事業五箇年計画」が都道府県知事によって作成され，それに基づいてさまざまな地震防災緊急事業が実施されてきた（『平成22年版　防災白書』93頁）。第1次五箇年計画では約14兆1千億円，第2次のそれでは約10兆円の規模の事業が実施された。2006年度からは，第3次五箇年計画に基づいて，約12兆円の予算で地震防災緊急事業の計画的実施をおこなってきた。しかし，今回の東日本大震災では，これらの計画に基づいて多額の金を投じた防災事業の多くが，役立たなかった。たとえば，三陸地方では，釜石港，大船渡港および久慈港で，港湾防波堤が築かれていたが，そのうちで一番強固であるとされた釜石港の防波堤でさえ，3月11日の大津波では役立たなかったのである。

　岩手県釜石市は，過去に何回も津波に襲われてきたので，「津波から恒久的に守るために，昭和53（1978）年から津波防止をかねた世界最大水深（63m）の湾口防波堤の建設」を進めてきた。この防波堤は，総事業費1200億円をかけて2008年度に完成し，2010年7月27日には，「世界最大水深の防波堤」としてギネス世界記録に認定された。全長約2kmの防波堤は，深さ63mの海底に基礎石材が置かれ，その上に幅30mのブロックが並ぶ。ブロックは海面から約6m出ていて，高さ5m〜6mの津波から街を守ると想定されていた（読売新聞2011年4月2日）。しかし，ギネス世界記録の認定から7ヶ月後に襲った東日本大震災によって，そのブロックの7割が倒壊してしまった。津波が防波堤を倒壊して先に進むのに，6分かかったと推測されている。つまり，防波堤があったために市街地への津波の到達が，6分遅れたと推定されている。しかし，この6分の間に，どれだけの人が避難できて，その命が助かったというのであろうか。強固な防波堤があるという安心感から油断して避難をしなかった人の

方が，よりたくさんいたのではなかろうか。もしそうであれば，巨額の税金を使って役立たなかった防波堤を築いたことになる。この防波堤の立案者は，責任を問われないのであろうか。

ソフト面での津波対策

　ソフト面での津波対策としては，津波警報などの迅速かつ的確な発表，海岸堤防や津波警報を考慮した津波浸水予測図の作成，津波浸水予測図に基づく避難対象地域の指定，津波避難困難地域の抽出，津波避難ビルなどの指定，津波警報を覚知した場合などの避難指示の発令，津波警報・避難指示伝達の迅速化による避難の的確な実施，実際の避難に有効な津波ハザードマップの公表，住民参加型の実践的な津波避難訓練の実施などがある（『平成22年版　防災白書』93頁）。東日本大震災では，強固な防波堤などのハード対策がほとんど無効だったので，ソフト対策がどれだけうまく機能したかが，問われることになった。ここでは，東日本大震災の大津波で明らかになったソフト対策の問題点を検討してみたい。

東日本大震災直前の避難訓練

　三陸地方では，しばしば大津波に襲われて，多数の死傷者を出していた。そこで，津波を想定した避難訓練はしばしばおこなわれてきた。それでも，大津波がしばらく生じないと油断が生じ，人々は避難訓練などに参加しなくなる。そこで，岩手県釜石市では，大津波への対応についての広報活動を，積極的におこなってきていた。

　三陸地方には，2010年2月27日に，チリの地震から生じた津波が約22時間後に到着した。その時には，岩手県久慈港では，最高1.2mの津波が観測された。しかし，人々の大津波への危機意識は高まらなかった。釜石市の防災・危機管理アドバイザーを務める，群馬大学の片田敏孝が，2010年3月におこなった住民アンケートによれば，「毎回予想よりも小さい津波しか来ていないので，今回も大したことはないと思った」という問いに対しては，「どちらかといえば」も含めると約45％が「当てはまる」と回答していた（朝日新聞2011年3月1日宮城県版）。そのような状況であったので，釜石市では，片田の指導の下で，

積極的にソフト面での防災対策に取り組んでいた。とくに，学校における防災教育に力を入れていた。後述するように，それが，東日本大震災における子どもの犠牲者の減少に，大きく寄与したのである。
　ところで，昭和三陸地震大津波は，1933年3月3日に生じている。三陸地方の人々は，それを記憶していたので，東日本大震災が生じる8日前の2011年3月3日に，釜石市や宮古市などでは，住民参加の避難訓練がおこなわれていた。釜石市では，午前6時に震度5強の地震が発生したという想定で訓練をおこなった。防災無線が避難指示を告げると，消防団員が消防車で海岸近くの防潮堤の水門を次々と閉めて回り，担当の市職員が避難場所に出向き，避難者を誘導した（朝日新聞2011年3月4日岩手版）。
　釜石市唐丹町片岸では，避難訓練として，住民43名が高台の神社や境内に避難した（毎日新聞2011年3月4日岩手版）。その際，家族に付き添われ，腰をかがめ石段に手をついて上った老人もいた。また，町内会長のMSさんは，1933年の津波で被災した当時の旧宅の写真を住民に回覧して，「自分の所は安全だと思わないで避難してほしい」と呼びかけていた。また，釜石郷土資料館では「三陸津波写真展」を始め，それによって，大津波の恐ろしさの広報を行っていた。これらの避難訓練や大津波に関する広報活動は，8日後に発生した東日本大震災の際に，人々が避難行動をとるのに役立ったと思われる。
　これに対して，大津波の被害から長年無縁であった宮城県南部，福島県および茨城県の太平洋側では，このような避難訓練や広報活動が積極的におこなわれていなかった。そこの住民の多くが，大津波について油断していた。それゆえに，太平洋の平野部では，リアス式海岸部に比べて，より多くの住民が犠牲になったのである。

3 ■ 予　兆

2日前の予兆の地震

　東日本大震災発生の2日前の3月9日の午前11時45分頃に，牡鹿半島の東の沖合で，M7.3の地震が発生した。その直後に津波が発生したが，津波の最

大波は，大船渡港では午後0時16分に60cm，石巻港では同25分に50cm，釜石港では同18分に40cm，宮古港では同23分に20cmであった（毎日新聞2011年3月9日東京版）。毎日新聞は，同じ記事で「東北電力女川原発や東京電力福島第1・第2原発には異常なく，運転を続けている」と報道していた。つまり，この地震および津波が報道された時点では，2日後にこれらの港や原発が大津波に襲われ，多大な損害を受けるとは予想していなかったのである。

　翌日の朝日新聞岩手県版では，この地震について「建物などへの被害は小さかったものの，沿岸部ではほぼ1年ぶりに津波への緊張が高まった」と報道している。緊張感を持って，適切に対応した典型は，宮城県南三陸町の戸倉小学校であった。同校では，大津波のときには，宇津野高台に避難することにしていた。[5]しかし，3月9日の津波で不安を感じた教師たちは，翌日，歩き回って，その高台の上にある五十鈴神社への道を確認していた。その翌日の大地震の直後には，校長および教師は，91人の生徒を引率して，第1次避難場所にとどまることなく，直ちに付近の住民とともに宇津野高台に避難した。さらに，高さ20mを越す大津波の襲来で，「ばりばりと耳をつんざく重機のような音があがり，折立の住宅地が壁のような波に押しつぶされ煙をあげながら破壊されていく」のを見て，津波が高台に到来する直前に，皆で助け合いながら五十鈴神社に登り，難を逃れたのである。

　しかし，戸倉小学校のように緊張感を持って対応したのは，稀であった。三陸地方では，住民の多くが津波警報馴れしていて，「緊張は高まった」とはいえなかったのである。3月9日の地震の直後に，気象庁の津波注意報を受け止めて，たとえば，岩手県の大船渡市，洋野町および普代村は，太平洋沿岸に住む住民に避難勧告を出したが，大船渡市の対象住民5555人のうち，市が指定した避難所に身を寄せたのは，715人，つまり12.9％に過ぎなかった。多くの対象住民は，この日避難しないで平常どおりの生活を，つまり，ルーティン行動をとり続けていた。それで安全だったことで，2日後の大津波で，多く住民が命を落としたのである。

　2011年3月10日の朝日新聞岩手県版では，専門家のコメントが掲載されている。東北大地震・噴火予知研究観測センターの研究者の一人は，3月9日の地震について，指定震源近接「領域BでM7級の地震が起きたことでエネ

ギーが小出しに解消され，次の宮城県沖地震が連動型になる可能性が小さくなった」「M6級の余震には，しばらく注意が必要だ」と楽観的な見解を示していた。実際，宮城県では，「10日も，前日の三陸沖を震源とする地震の余震が続いた」(朝日新聞3月11日宮城県版)。「10日午後5時半までに震度1以上の余震が34回あった」。しかし，これらの地震は3月11日の大地震の予兆であったことが，専門家によって見逃されたのである。

　大地震や噴火などの自然災害の予知は，人命にかかわることで，それをおこなう専門家の責任は重い。日本における地震や津波についての科学的知見は，世界で誇れるほど高いといわれていたが，東日本大震災によって，その知見に基づく予知がきわめて不十分であったことが明らかになった。ところで，科学的知見による予知が不十分であることは，良心的な専門家の間では，知られていたのではなかろうか。科学的知見が不十分であるにもかかわらず，マスメディアの取材に対して，楽観的な地震予測をした専門家は，責任を問われないのであろうか。彼の楽観的な見解を信じて，3月11日の大津波に際して，油断して避難せずに死傷した人がいるとしたら，彼は，それへの責任がないといえるのであろうか。人命にかかわる予測をする専門家は，マスメディアを通して見解を表明する際には，その責任の重さをきちんと自覚すべきである。

予兆の地震の対応策とその影響

　宮城県や岩手県では，99％の確率で生じると想定されていた「宮城県沖地震」への対応に万全を尽くしていた。3月9日からの予兆の地震に対しては，それらの対応策は功を奏していた。しかし，その成功体験は，3月11日の未曾有の大津波への対応で裏目に出た可能性がある。

　宮城県気仙沼市では，3月9日は，地震直後に入手できた情報に基づいて，直ちに津波への対応策をとった。「市内に309カ所ある防潮堤の水門を閉鎖。パトカー，市の広報車とサイレンで津波注意報の発令を伝え，海岸に近づかないよう呼びかけた」。しかし，この成功体験は，3月11日の大津波に際しては，裏目に出たように思われる。なぜならば，防潮堤の水門を閉鎖するために海岸に近づいた人々や津波への注意を住民に呼びかけた人々のなかで，大津波に飲み込まれて生命を失った人が，多く出たからである。

気仙沼市の沖合20kmには,「全地球測位システム (GPS) 波浪計」が設置されていた。3月9日の大地震のときには,その波浪計が津波を測定してから,約15分後に気仙沼市に実際に津波が押し寄せてきた。1年前のチリ地震津波では波が低くて観測できなかっただけに,市管理課のKS課長は,「ありがたかった」と述べていた (朝日新聞3月10日宮城県版)。彼は,別の潮位計が津波警報の規模の95cmを記録したとき,NTTドコモ利用者向けの緊急サービス「エリアメール」で,それを速報していた。このような速報は,情報システムの発展しているわが国だからできることであった。

　ところで,津波注意報の伝達システムについては,3月9日の大地震の際に,すでにいくつかの欠点が見出されていた。宮城県は,個人向けに災害情報をメールで知らせるシステムを開発していたが,それにトラブルが生じ,英語や中国語で知らせるメールが対象者に届くのに約1時間もかかった。このようなトラブルへの改善策を講じる間もなく,2日後には,情報伝達システム全体を破壊させるような大地震と大津波が発生したのである。

4 ■ 津波への対応

3月11日の大地震と津波警報

　日本列島が乗っている北米プレートに,太平洋プレートが沈み込んでいたのであるが,それに伴うプレートの変形が限界に達し,元に戻ろうとして,2011年3月11日午後2時46分に跳ね返りが生じた。その結果,岩手県北部から福島・茨城の県境までの約400kmに渡って断層が破壊され,太平洋沿岸の東日本に大地震が発生した。気象庁によると,その震源地は,牡鹿半島の東南東130km付近で,震源の深さは約24kmで,強い揺れは約2分続いた (日本経済新聞2011年3月12日)。気象庁が地震発生直後に発表したマグニチュードの速報値は7.9であった。しかし,アメリカ地質調査所 (USGS) は,発生直後にM8.9と発表していた。気象庁は,さらに詳しく解析した結果,3月13日になって,マグニチュードが9.0であったことを明らかにした (朝日新聞2011年3月14日)。

　日本経済新聞2011年3月12日の記事によれば,気象庁が地震の正確な強度

の確定に手間取ったのは，青森，岩手，秋田の3県に設置されている全ての地震観測計と通信できない状態に陥ったためであった。地震の揺れによる機器の損壊，停電によるバッテリー切れ，専用回線の切断などにより，通信できなくなったのである。通信手段が途絶したときの情報化社会のもろさが，露呈したのである。

　気象庁は，地震発生直後の津波の予測でも，失敗を犯してしまった。その原因のひとつは，現場からの情報の途絶であった。太平洋側の東日本には，気象庁などが設置した11の津波観測点が存在していたが，地震直後に，その大半から気象庁にデータが送られてこなくなっていた。たとえば，福島県相馬市の巨大津波観測計は，午後2時50分に，高さ7.3m以上の第1回目の津波を観測したが，この情報が送信された直後に，データの送信が途絶えた（朝日新聞2011年3月13日）。このような状況の中で，津波警報は，過小の津波の予測に基づいて出され，それが津波による人的被害を拡大したのである。

　気象庁は，3月11日の大地震の3分後の午後4時49分には，大津波警報を発令した[8]。それによると，4時50分に，高さ3m以上の津波が岩手県と福島県に，また，6m以上の津波が宮城県に押し寄せるということであった。その予測は，直ちに，気象業務法に基づく津波警報の法定伝達ルート（警察関係の諸機関，都道府県の諸機関，NTT東日本およびNTT西日本，海上保安庁の諸機関，NHK放送局）を通して伝達された。

　気象庁は，さらに詳しく地震の影響を分析して，すぐに，津波の大きさを訂正した。岩手県については，3時14分に6m以上，3時31分には10m以上の津波が来ると予測を変えたのである。それらの訂正予測も，津波警報の伝達ルートに乗せられて送られたのであるが，通信システムが崩壊した現地には届かず，過小の予測が被害を大きくする結果をもたらした。

津波警報の伝達ルートは適切に機能したのか

　大津波警報の情報を受け取った現地の諸機関は，その情報を住民に知らせることになる。釜石市の場合には，気象庁の大津波警報を受け取り，直ちに2回にわたって「高いところで3メートル程度の津波が予想されます」と伝えて，96の拡声器を使って，市民に避難を呼びかけた（朝日新聞2011年4月20日）。し

かし，釜石市は，3時14分と3時31分の訂正予測の情報を市民に流すことができなかった。そこで，3m程度という情報が独り歩きしてしまい，避難しそこなって死亡した人々が存在した。たとえば，高さ9mを越える津波が押し寄せる直前に，約200人の住民が，2階建ての防災センターに逃げ込んだのであるが，津波は2階にまで達して，生存者は約30名という惨事さえ生じたのである。(これは，ハード面での防災対策の問題でもある。2階建ての建物を防災センターに指定した釜石市には，この惨事について責任がないのであろうか)。

過小予測の一人歩きは，他の地域でも広く見られた。気仙沼市に住む72歳の男性は，消防無線から流れた津波警報で，高台に逃れたのであるが，最初の情報は高さ2m程度ということだった(日本経済新聞2011年3月12日)。その数分後に，「波は10mを越える可能性がある」と放送があり，ほどなく無線が途切れたという。気象庁は，当初に過小の津波予測をしたことにより，人々の油断を引き起こし，彼らの死をもたらしたとしたら，それについて責任を問われないのであろうか。

電源喪失への対応

津波警報の伝達は，電力をつかった機器でおこなわれている。ところが，3月11日の津波警報の対象地域の多くは，地震により電気の供給が途絶えていた。それゆえに，テレビやパソコンなどが使えない状況にあり，情報の伝達に困難が生じた。これも情報社会の盲点といえる。災害の直後に蓄電池が飛ぶように売れたが，大災害時の際の電源喪失状態への対応策を講じておく必要があろう。たとえば，前述した戸倉小学校のように，「手回し発電機付きのラジオ」を用意しておいて，そのラジオから情報を得ながら，適切な避難行動をとることが必要であろう。

3月11日の大津波は，宮城県や福島県の原子力発電所をも襲った[9]。その被害が特に大きかったのは，福島第一原発であり，そこでは地下の非常用発電機も水につかり，長時間にわたって全電源喪失という状態が生じた。電源喪失によって冷却装置が作動せず，原子炉の燃料棒がメルトダウンし，爆発が起こり，放射能漏れという大事故が発生した。国も東京電力も，原子力政策を推進する立場から，原子力は絶対に安全という神話を作り上げ，全電源喪失という

最悪の事態を想定した対応策を講じてこなかった。国や東京電力は，放射能漏れを起こしたことへの責任を，どこまで自覚しているのであろうか。

津波警報を伝達して避難を呼びかける人々

　日本では，通信システムが高度に発達しているので，津波情報の伝達は，マスメディアや行政防災無線によって，不特定多数の人々に対して組織的におこなわれている。ところで，不特定多数の人々への情報の伝達では，漏れが生じるので，3月11日の大津波でも，防災対策関係者は，こまめに津波警報を人々に伝え，避難を呼びかけている。その結果，逃げ遅れて津波に飲み込まれて犠牲になった防災対策関係者が少なからずいた。[10] 津波警報を知らされても危険な場所に留まり続けていた人には，彼らの犠牲に対して責任がないのであろうか。

　防災対策関係者は，避難の呼びかけ以外でも，災害時のルーティン行動によって，たとえば，水門を閉めるために海岸に行くというような行動によって，津波に飲み込まれて命を落としている。3月11日の大津波は，水門を閉めるというような，災害予防の通常のルーティン行動をも許さないような大きなものであった。それを予測して，このルーティン行動の変更をおこなうことは不可能だったのであろうか。マニュアルに基づくルーティン行動の問題点といえよう。

　大震災は，異常事態をもたらし，通常のマニュアルに基づくルーティン行動では，対応できないことになる。その時には，指導者は，どのような行動をとるかの決断が迫られる。[11] その決断が不適切な場合には，大きな惨事を招くことになる。その一例が，岩手県大槌町で見られた。町役場の庁舎は，川の河口から250mの所にあった。町長たちは，50年以上も前に建てた鉄筋コンクリート2階建ての庁舎に留まっていては，余震で建物崩壊の危険があると判断して，屋外に移動し，正面玄関わきに災害対策本部を設置することにした（朝日新聞2011年4月21日）。職員たちが玄関わきで会議を開く準備を始めたとき，津波は高さ6.4mの防波堤を越えて，庁舎を襲い，町長と課長級職員の計7人が犠牲になったほか，職員の死者・行方不明者は25人に上ったのである。玄関わきに災害対策本部の設置を決めた町長の判断は，適切であったのであろうか。

　3月11日の大震災による犠牲は，地方公共団体の職員のほかに，震災のと

きに人命を守ることを職責とする人々，つまり，警察官や消防士にも生じている。3月11日の震災では，警察官や消防士も，住民への避難の呼びかけや避難誘導などに従事していて，多くの殉職者を出している。たとえば，南三陸町の2階建ての消防庁舎では，消防署員や応援に駆けつけた近隣の消防士たち合計8人が，津波に飲み込まれて命を失っている。

　警察庁によれば，殉職した警察官は，岩手県で8人，宮城県で11人，福島県で3人，東北管区警察局で2人であり，そのほかに，7人が行方不明になっていた（朝日新聞2011年4月23日）。宮城県においては，1881年以降で殉職した警察官の総数は74人であるが，そのうちの14人（18.9％）が，東日本大震災で殉職したのである（朝日新聞2011年11月26日宮城県版）。警察官や消防士などは，災害時に危険に身を晒しながら，住民の救助活動をすることを職務としている。そして，刑法37条第2項では，彼らのような「業務上特別の義務がある者」には，同条第1項で定める緊急避難が適用されないことを規定している。しかし，大津波などによる危難が迫っているとき，自分の身を守るために避難行動をとることは認められるはずである。ただし，どの時点でその職務から離脱して，自分の身を守るために自らが避難行動をとってよいかの判断は，難しいことであろう。3月11日の津波の際には，その判断に遅れてしまった警察官や消防士が，命を落としたのである。

　3月11日の大津波で，防災対策関係者で特に犠牲が大きかったのは，消防団員および水防団員であった。消防団は，専門の消防士の数が絶対的に足りないので，それを補うために，消防組織法の規定によって，市町村に設置される消防機関である。消防団員は，通常は各自の職業に従事しているが，災害が発生したときは，「自らの地域は自らで守る」という郷土愛護の精神に基づいて活動する。特別職の非常勤地方公務員であり，2009年4月1日現在で，全国で88万5394人存在していた（『平成22年版　防災白書』193頁）。また，水防法では，水防団を規定しているが，それに所属する水防団員は，1万5439人となっていた。消防団員および水防団員は，3月11日の大地震の直後に持ち場に集まり，小型消防車両等により，海岸に接近して，マニュアル通りのルーティン活動で，水門を閉めたり，住民に対して避難を呼びかけたりしている。それをおこなっているうちに，逃げ遅れて，たくさんの団員が命を落としている。被災3

県で死亡・行方不明になった消防団員は、253人に達したのである（朝日新聞2011年11月25日）。消防団員や水防団員のために災害時のルーティン活動のマニュアルを作成した人には、彼らの犠牲について責任はないのであろうか。

津波警報の受け手の行動

人々の多くは、3月11日には、普段どおりのルーティン行動をしているときに、地震および津波に遭遇した。そのルーティン行動の差異によって、災害による被害の大きさに差が見られた。午後2時46分およびその後の30分間は、高齢者や障がい者を抱える家族では、働き手の多くは、家から離れた仕事場にいた。自宅で一人でいる老人や障がい者は、津波警報を受け取ったとしても、他の人の手助けなしには、適切な避難活動ができない。彼らのうちでは、津波に飲み込まれて犠牲になった者が多く見られた。ルーティン行動理論によれば、保護者の欠如ゆえの被災ということになる。また、保護を必要とする者を避難させるために駆けつけたが、間に合わずに一緒に津波に飲み込まれた人もいた。

海岸沿いの低地には、高齢者や障がい者の介護施設や病院が多く存在していた。それらの施設や病院の中には、津波が襲来する前に、施設利用者や患者を安全な場所に移すことができなかったところもあった。たとえば、気仙沼市の鹿折川の河口に近いところにあった老人保健施設では、津波が襲来したとき、数十人が屋上に逃げたが、3月13日までに47人の遺体が見出されている（朝日新聞2011年3月14日）。医師、看護師、介護者なども、避難誘導の活動をしているうちに、津波に飲み込まれていた。設置者には、津波が到達するような低地にこのような施設や病院を設置したことについて、責任がないのであろうか。

2010年の国勢調査によれば、65歳以上の高齢者が占める比率は、全国で23.0％である（毎日新聞2011年10月27日東京版）。他方、朝日新聞は、死亡者で年齢が判明した7935人について調べたところ、55.4％が65歳以上の高齢者であった（朝日新聞2011年4月10日）。東日本大震災での高齢者の高い被災率が注目される。これは、高齢社会で起きた悲劇を物語っている。

東日本大震災の被災地では、若年労働者の不足を補うために、たくさんの外国人の研修生や実習生が、水産加工工場などで働いていた。彼らは、津波の経

験も津波についての知識もないので，状況を判断するのに困ったと思われる。しかし，彼らの多くは，日本人が適切に避難を呼びかけたり，避難の誘導をしたりしたので命を守れた。たとえば，宮城県女川町では，水産加工会社の専務が，中国からの研修生20名を安全な場所に避難させた後，自らは引き返して，津波に飲み込まれて犠牲になっている（朝日新聞2011年3月18日）。この自己犠牲は，中国のメディアで大きく報道されて，中国人の日本人観を好転させた。避難の呼びかけの場合には，外国人や耳の不自由な人など，コミュニケーション能力に問題がある人への対処法も，考えておく必要があるといえる。

地域特性と津波の被害

　農林漁村の地域では，以前にはインフォーマルな互助組織があった。しかし，都市化により，多くの人々は，故郷を離れている。65歳以上の住民が過半数を占める限界集落といわれるような地域では，互助組織の維持が困難になっている。それでも，近隣の人々によるインフォーマルな互助組織が機能していた所では，津波による犠牲者を少なくすることに成功していた。たとえば，宮城県東松島市宮戸の月浜地区では，「えんずのわり」の行事を継承したりしていて，近隣の人間関係が緊密である。3月11日の大震災の直後には，住民は協力して，民宿の送迎バスに子どもや老人などを分乗させて，安全な場所に避難させるのに成功している。そこで，数名が津波に飲み込まれたが，地区で死んだ者は皆無であった。

　それに対して，新興住宅地域では，住民の人間関係が希薄である。そのような地域では，住民が情報を共有しあって，助け合いながら避難するということが行われなかった。そこで，たとえば，宮戸島の対岸の野蒜地域では，新しい住宅が増えていたのであるが，そこでは300人が亡くなっている（朝日新聞2011年3月28日）。

　とくに多くの犠牲者を出したのは，平野部の仙台市若林区荒浜地域や，名取市の閖上から仙台空港付近までの地域である。そこでは，仙台に通勤する新住民と旧住民が混在していたので，地域におけるインフォーマルな人間関係が薄かった。このような地域の人々は，自分たちの安全の確保について，公的なセイフティネットに，より大きく依存するようになっている。しかし，この公的

なセイフティネットも万全でないことが、3月11日の大震災で明らかになったのである。

　地縁と血縁による人の絆が強い地域社会では、災害への対応でよい結果が生じた。東日本大震災の後になって、人の絆の大切さがいわれるようになったが、普段からの絆の保持は、災害時の避難行動でも大切なのである。

5 ■ 避難行動

科学的知識に基づく避難行動

　科学的知識のなかには、津波が襲来する直前の行動にとって有効だったものがある。そのひとつは、津波来襲の直前には、大きな引き波がおこるということである。これを知っていたために、直前に高台に避難して難を逃れた人は少なくない。戦前では、安政南海地震津波に題材をもとめた物語「稲むらの火」が、国定国語教科書に掲載されていた。その教科書を読んだ人は、大津波の前に大きな引き波が生じることを覚えていたに違いない。直前に引き波が生じるということは、素朴な科学的知識であるが、それが、今回の大震災でも役立ったのである。なお、その知識をもっていても、高い防波堤の内側で生活していた人は、その防波堤の外で引き波が生じているのを見ることができず、それゆえに、避難行動をとれなかった場合もあった。これは、高い防波堤の逆効果といえよう。[13]

　科学的知識に基づく情報が、かえって、被害を大きくした可能性もある。その典型が、ハザードマップである。政府は、2004年3月に「津波・高潮ハザードマップマニュアル」を作成して、海岸沿いの市町村には、それに基づいて、各自のマップを作ることを奨励した。そこで、2010年3月現在で、全国の653沿岸市町村のうちで、349市町村でハザードマップが作られていた（『平成22年版　防災白書』151頁）。ところで、ハザードマップは、過去の津波の被害状況に基づいて作られたものであるが、3月11日の津波は、マップで描かれた津波到達予測地点のさらに先まで及んでいた、より高く強い津波が押し寄せていたので、マップを信頼して避難行動をとらなかった人は、被災することになっ

た。たとえば，福島県南相馬市では，明治三陸地震並みのM8.6を想定して，ハザードマップを作成していた（朝日新聞2011年3月12日）。しかし，3月11日の津波は，想定以上の大きな規模で，しかもより近い場所から短時間に来襲していた。マップを信用して逃げ遅れて死傷した人が出たのであるが，その死傷について，マップの作成者は責任を問われないのであろうか。

　他方，ハザードマップは一応の目安とみなして，それを全面的に信用しなかったことで，難を逃れたケースもある。釜石市で防災・危機管理アドバイザーを務めている群馬大学の片田敏孝は，子どもたちに3つのことを伝え続けてきた。それは，「揺れたら家に向かわず，とにかく逃げろ」，「ハザードマップを信じず，状況を見て判断する」，避難行動のときに「人を助ける」の3つであった（朝日新聞2011年3月23日）。釜石市の小中学生は，この教えを守り，3月11日の地震の直後に，先生などの指示を待つことなく，皆で高台に避難して難を逃れた。釜石市では，多くの大人が油断して津波に飲み込まれたのであるが，市内の小中学生2924人のうちで，死亡したり行方不明になったりしたのは，合計5人に過ぎなかった。

昔の経験と言い伝えに基づく避難行動

　三陸地方は，何回も地震および津波の被害にあっているので，それを経験した人が少なからず存在していたが，3月11日にその経験を役立たせた人もいた。朝日新聞2011年4月17日では，岩手県山田町に住む88歳の老女を紹介している。この老女の父は，明治三陸地震津波で家族6人を失っていた。また，自分も尋常小学校3年のときに，昭和三陸地震津波で高台に避難した経験を持っていた。そこで，3月11日には，地震直後に，身の回りの世話をしてくれていた70歳の女性に，自動車で高台の親戚の家まで連れて行ってもらったが，そこも危険と判断して，さらに高い所に連れて行ってもらい，それによって命を守っている。なお，この事例からは，高齢社会では，70歳の老人でも健康であれば，高齢者の介護や世話をしなければならない様子がうかがえる。

　三陸地方では，自立的判断による避難の大切さを強調する「津波てんでんこ」という言い伝えが存在していた。山田町の老女も，釜石市の小中学生も，その言い伝えを念頭に置いて適切に避難行動したことにより，命を守ったのである。

「津波てんでんこ」とは，津波が来襲しそうなときは，てんでんばらばらに高台に逃げて，自分の命を守れという，三陸海岸地方に伝わる伝承である。昔は，家の存続が重視されたので，家族の誰かを助けるために家に戻って，津波の来襲によって家族全員が滅亡することがないようにという願いから生じたものである。また，その伝承は，逃げ遅れた家族を救出できないままに高台に逃げた人に対して，救出できなかったことへの自責の念を軽減することに役立っている。3月11日には，この伝承に基づく現代版の教えによって，釜石市の小中学生のほとんど全員が，津波の来襲から命を守ることができたので，その言い伝えは，大きな注目を集めることになった。

　他方，漁師の間には，「津波が来るときは沖合に逃げろ」という言い伝えがある。この言い伝えによって，津波が港に到着する前に沖合に出て，難を逃れた漁師は少なくなかった。たとえば，3月11日の地震のとき，大船渡市の吉原湾内では，多くの漁師がワカメの間引きなどの仕事をしていた（朝日新聞2011年3月16日）。そのうちの一人の47歳の漁師は，76歳の父と一緒に船の中で仕事をしていた。父は，先輩の漁師から，昭和三陸大津波のとき，沖に出て助かったと聞いていた。また，47歳の漁師は，水深の深い沖ならば，津波は高くならないと聞いていた。そこで，二人は，エンジンを全開にして沖合いに行き，津波の難を逃れていた。

　水産庁は，2006年3月に「災害に強い漁業地域づくりガイドライン」を作成し，その中で津波への対応策を示している（河北新報2011年5月14日）。それによると，基本的対応は，「漁船が沖合にいる場合には，水深50mよりも深い海域に避難する」，「陸上や海岸部，漁港内にいる場合には，陸上の避難場所に逃げる」である。リアス式海岸の大船渡の場合には，水深がすぐに深くなるので避難に成功した。しかし，石巻から南の海域は，遠浅の海岸になっているので，津波の来襲の前に水深50mの海域に到着するのは容易ではないという。

　3月11日には，三重県南部では，この伝承を妄信した漁師によって，混乱が生じていた（朝日新聞2011年4月22日名古屋版）。尾鷲市では，高さ2mの津波が到来するとの予報を出して，高台への避難を呼びかけていた。しかし，陸上にいた多くの漁師は，自動車で港に行き，次々に小型漁船に乗って出港して行った。港付近で自動車の渋滞が生じたために，津波が到着した後に出港した

ものもあった。津波の高さが2mよりも高かったのであれば，遅れて出港しようとした船は，津波に飲み込まれていたことであろう。伝承も状況を見極めて従うべきであり，妄信しないことが大切といえる。

クルマ社会での避難行動

　わが国では，自動車の保有台数が増えて，一部の大都市を除くと，電車やバスといった公共的な乗り物が激減している。それゆえに，大都市以外の場所に住んでいる人は，ルーティン行動として自動車で移動している。また，彼らは，駆けたり，長い距離を歩いたりするということを忘れている。

　地震の直後に避難するときに自動車を使用するのは，自分の足で移動できないような高齢者や障がい者などを，安全な高台に避難させるのに効果的である。また，近くに高台がないような場所，たとえば，海岸の近くの平野部に住むような人にとっては，避難距離が長くなるので，自動車の使用は必要となる。3月11日の震災の際には，特に仙台市若林区荒浜や名取市の海岸部に住む人の多くは，ルーティン行動にしたがって自動車に乗って避難しようとした。しかし，その行動によって命を落すことになった人が，少なからず見られた。

　大地震の直後には，道路に地割れが生じたり，倒壊したもので道路がふさがれたりすることがある。また，電源の喪失により，信号機が機能しなくなる。そのような状況で，多くの人が自動車で避難しようとして，主要道路に殺到すると，普段はスムーズに走れる道路でも渋滞が生じて，そこから動けなくなる。動けなくなって津波の来襲を察知したとき，自動車から脱出して，近くのビルなどに駆け込まないと，自動車ごと津波に飲み込まれる。津波によって運ばれた自動車に閉じ込められた人の多くは，命を落としてしまったのである。

　仙台平野の海岸部を南北に走る仙台東部道路は，盛り土の上の道路であり，周囲で唯一の高台であった。[15]渋滞に巻き込まれた自動車から脱出したりして，斜面を駆け上がって東部道路上に避難した人は，約230人いた（朝日新聞2011年4月24日）。しかし，より多くの人が，東部道路の下の一般道路で渋滞に巻き込まれた自動車に留まり続け，命を落としたのである。なお，地元住民は，2010年には，仙台東部道路の一部を一時避難所にすることを求めていた。彼らは，約1万5千人の署名を集め，それを仙台市とNEXCO東日本東北支社に

提出していた。この両者が住民の要望に対応しないうちに，3月11日の災害が生じたのである。両者が，もし一時避難場所としての使用を認めていたのであれば，荒浜地区や閖上地区などの住民の多くの命を救えたはずである。要望への対応の遅れについて，両者には責任がないのであろうか。

管理者責任と避難行動

　釜石市では，「津波てんでんこ」の伝承を踏まえて，小中学生に対して，先生などの指示を待つことなく，自己責任で高台に逃げることを教えていた。しかし，今の時代は，組織の管理者が指示を出して，集団で避難行動をとることの方が一般的である。なぜならば，資本主義体制の福祉国家の理念が浸透しつつある我が国では，自己責任で命を守るというよりは，組織の管理者が，適切な保護体制を作って，人々の命を守ることが重視されているからである。

　そこで，わが国の組織の多くは，危機対策マニュアルを用意していて，地震や津波に襲われたとき，そのマニュアルにしたがって，対応することにしている。しかし，3月11日には，そのマニュアルの想定外のことが生じたのである。そこで，組織の管理者は，マニュアル外での対処を迫られた。

　3月11日に津波に襲われた56の小中学校のうちの21校は，津波に備えた避難場所を，災害時のマニュアルや避難計画に明記していなかった（朝日新聞2011年9月10日）。明記していた学校では，それに従って避難していたが，2校は，マニュアル通りに高台に避難するのは間に合わないと判断して，校舎の屋上に生徒を避難させて難を逃れていた。このように，異常事態には，組織の管理者は，マニュアルを妄信することなく，適切な対応を指示することが必要なのである。その成功例は，前述した戸倉小学校の避難行動である。

　マニュアルがあいまいだったために，たくさんの犠牲者を出したのは，石巻市の大川小学校であった。大川小学校では，3月11日の地震のときは，下校の支度をしているところだった。そこで，地震直後には，マニュアル通り，通学用のヘルメットをかぶった子どもたちが，校庭に整列した。しかし，防災マニュアルには，避難場所を「近所の高い所や公園など」と記すだけで，具体的な場所を挙げていなかった（朝日新聞2011年6月5日）。午後3時頃には，大津波警報の発令を伝える防災無線の声が，大川小学校にも届いていた。そこで，

教員が避難場所についての議論を始めたが，運悪く校長が不在だったために，結論を出すのが遅れてしまった。小学校の裏には山があったにもかかわらず，結論に従って，午後3時25分頃に，約200m離れた小高い堤防道路に向かって移動を始めた。そのとき，北上川の河口から5kmも遡ってきた津波が，移動する列を正面から襲ったのである。このために，全校児童108人中の74人（68.5％）と，避難誘導していた教師11人中の10人が，津波に飲み込まれて命を落とした。このケースでは，マニュアルの不備，緊急事態のときの司令塔の欠如，避難場所の選定の不適切さなどの要因が重なって，大きな惨事を招いている。石巻市教育委員会は，後日，この事故について説明会を開催したが，遺族からは，「地震から津波まで何やってんだけ」「天災ですか，人災ですか」といった怒号や悲鳴が飛んだという（朝日新聞2011年4月10日）。しかし，避難誘導した教師の多くが亡くなったこともあり，訴訟によって責任を問うまでにはいたっていない。

刑事責任や民事責任の追及

　わが国では，生命尊重の思想が浸透しているので，死傷事故に対する警察の対応は，厳しくなっている。警察は，事故が起こると直ちに現場検証して，事故を起こした人や管理者などについて，過失傷害致死事件として立件できないかを調べるようになっている。しかし，東日本大震災の場合には，警察官は，地震や津波の直後の被災者の救出活動で手一杯で，立件するための捜査をする余裕はなかった。また，裁判で天災と認定されたら，過失責任が問えなくなるから，積極的に立件をおこなわなかった。過失の内実は，注意義務違反，予見可能性および結果回避義務違反であるが，天災といわれるような大震災の場合は，人々の予想を超えるような事態が生じるので，予見可能性がなく，通常の注意義務では，結果の回避はできないとみなされる。それゆえに，刑事裁判で過失責任を問うのは容易でない。そのような事情があったので，3月11日の津波の際の避難行動で，警察が過失致死傷を立件することは皆無であった。[16] しかし，責任の問い方は，刑事責任だけではなく，民事責任を問うという形でも可能である。マスコミ報道によると，津波に対する避難行動で過失があったとして民事責任を問われた事案は，2011年末までの間に3件あった。また，民

事訴訟は提起されていないが，前述した大川小学校の事案のように，人災として道義的責任を厳しく問われるケースも見られたのである。

民事責任を問われた事案

第1の事案は，石巻市の私立幼稚園のH園に対する訴訟である。この事案では，3月11日の大津波警報発令直後に，H園は，園児の送迎バスを高台の園から出発させた。送迎バスは，通常通りのルートで海岸に向かい，海岸の住宅地を回って数人の園児を降ろして，園に戻る途中の坂道で渋滞に遭い，津波と火災に見舞われた。それにより，5人の園児が亡くなり，添乗員の女性が行方不明になった。そこで，4人の園児の遺族が，H園を運営する学校法人と，当時の園長に対して，合計2億6689万円の損害賠償を求める訴えを仙台地裁に起こした。遺族側の主張は，「防災無線などから津波を予見できたのに，情報収集を怠り，園児を乗せたバスを発車させた」「地震の際は園児を園内にとどまらせるとマニュアルに定めていたのに，職員に周知せず，避難行動も怠った」というものである（朝日新聞2011年10月11日）。

第2の事案は，宮城県山元町のJ自動車学校の民事責任を問うものである。このケースでは，学校側は，3月11日の地震直後，まず，停電に対してどのように対処するかの協議をおこなった。その協議に時間を費やしてしまい，教習中止を決めるのに手間取った。教習中止の決定の後，ルーティン通り，教習生約40人が送迎バス7台に分乗して学校から出発したが，そのうちの5台が津波に飲み込まれて，教習生23人が亡くなった（朝日新聞2011年10月14日）。また，徒歩で帰宅途中の2人も亡くなった。なお，4台の送迎バスを運転していた教官4人と，学校に留まっていた校長たちも，津波に飲み込まれて死亡している。教習生25人の遺族は，学校を経営する会社と経営者など10人に対して，合計約19億円の損害賠償を求めて，仙台地裁に訴訟を提起している。遺族側の主な主張は，「校長らがテレビで大津波警報発令を知りながら，送迎車しか交通手段のない教習生に対して避難を指示しなかった」「教習再開を優先し，教習生に待機を命じた」「災害に対するマニュアルを作っておらず適切な対応を欠いた」である。

第3の事案は，山元町の町立H保育所の園児3人が死亡したケースである。

この事案では、3月11日の地震直後に、保育士たちは、町役場から「所内で待機」という指示を受けて、保護者などが迎えに来なかった園児13人を預かっていたのであるが、午後4時頃に津波が押し寄せてきた。そこで、保育所では、13人の園児を自動車に分乗させて避難させようとしたのであるが、そのうちの7台が津波に巻き込まれて、3人の園児が亡くなった。これに対して、園児2人の遺族が、町に対して、合計8,800万円の損害賠償を求めて、仙台地裁に提訴している（朝日新聞2011年12月27日宮城県版）。遺族たちは、「事故は、職員らの人為的ミスの積み重ねによるもの」と主張して提訴した。

　以上の3つの事案で訴えられた側は、いずれも、死亡事故は天災によるものとして、損害賠償の責任を否定して争っている。第3の事案で、その反論をみると、H保育所側は、「防災対策の基本となるハザードマップでは保育所は浸水域ではなかった」「地震発生後も、保育所まで津波が到達すると予測させる判断材料はなかった」と主張し、津波到達は予見できず、安全配慮義務違反はなかったと反論している。この反論から明らかなように、3月11日に生じた津波による死亡事故では、どこまで人災として、管理者等の責任を問えるかを判断するのは、難しいのである。[17]

　ところで、資本主義社会では、個人による自己責任が強調される。「津波てんでんこ」は、まさに、自己責任による避難を呼びかけているのである。他方、福祉国家を標榜する社会では、国、自治体、企業、学校、各種の団体などが、個人の安全を守ることが要請されている。そこでは、管理者や雇用主などは、手厚い安全配慮義務を負うことになる。彼らは、その義務を果たすために、マニュアルを作成したり、避難訓練をしたりしているが、今回のような未曾有の震災の場合、どこまで、その義務違反が問われるのであろうか。また、安全配慮義務が強調されるところでは、リーダーの判断の適切さが問われることになる。その判断が、明白な違法とまではいえなくても、不適切であったために、重大な損害、たとえば、死傷というような結果が生じたとき、それへの責任が問われるのであろうか。人命の尊重が進んだ我が国では、過失責任の範囲は拡大しているのであるが、上述した3つの事案で、裁判所はどのような判決を下すのか注目される。

6 ■ むすびに

　3月11日の地震および津波により，また，その後の福島第1原発の放射能漏れにより，多くの人々が被災した。それらは，未曾有な地震による天災がもたらしたものとして片付けてよいのであろうか。筆者は，そのような疑問を持っていたので，本文の随所で「責任は問われないのであろうか」という問いを投げかけている。

　ところで，責任の問い方には，さまざまなレベルがある。近時では，死傷事故に対しては，厳しく刑事責任を問うようになっているが，筆者は，犯罪化を否定する立場から，原則的には，それに反対の立場をとっている。将来への建設的な立場からは，単に過去の過失行為に対する制裁として厳罰を科すよりも，原因の科学的調査を徹底する中で，責任の所在を明らかにしつつ，2度と不幸な事故が起こさないために防止策を考えることの方が望ましいからである。

　東日本大震災は，未曾有の大震災といっても，被害を避けたり，それを最小限に抑えたりする面で，いろいろな手落ちがあったことは事実である。その事実をきちんと調査して，国や組織の管理者などに，その手落ちの責任を自覚させることは必要である。そして，彼らには，反省を踏まえて，将来のために，適切な災害対策を講じてもらうべきである。

　筆者は，犯罪社会学を専攻しているので，社会学的視点からも，本文を書いている。つまり，現代社会の高齢化，過疎化，マニュアル化などの現象が，3月11日の地震津波による災害と，どのような関係があるかも，随時，指摘してきた。近年は，個人的な視点が強すぎて，社会構造的な分析が衰退しているが，読者は，是非，現代日本の社会構造を視野に入れて，東日本大震災の問題点を考察していただきたい。

［註］
  1)　横山実「人々の意識と犯罪化・重罰化」菊田幸一・西村春夫・宮澤節生編『社会のなかの刑事司法と犯罪者』（日本評論社，2007年），91頁。
  2)　神戸淡路大地震の際には，家屋などの倒壊やその後の火事により，多くの人が犠牲になった。東日本大震災では，家屋などの倒壊や火事よりも，地震直後に生じた大津波の方が，はるかに

大きな損害をもたらした。地震発生から1ヶ月の間に、東北3県における13,135人の死者について、検視などで死因を調査した結果、溺死した者の割合は、92.4％を占めていた（『平成23年版 警察白書』2頁）。それゆえに、ここでは、津波に焦点を絞って考察する。
3) この説を唱えたマーカス・フェルソンは、犯罪被害者のルーティン化された日常行動に着目して、犯罪の加害者と被害者との関係を分析している。つまり、潜在的加害者（A likely offender）、標的となりやすい者（A suitable target）、犯罪に対する有能な保護者の欠如に着目して分析している（Felson, M., "Routine Activities and Crime Prevention in the Developing Metropolis", M. A. Andresen, P. J. Brantingham & J. B. Kinney (eds.), *Classics in Environmental Criminology*, CRC Press: 2010, 461-479. Original Paper was published in *Criminology*, 25, 911-931）。
4) 国土省東北地方整備局釜石港湾事務所のホームページ（http://www.pa.thr.mlit.go.jp/kamaishi/port/km04.html）
5) 麻生川敦「東日本大震災における戸倉小学校の避難について」、http://www.pref.miyagi.jp/kyouiku/new/syou/tokurasyo.pdf
6) 近い将来99％の確率で生じると想定されていた「宮城県沖地震」に関しては、想定震源域(A)と近接領域(B)が指定されていた。
7) イタリアでは、2009年の中部ラクイラの大地震（M6.3）で、300人以上の人が亡くなっている（耐震構造の建物が少ないので、M6.3の地震でも大きな被害が生じたのである）。ラクイラでは、その大地震直前の数ヶ月にわたって、弱い群発地震が続いていた。ある物理学者が、地中のラドンの排出量を根拠に「大地震が来る」とネットで発表したので、住民の不安が高まった（朝日新聞2012年10月23日）。そこで、政府の防災局は、国立地球物理学火山学研究所の所長を含む、高名な科学者数名をラクイラに集めて、「高リスク検討会」を開いた。検討の結果、彼らは記者会見で事実上の安全宣言をした。その安全宣言をしたことで、大地震による被害を広げたとして、彼らは過失致死傷罪に問われた。ラクイラ地裁は、審理の結果、安全宣言にかかわった科学者および政府の担当者の合計7人に対して、求刑の禁錮4年を上回る、禁錮6年の有罪判決を下した。この判決の報道により、わが国においても、人命に関わる災害の予測をする専門家の責任が注目されるようになった。
8) 気象庁は、予想される津波の高さが、0.5m程度のときは津波注意報、2m程度のときは津波警報、そして3m程度以上のときは大津波警報を出している。津波警報および大津波警報のときには、直ちに海岸や河口付近から離れ、急いで安全な場所に避難することを呼びかけることにしている。
9) 東北電力の女川原発は、福島原発よりも震源地に近く、揺れによる損壊は大きかった。それにもかかわらず、津波による破損を逃れたのは、建設当時の副社長の平井弥之助の進言による（日本経済新聞2012年8月20日）。彼は、明治三陸津波や貞観地震の記録を踏まえて、海抜14.8mの高台に原発を建設することを主張して、社内の反対を押し切って、その高台での建設にこぎつけた。それゆえに、東日本大震災のときには、来襲した高さ13mの津波によって、構内が水没することを避けられた。これと比較すると、東京電力は、営利第一主義を貫いて、福島第1原発の津波対策を怠ったといわざるをえない。不十分な津波対策により、放射能漏れで人々に大きな損害を与えたのは、広い意味での企業犯罪といえよう。(Yokoyama M. "Serious Concerns about Fukushima No.1-The lack of information by TEPCO (Tokyo Electric Power Co.)", *Global Security 2012*, Home Security UG, Hemaer, Germany, p. 12).
10) 高さ13mの3階建ての南三陸町の防災対策庁舎には、町長たち約50人が留まっていた（朝日新聞2011年9月20日）。24歳の女性職員は、防災無線で避難を呼びかけていたが、津波に飲み

込まれて犠牲になっている。なお，津波は屋上にまで達したので，助かったのは，鉄柵やテレビアンテナなどにつかまって難を逃れた佐藤町長など10人に過ぎなかった。

11) 南三陸町の高野会館は，海から200mほどに位置する鉄骨4階建てのビルである。3月11日の大地震のときには，高齢者などが集まり，芸能発表会が行われていた。地震直後に，客は自動車で帰宅しようとしたが，会館の営業部長たちが，それを制止し，屋上に誘導して避難させた。そのために，津波が3階の天井にまで達したにもかかわらず，327人が難を逃れたのである（朝日新聞，2012年8月25日）。このように，災害のよる異常事態のときには，マニュアルにとらわれない管理者やリーダーの賢明な洞察と決断により，犠牲を最小限におさえることができるのである。

12) 「えんずのわり」は，小正月の鳥追いの行事である（http://bunka.nii.ac.jp/SearchDetail.do?heritageId=160018）。この行事がおこなわれるとき，地域の子どもたちは，五十鈴神社の岩屋に籠もって共同生活をおこなう。住民は，そのような共通の体験を通して，親密な人間関係を維持している。親密な人間関係が築かれていたので，宮戸島では，東日本大震災による損害を最小限にとどめたのである。

13) 南三陸町志津川地区の指定避難所の一つである東山公園の中には，「異常な引き潮　津波に注意」との警告板が立っていた。しかし，6mの高い防波堤で守られていた元浜の人々の多くは，津波の前の異常な引き潮に気づいていなかったのである。

14) 南三陸町の和食店の店主は，ハザードマップを信用して，海から3.5km離れているので津波は来ないと思って，地震の後も店に留まっていて食材の用意をしていた。その時，大津波に襲われて，急いで2階に避難したが，建物ごと流された。しかし，幸いにして，2kmほど遠くに流された後，建物の裂け目から屋根によじ登り，九死に一生を得たのである。

15) 閖上地域で唯一の高台は，漁師が海の様子を伺うために築いた人口高台「日和山」である。その頂上には，閖上湊神社および富主姫神社のそれぞれの幣が設置されていた。3月11日の津波で社殿が流された後は，仮の神社として，東日本大震災での被害者を弔う場所となっている。

16) 宮城県南三陸町では，防災対策庁舎で津波に飲み込まれた職員の遺族の一部が，2012年3月に，南三陸署に告訴状を提出している（毎日新聞2012年11月26日）。「防災対策庁舎にいた町職員ら42名が犠牲になったのは，町長が高台に避難させなかったため」として，町長を業務上過失致死傷罪で訴えたのである。県警は，その告訴を8月に受理したが，3ヵ月後に捜査を本格化して，11月26日には，捜査員約15人が庁舎の現場検証を行っている。刑事事件として立件されるのか，注目される。

17) その後も，いくつかの民事訴訟が報道されているが，その代表的な例は，従業員の安全配慮義務違反を理由とした提訴である。たとえば，七十七銀行女川支店では，3月11日の大地震の直後の大津波警報を知って，支店長が，2階建ての支店の屋上への避難を行員らに指示した。屋上に避難した13人は，全員が津波に飲み込まれて，そのうちの4人が亡くなり，8人が行方不明になった。他方，同じく港の近くにある仙台銀行や石巻信用金庫では，従業員の全員が，近くの16.5mの高台に避難して無事であった。そのような状況をふまえて，3人の遺族が，約2億3千万円の損害賠償を求めて提訴したのである（朝日新聞2012年9月9日）。遺族側は，より安全な指定避難場所に行くべきだったとして，労働契約上の安全配慮義務を怠ったと主張している。また，支店長などの幹部に，十分な防災教育を行わず，避難訓練も徹底していながった点を指摘して，銀行の災害への事前準備が不十分であったことも主張している。

〔横山　実〕

7 東日本大震災における助け合いと犯罪

1 ■ 東日本大震災の被害概況

広域・津波・原発事故

　2011年3月11日に発生した東日本大震災の被害は激甚であった。表7-1に，過去の大震災とともにその被害概況を記す。

　表7-1に挙げたように，過去の大震災の被害の中心は，それぞれ関東南部・兵庫県・新潟県中越地区と，比較的限定されていた。それに対して東日本大震災は，東北地方を中心としながらも，その名の通り東日本の広大な地域に被害を及ぼした。千葉県では地面の液状化被害をもたらし，東京近郊で生じた交通マヒは，約9万4千人の「帰宅難民」を生じた（読売新聞2011年3月12日夕刊）。

　被害をもたらした主要な原因は，関東大震災では大規模な火災，阪神大震災では家屋倒壊であった。中越大震災では他の大震災に比べれば直接の人的被害は少なかったものの，いわゆるエコノミークラス症候群によって自家用車に避難した人の命が失われたことが問題となった。今回の東日本大震災では，巨大な津波が被害を深刻化した。震源地である宮城県沖に発した津波は東日本の太平洋沿岸を襲い，特に宮城・岩手・福島に甚大な被害をもたらした。発生後1か月の間にこの3県で検視が行われた死者1万3,135人のうち，1万2,143人（92.4％）の死因が溺死であった（平成23年警察白書，特集：東日本大震災と警察活動より）。

表7-1 震災被害の比較

	関東大震災	阪神大震災	中越大震災	東日本大震災
発生日	1923.9.1	1995.1.17	2004.10.23	2011.3.11
震源地	相模湾北西	淡路島北	新潟県中越	牡鹿半島東南東
マグニチュード	M7.9	M7.3	M6.8	M9.0
死者（名）	142,000 余	6,433	68	15,838
行方不明者（名）		3	0	3,647
家屋被害（棟）	全・半壊家屋 254,000 余　焼失 447,000 余	全・半壊家屋 240,000 以上　全・半焼 6,000 以上	全壊 3,175　半壊 13,810　火災 9	全壊 120,233　半壊 189,583　全・半焼 281
新幹線再開所要日数	―	81	66	49

出典：関東大震災・阪神大震災の被害数値は内閣府の2006年11月10日付HP公表データ「参考資料：過去の災害一覧」，中越大震災の被害数値は内閣府の2009年10月27日付HP公表データ「平成16年（2004年）新潟県中越地震について（第64報）」，東日本大震災の被害数値は内閣府の2011年11月15日付HP公表データ「平成23年（2011年）東北地方太平洋沖地震（東日本大震災）について」に基づく。新幹線再開所要日数は，読売新聞（2011年4月29日）に基づく。

　また，津波によって福島第一原子力発電所で重大な事故が発生したことは，被害の長期化・深刻化をもたらしている。2011年11月28日の時点で福島県の避難者数は3万5,016名であり，全国の99.9％以上を占めている（資料同上）。

　広域・津波・原発事故。これが東日本大震災の被害を特徴づけるキーワードだと思われる。

　かく言う私も震源地に近い仙台の山の中にある大学に勤務しており，そこで震災に見舞われた。沿岸部に比べれば被害は軽微なものであったが，電気・ガス・水道が止まり，外部との交通も途絶された。しかし仙台の市街地は急速に復旧した。東北新幹線が仙台まで開通した4月25日には，震災前の日常の風景を取り戻したような感慨を覚えた。表7-1に示したように，阪神大震災では81日，中越大震災では66日かかった新幹線の復旧が，何倍も広範囲の被害をこうむったにもかかわらず，東日本大震災では49日で青森～東京の全線が開通した。「こうした被害（引用者注：阪神大震災・中越大震災）を受け，JR東日本は，高架橋の耐震補強として，2007年度までに約1万8,500本の柱に鋼板を巻き付けた。今回，被害は大宮（埼玉県）～いわて沼宮内（岩手県）間の約500キロに及んだが，深刻な損傷はなかった。復旧工事に1日約3,500人の作業員を

投入し，早期再開にこぎ着けた（読売新聞2011年4月29日）」……JR東日本が地震対策を着々と進めていたこと，迅速で的確な事故対応力を備えていたことは，大震災を「想定」してこなかった原発とは異なる点であり，原発事故で怪しくなった技術立国日本への信頼をかろうじてつなぎとめたと言えよう。

　さて，仙台が日常を取り戻すまでの間，私も被災者として生活しながら，同時に東北大学防災科学研究拠点のメンバーとして，心理学者の視点から刻々と変化する被災生活を見つめてきた。今日までに気づいたことをいくつかご報告したい。

2 ■ 秩序ある被災生活

海外からの称賛

　発災からわずか2日後の3月13日，TBSの「JNN報道特別番組」は，英国インディペンデント紙・フィナンシャルタイムズ，中国新華社通信，米国CBS・ウォールストリートジャーナルの報道を紹介し，「島国の人々の忍耐には目を見張るものがある」という海外からの称賛を紹介していた。新聞でも盛んに海外からの称賛が報じられた。たとえば東北の地元紙・河北新報は，自社の被災で紙面が制限されるなかで，「日本，略奪なく無法状態起きず／秩序ある被災地称賛」という見出しで米国の反応を報じている（2011年3月17日）。その記事によれば，米国では日本の被災者の忍耐強さと秩序立った様子に驚きと称賛の声が上がっており，メディアでは，「なぜ日本では略奪が起きないのか」について盛んに議論されているのだという。そして「日本国内では混乱に乗じた窃盗事件なども伝えられ始めたが，米国ではまだ目立った報道はない。ABCテレビは，仙台市内のスーパーやコンビニ前で，静かに整然と並ぶ住民の長蛇の列や，節電のために自主的にネオンが消された都内の繁華街の様子を伝えている。そのうえで，儒教や封建社会の歴史の影響や助け合い精神の文化をめぐる専門家の見解を引用した」と伝えている。

　こういった海外の反応の背景には，大災害が発生したとき，凄惨な略奪が生じ，支援物資を奪い合うような殺伐とした状況になるのがふつうだという常識

が潜在している。たとえば2005年8月末に米国南東部を大型のハリケーン・カトリーナが襲ったとき，武装したグループが避難してきた市民に暴行を働き，それがなすすべもなく放置されていたという（朝日新聞2005年9月5日）。2008年5月12日発生の四川大地震のときには，支援物資を奪い合う被災者の姿が撮影されている（TBS「ニュース23」2008年5月15日放映）。2010年1月12日発生のハイチ地震では，続発する略奪行為などの治安悪化を食い止めるため，首都ポルトープランスに午後6時以降の外出禁止令が出されている（毎日新聞2010年1月18日夕刊）。

　これらと比べたとき，東日本大震災の整然とした被災生活は，確かに特筆すべきものである。とはいえ，日本において，震災時に被災者が秩序ある行動をとり，犯罪が目立った増加をしないことは今回に限らない。少なくとも阪神大震災以降，一貫して継続する日本の災害時の特徴である。しかし，これほどに日本のマスコミの注意が海外からの称賛に集まったのは，東日本大震災が初めてである。読売新聞のデータベースで「震災 AND 称賛 AND 海外」を条件として検索すると，阪神大震災から東日本大震災までの16年で13件，東日本大震災から2011年12月10日までの9ヶ月で19件，同様に，朝日新聞では7件と24件，河北新報では0件と6件であった。

　私自身，正直言って，こういった海外からの称賛に触れると勇気づけられる気がした。「頑張れ」ではなく，「すごい」と言ってもらえるほうが嬉しい。その一方で，こんなときにまで外国の評判を気にする自分に気づいて恥ずかしくなった。しかし，他者の視線によって自らを律するという態度は，犯罪抑制に効果的かもしれない。他者の視線を大事にする日本人だからこそ，災害時の犯罪が少ないという可能性。これは検討する価値がある課題なのではないだろうか。

3 ■ 被災生活の実態

仙台市中心部における私的体験

　さて，海外から称賛された被災生活の実態はどうだったのか。
　先に述べたように，私がそのときいたのは，仙台の中心地近くの比較的被害

が軽微なところであったが，そこでは互いに助け合い，普段以上のレベルで秩序が維持されていた。写真7-1は，震災当日，避難所となった小学校で仮設トイレを組み立てている様子である。誰に命じられることもなく，被災者自らが協力し合って組み立てていた。ガスが通じないなか，カセットコンロを使って在庫の食材でおにぎりや味噌汁をつくり，無料で振舞ってくれた飲食店もあった。100円でシャンプーをしてくれる理容室もあった。被災者支援などと言わず，「お湯を使えないので申し訳ありませんでした。100円だけ頂戴してよろしいでしょうか」と，逆に頭を下げるような謙虚な姿勢に感銘し，ありがたさが身にしみた。写真7-2は，2011年3月25日，大型スーパーが開店する直前の様子である。ABCテレビが報道したような整然とした行列が，少なくとも300メートル以上続いていた。順番を争う姿は皆無であった。

　大学のキャンパスにも互いに助け合う，穏やかな被災生活があった。自然と研究室に集まった学生は，真っ先に互いの無事を喜びあい，そこにいない友人を心配した。被災当日と翌日こそ混乱のために組織立った安否確認にまで気が回らなかったが，13日からは私たち教員と手分けして，多くの学生が研究室メンバーの安否確認を行ってくれた。自宅でこっそり食べればよいものを，研究室のみんなと分け合うために，ありったけの食料を抱えてきた学生もいた。手持ちの食材を使って煮炊きし，分け合ううちに，普段とは異なる奇妙な連帯感が生じてきたものである。ガソリンが不足し，ガソリンスタンドに長蛇の列ができていたさなか，貴重なガソリンを惜しまず，仙台脱出を図る後輩たちを山形までピストン輸送してくれた大学院生もいた。なかには耐え切れずに心身の不調に陥った学生もいたが，誰かしらが気遣い，面倒をみてくれた。

　ふだんの秩序を維持するというよりも，非常時であるがゆえに，なおのこと利他的に振舞う。見ず知らずの人にも声を掛け，いたわりあう。そういうやさしい，そして不思議な雰囲気が確かにあった。ソルニットが描いたところの，悲惨な被災地における理想郷のようなコミュニティー，「災害ユートピア」そのものである（原著題名ではA paradise built in hell）。東日本大震災前には実感できなかったが，被災者同士が不思議な連帯感で結ばれた穏やかなコミュニティーを形成することは確かにありえると納得がいった。

写真7-1　仮設トイレを組み立てる被災者
（2011年3月11日仙台市太白区）

写真7-2　スーパーにできた行列
（2011年3月25日仙台駅前）

被災時の特異体験調査

　しかし，諍いや犯罪が皆無だったわけではないだろう。わずかな地域の違いでまったく異なる状況になるかもしれない。先のソルニットの書籍には，略奪や暴力が支配した場所からわずかに離れた場所に「災害ユートピア」が存在したことが記されている。逆に言えば，私の体験した平穏な被災生活のすぐ脇に，犯罪の横行するところがあったかもしれない。

　私だけでなく，多くの人の目に映った被災直後の様子を確認するために，自ら被災した宮城県の大学生・市民講座の聴講生161名に広く尋ねてみた。「震災時，ふだんと違うと感じた体験を教えて下さい」という質問に対して，計514個の回答を得た[5]。得られた回答を2名の研究者が個別に分類した後，相互に検討しあって，表7-2のように整理した。

　このデータの「逸脱行動」，「利他行為・秩序維持」を集計して比較したものが図7-1である。「逸脱行動」とは，買占め，マナー違反，盗み，電気泥棒，喧嘩・乱暴などに分類された体験であり，避難生活を困難にするような行為，

犯罪に関連する行為である。一方,「利他行為・秩序維持」とは,コミュニケーション拡大,助け合い,冷静な対応,分かち合いなどに分類された体験であり,避難生活に潤いをもたらし,犯罪を抑制するような行為である。

　図7-1でまず目に付くのは,「逸脱行動」よりも,「利他行為・秩序維持」のほうがはるかに多いことである。やはり,多くの被災者の目に留まり,記憶に残ったのは,秩序のある,協力し合う人々の姿だったのである。

　「利他行為・秩序維持」の具体的例をいくつか挙げると,「コミュニケーション拡大」については,「普段あまり話さない人とお互いに情報をいっぱい交換した」,「人見知りが去年よりもうすくなっていた。避難所生活で普段はなさない人とはなしたから?」などが挙げられていた。以下,「助け合い」については,「(カラオケ店が)無料で部屋を提供していた」,「自分の娘を避難所にむかえにきて,自宅が同じ方向の人は車にのれるだけのせて送っていってあげていた」など,「冷静な対応」については,「(近所のスーパーが)9時にあくとお知らせがあったが結局2時間も待たされた。しかも,文句をいう人はほとんどおらず,皆,列を作り待った。(おじさん一人が怒ったらしいです)」,「信号も機能していなかったが互いに譲りあいの精神を持ってクラクションを鳴らさずに交差点を行き来していた」など,「分かち合い」としては,「(知らないおじさんが)おにぎりをくれた」,「(避難所の小学校で初めて会った人と)同じ毛布で寝たり食料を分け合っていた」などが挙げられている。私が100円のシャンプーにしみじみしたり,ありったけの食料を持ってきてくれた学生に感激したりしたのと同様,おそらく,こういう行為に触れた人たちは,避難生活のなかで温かい気持ちになったと思う。

　一方の「逸脱行動」のひとつに,「電気泥棒」という見慣れない言葉がある。これは携帯電話の充電が切れて連絡手段を失った人々が,他よりも早く電気が開通した場所において,無断で充電していたことを指す。電気を盗むということは,ある種の窃盗である。しかも自動販売機のコンセントを抜いて充電する場合,その間自動販売機での販売ができなくなるということであり,被害は電気に留まらない。ただ,学生から聞いた話によれば,電気泥棒にも整然とした行列ができ,30分だけ充電して交代するという秩序が認められたそうである。

　同じく「逸脱行動」のなかでは,「盗み」,「喧嘩・乱暴」という,明らかな

表7-2 被災時の特異体験の分類（数値は該当回答数）

分類	計	項目	数	分類	計	項目	数
ライフラン	126	電気	22	逸脱行動	75	マナー違反	12
		ガス	4			路上駐車	1
		水道	7			えこひいき販売	4
		ガソリン	35			便乗値上げ	2
		電話	3			電気泥棒	8
		食料品・水	41			盗み	10
		交通	14			差別	1
社会の変化	254	普段見かけない人々の出現	4			喧嘩・乱暴	7
						反自粛	1
		人々の服装の変化	10			過剰反応	6
		異常風景	50			割り込み	5
		異常事態の中にある日常風景	12			買い占め	18
				利他行為・秩序維持	202	冷静な対応	36
		自然への注目	6			コミュニケーション拡大	58
		略奪懸念	22			コミュニケーション復活	9
		デマ出現	9			募金	5
		路上販売	5			思いやり販売	15
		メディアの変化	23			助け合い	41
		物不足	20			分かち合い	27
		行列	82			自粛	11
		原発	11	感覚知覚変化	46	鈍磨化	8
その他	35	その他	35			鋭敏化	14
				感情変化		ネガティブ	6
						ポジティブ	16
				身体変化		病状悪化	2

図7-1 「逸脱行動」と「利他行為・秩序維持」の比較

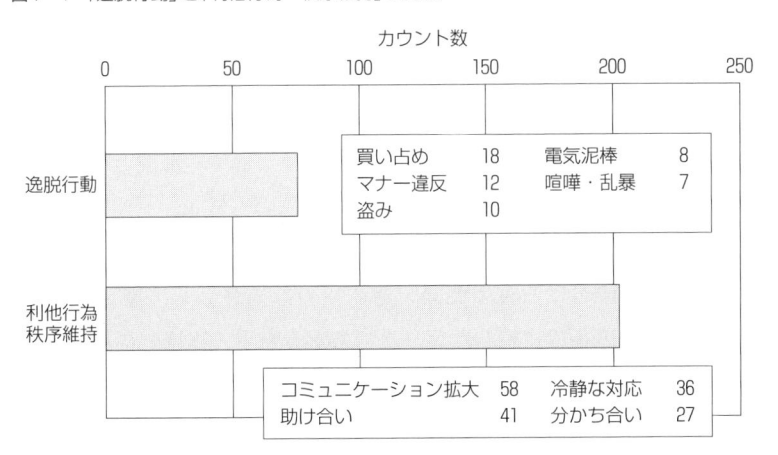

カウント数

逸脱行動
 買い占め　18　　電気泥棒　8
 マナー違反　12　　喧嘩・乱暴　7
 盗み　10

利他行為
秩序維持
 コミュニケーション拡大　58　　冷静な対応　36
 助け合い　41　　分かち合い　27

犯罪も報告されている点が注目される。「盗み」としては，ガソリン泥棒，自販機荒し，コンビニからの略奪などが報告されている。具体的には，「(津波被災地で)流された車からガソリンを抜きとっていた」「自動販売機を壊して飲むものを獲補〔ママ〕していた」「(姉の知り合いが)コンビニからものを盗もうとした(けどすでに盗まれていた)」「協力してお湯を温かす〔ママ〕ために学校の一体いすを切って燃やしていた」などである。その内容を吟味すると，生きるための緊急避難として致し方ないと感じられるところもあるが，避難生活を脅かすような行為があったことは確かである。「喧嘩・乱暴」については，「(ガソリンスタンドで客と店員)並び方のことで喧嘩をしていた」，「多くの人がガソリン待ちで並んでいるとき横入りをしてきた人がいた。また，その車に対して並んでいた人たちが普段より厳しく怒っていた」などがあげられている。

見ず知らず同士が声を掛け合い，助け合う状況が支配的であったことは間違いないが，被災生活は犯罪とはまったく無縁というわけではなかったのである。確かに犯罪は行われていたのである。

4 ■ 警察庁の統計にみる被災地の犯罪実態

ここで客観的なデータから被災地の犯罪状況を見てみたい。表7-3は，仙台市内における刑法犯の認知件数を，震災の起きた2011年と前年の2010年で比較した宮城県警のデータである。1～4月の統計であるから，2011年1月1日から3月10日までは震災と無縁の誤差であるが，おおよその傾向はつかめるだろう。

刑法犯は前年比で8.3％減少している。なかでも知能犯は54.8％，風俗犯は40.0％も減少している。潜在的な犯罪者も，震災によって犯罪機会を失っていたためであると想像できる。

次に，警察庁発表の統計をもとに作成した図を紹介する（図7-2～7-5）。図7-2は，東北6県における重要犯罪・窃盗犯の認知件数を，震災の起きた2011年と前年の2010年で比較したデータである。岩手・宮城・福島の3県合計を激甚被災地，青森・秋田・山形の合計を軽微被災地として区別した。1～6月の統計であるから，2011年1月1日から3月10日までの震災前のデータ

表7-3 仙台市内1〜4月の治安情勢・前年との比較

	認知件数	増減（件）	増減率（%）
刑法犯計	3350	-302	-8.3
うち凶悪犯	21	2	10.5
粗暴犯	139	-13	-8.6
窃盗犯	2577	-87	-3.3
知能犯	100	-121	-54.8
風俗犯	21	-14	-40.0
その他	492	-69	-12.3

出典：2011年6月，宮城県警HP発表データ (http://www.police.pref.miyagi.jp/hp/sikei/chian.html)。このページは月々更新される。

図7-2 東北6県における重要犯罪・窃盗犯・前年との比較

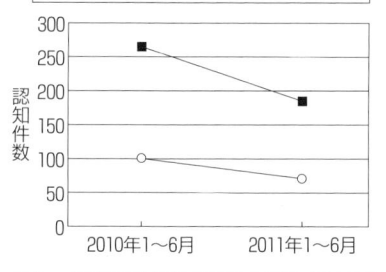

図7-3 東北6県における侵入盗・前年との比較（出典は図7-2に同じ）

出典：「犯罪統計資料（対前年同期比較）」2011年7月15日警察庁発表（http://www.npa.go.jp/toukei/keiji35/hanzai2011.htmより。このページは月々更新される）。

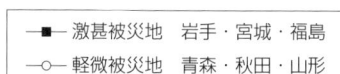

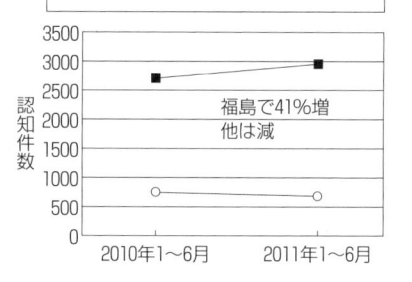

図7-4 東北6県における強姦・前年との比較（出典は図7-2に同じ）

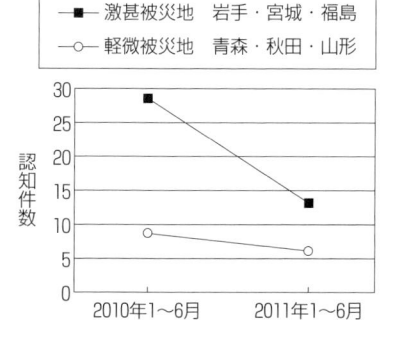

図7-5 全国における外国人の犯罪・前年との比較（出典は図7-2に同じ）

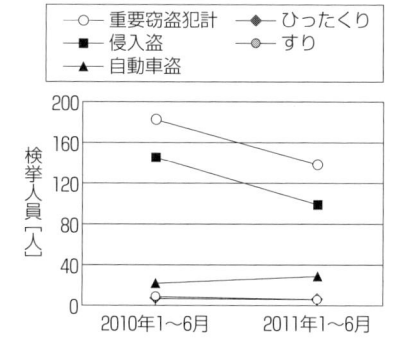

を含むのは表7-2と同様である。これによると，激甚被災地も軽微被災地も，震災のあった2011年は重要犯罪・窃盗犯が減っていることがわかる。その傾向は激甚被災地でやや顕著のようである。やはり震災時に犯罪は抑制されていたようである。

　図7-3は同様に，侵入盗のデータである。こちらは軽微被災地でわずかに減少しているものの，激甚被災地では激増している。ただし，このデータには注意が必要である。激甚被災地のうち，福島県でのみ41％増大し，他の2県では減少していたのである（岩手県は19％減，宮城県は3％減）。福島県での増大は，無人となった福島第一原発周辺が狙われたためと思われる。読売新聞（2011年9月10日）は，8月末までに福島第一原子力発電所20キロ圏内で確認された侵入盗被害が前年同期の27倍（722件）にのぼったことを報じ（警察庁まとめ），「大半は『警戒区域』として立ち入り禁止になった4月下旬より前の発生とみられ，一時帰宅で被害が明らかになった形だ」とまとめている。前節の被災時の特異体験調査で報告されていたような，被災者が緊急避難的に行っていた盗みとは異なり，被災地圏外からやってきた「本職」の窃盗犯による犯罪である。

　図7-4によれば，強姦認知件数は大幅に低下している。全国では5％減だったのに対して，激甚被災地で54％，軽微被災地で25％減少した。地震からしばらくした頃，性犯罪が多発しているという噂が耳に届いていたが，届出のあった件数からは，これがデマであったと思われる。河北新報（2011年3月22日）は，「被災地では(1)石巻で強盗殺人事件発生(2)強姦事件が多発している(3)雨に当たると確実に被ばくする(4)女川原発も危険──などのデマも流れている」ことを伝えている。

　この記事には，外国人による略奪行為のデマも流れていたことが報じられているが，図7-5に見るように，自転車盗を除き，震災のあった2011年は，外国人犯罪も減少している（これのみ東北6県ではなく全国のデータ）。外国人による略奪行為というデマは，関東大震災の悲劇を髣髴とさせる。朝鮮人による略奪や強姦などが多発しているというデマが流れ，自警団が朝鮮人を襲い，多くの命が失われた事件である。被災者が異常な環境のなかで不安を募らせ，その不安がデマによって作り上げられた捌け口に向かって暴走する。そういう図式だと思われる。だとすれば，なぜ阪神大震災以降の平成の大震災では，関東大

震災のような事態が発生せず，世界の称賛を浴びるほどに自制的な被災生活を送ることができたのか。この謎を解明し，「災害文化」として受け継ぐこと，さらには海外に向けて輸出することが期待される。心理学に課せられた大きな課題である。

5 ■ 新たな懸念

コンビニエンスストアの目隠し

こうしてみると，東日本大震災においては，被災者は悲しみと心身の負担のなかにあっても，おおむね秩序ある環境のなかで避難生活を送ることができたと考えられる。上記の体験に基づくデータは津波被害が直接及んだ場所ではなく，警察庁の統計データも全体的傾向を示すものに過ぎない。それでも，先にあげた海外の事例に比べれば，はるかに穏やかな状況であったとみなすことができる。この穏やかな被災生活は阪神大震災以降の日本の美質である。しかし，それは比較的最近に限定された美質であることに注意が必要である。過去に目を向ければ，関東大震災において集団暴行が多発したことはすでに述べたとおりである。では，未来においてはどうだろうか。いつか生ずるであろう大震災においても，被災時の安寧は維持されるのだろうか。

ここでひとつ気になることがある。写真7-3は，仙台における3月26日のコンビニエンスストアの様子である。何かが違う。その違いは，ガラス壁面を覆う新聞紙である。さまざまなところで，まるで申し合わせたかのように多くのコンビニエンスストアが新聞紙やビニールシートでガラス壁面を覆っていた。

なぜこのようなことをするのか不思議に思い，あるコンビニエンスストアの店長さんにお尋ねした。すると，店内に品物があるのを見られると襲われるかもしれない。それが心配だということであった。異なる日，津波被害のあった仙台北部の沿岸を訪ねると，新聞紙ではなくベニヤ板で覆っている店があった。聞けば，実際に盗難の被害があったからだという。

そこで，2011年9月，岩手・宮城・福島の被災地のコンビニエンスストアを対象として，災害直後の様子について聞き取り調査を行った[7]。その結果を表

写真7-3　ガラス壁面に新聞紙を貼ったコンビニエンスストア（2011年3月26日仙台市青葉区）

4・5に示す。

　表7-4によれば，この12地域については，震災後に通常営業を継続できたのはわずか3％に過ぎない。「短縮営業」が35％，「一時閉店」をしたのが61％であった。特に津波被害地では閉店日数が長いようである。

　仙台・青葉区の調査実施42店舗の場合，3月12日の時点では16店舗が閉店しており，15日では8店舗が閉店，18日は3店舗が開店していた。震災前から営業していた店舗の全てが開店したのは3月21日である。震災後，仙台駅周辺（主に青葉区）のコンビニエンスストアの閉店・開店の状況が，日ごとに変化する様子を地図にまとめて図7-6に示す。

　日常生活において，24時間いつでも開いているコンビニエンスストアをいかに頼りにしていたか，実際に閉店しているコンビニエンスストアを目の当たりにして痛感したものである。災害時にコンビニエンスストアの流通・営業を確保することは，ガソリンスタンドと同様，現代の災害における最優先課題のひとつとして浮かび上がってくる。

　斜線は国土交通省国土地理院提供の浸水範囲概況図（GISデータ）。地震後に撮影した空中写真及び観測された衛星画像を使用。25,000分の1地形図を背景

表 7-4 コンビニエンスストア調査の概要と震災による閉店・短縮営業

調査対象地域	調査店舗数	回答店舗数	通常営業率	短縮営業率	一時閉店率	平均閉店日数
盛 岡	20	18	6%	61%	33%	6.8
宮古・釜石	11	9	0%	33%	67%	24.3
気仙沼	15	10	0%	30%	70%	71.6
石 巻	22	18	0%	44%	56%	47.3
塩釜・多賀城市	21	17	0%	18%	82%	40.3
仙台・青葉区＊	59	42	0%	43%	48%	4.2
仙台・泉区	13	10	10%	50%	40%	26.8
仙台・太白区	14	10	0%	50%	50%	3.8
仙台・宮城野区	23	22	9%	23%	68%	7.3
仙台・若林区	10	10	10%	20%	70%	3.9
福 島	30	23	0%	39%	61%	4.6
いわき	27	22	5%	5%	91%	11.2
(合計) 平均	(265)	(211)	3%	35%	61%	28.8

＊仙台・青葉区では，一日おき開店など，分類外の営業形態が4件 (10%) あった。

表 7-5 コンビニエンスストアの目隠し対応の実施率とその理由

	目隠し実施率	平均目隠し日数	理由＊					
			実際の盗難	盗難の予防	他店に倣った	本部指示	その他	わからない
盛 岡	89%	16.4	0%	13%	0%	25%	69%	0%
宮古・釜石	78%	30	0%	43%	0%	29%	43%	0%
気仙沼	60%	45	0%	67%	0%	0%	83%	0%
石 巻	78%	38.6	21%	50%	0%	7%	43%	0%
塩釜・多賀城市	94%	42.9	31%	63%	0%	38%	56%	0%
仙台・青葉区	86%	25.1	0%	64%	3%	25%	19%	14%
仙台・泉区	80%	31.1	0%	100%	0%	0%	25%	0%
仙台・太白区	90%	20.9	0%	78%	0%	22%	44%	0%
仙台・宮城野区	100%	22.7	18%	100%	0%	5%	18%	0%
仙台・若林区	100%	29.3	0%	60%	0%	30%	80%	0%
福 島	87%	13.7	0%	75%	0%	10%	45%	5%
いわき	73%	23.1	0%	69%	0%	6%	56%	0%
平 均	85%	32	6%	56%	0%	15%	36%	3%

＊理由については複数回答のために行の合計は100%を超える。

に，津波により浸水した範囲を判読した結果をとりまとめたもの。浸水のあった地域でも把握できていない部分があり，雲等により浸水範囲が十分に判読できていないところもある。

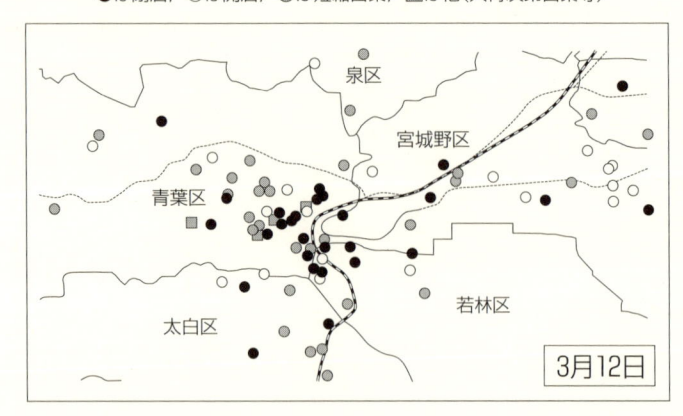

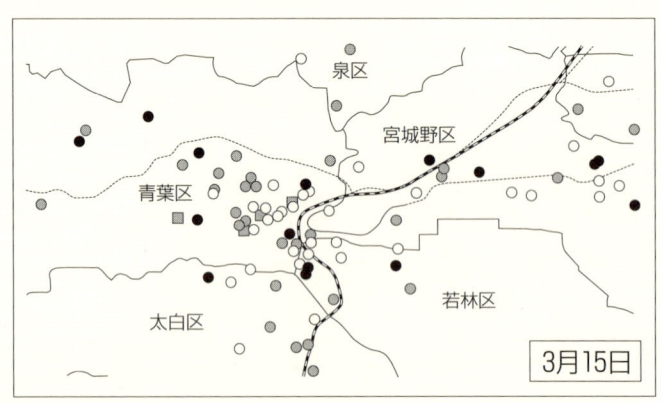

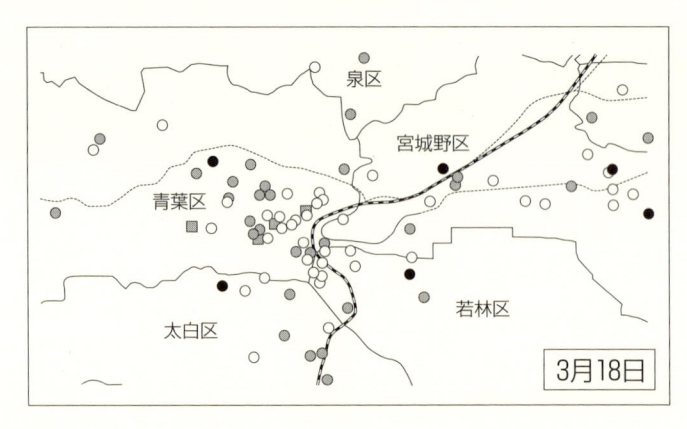

図7-6 仙台駅周辺コンビニエンスストアの震災後における閉店・開店状況

●は閉店, ○は開店, (灰丸)は短縮営業, ■は他(入荷次第営業等)

図7-7 石巻におけるコンビニエンスストアの目隠し理由

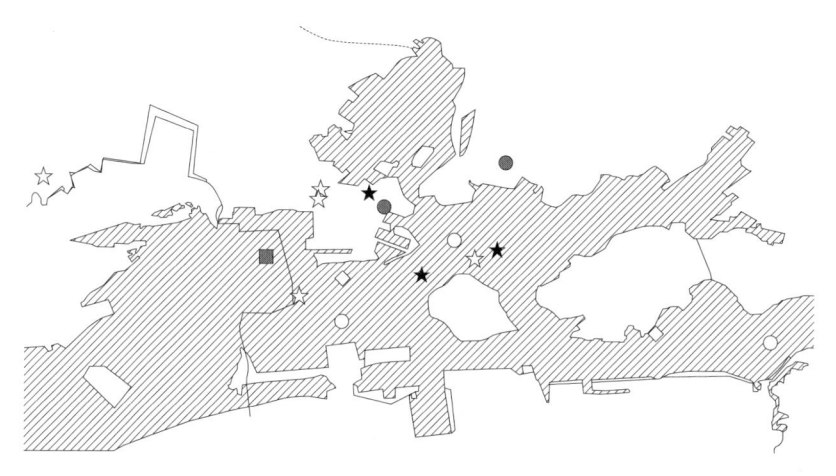

★盗難に遭ったため，☆盗難に遭わないため，■他店が行っていた，
▲本部指示，◇その他，●複数回答。斜線は浸水域。

斜線は国土交通省国土地理院提供の浸水範囲概況図（GISデータ）。地震後に撮影した空中写真及び観測された衛星画像を使用。25,000分の1地形図を背景に，津波により浸水した範囲を判読した結果をとりまとめたもの。浸水のあった地域でも把握できていない部分があり，雲等により浸水範囲が十分に判読できていないところもある。

　表7-5は，目隠し対応に関するまとめである。すべての地域において多くの店舗が目隠しを実施していたことがわかる。理由としては全体平均で56％と，「盗難の予防」が最も高い率である。「他店に倣った」，「本部指示」が全体平均でそれぞれ0％，15％と低い値であったことを踏まえると，店内が見えないようにするという緊急対策が，自然発生的な現象であることがうかがえる。すなわち，多くのコンビニエンスストア店長が略奪の発生を懸念し，独自判断で予防措置を講じたということである。比較的被害が軽微で穏やかな被災生活が送られていたはずの仙台・青葉区においてすら，略奪不安が潜在し，それがコンビニエンスストアの目隠しとして広がっていたのである。阪神・淡路大震災の時には見られなかった今回の「コンビニ目隠し」現象は，震災における略奪懸念が次第に増大しつつあるという社会変化を反映したものかもしれない。

　この表7-5において特筆すべきは，石巻，塩釜・多賀城市，仙台・宮城野区で，「実際の盗難」が目隠しの理由として挙げられていることである。石巻

における目隠し理由の分布を地図にまとめて図7-7に示した。報道でこそ見かけなかったが，被災体験の調査にあったように，コンビニエンスストアでの略奪は実際に存在したのである。これらの地域はいずれも津波による激甚被害にみまわれたところであり，もしかしたら緊急避難的な，やむにやまれぬ事情があったかもしれない。しかし，被害が激甚であっても盗難被害がなかったところもある。この違いは何がもたらしたのだろうか。

6 ■ むすびに

略奪や暴行などのパニック行為は，場合によっては災害以上の災難をもたらす。もしかしたら次の大災害では，海外や過去の日本のものだと信じていたこの災厄に，日本が襲われることになるかもしれない。次の大災害がやってくる前に，現代日本の被災地で自然発生してきた美徳の源泉を探ること，険悪な被災生活と穏やかな被災生活の分水嶺となる条件を見つけること。今回の震災から学ぶことは多々あるが，今回の分析を通じて，それがきわめて重要な課題であると感じ取ったしだいである。

〔謝　辞〕

表7-2・図7-1の調査・分析は，東北大学の本多明生氏，Juthatip WIWATTANAPANTUWONG氏との共同作業である。図7-6・7は，株式会社インフォマティクス，株式会社昭文社，国土交通省国土地理院の協力をいただいて作成したものである（特に株式会社インフォマティクスからは，作図プログラムのカスタマイズをはじめとして，多大なるご尽力をいただいた）。ここに記して心からの謝意を表します。

［註］
1）　死者の88%が家屋倒壊等による圧死であった（『平成7年警察白書』より算出）。
2）　西友が仙台の12店舗で通常の24時間営業を開始したのは3月28日。2011年3月23日付西友のニュースリリースでも確認できる。http://www.seiyu.co.jp/contents/110323.pdf
3）　仙台中心部でガソリンスタンドの列が解消したのは4月1日。
4）　ソルニット，R［高月園子訳］『災害ユートピア——なぜそのとき特別な共同体が立ち上がるのか』（亜紀書房，2010年）（Solnit, R. *A paradise built in hell: the extraordinary communities that arise in disaster,* NY: Viking press, 2009）
5）　2011年5～6月に実施した質問紙調査。福島学院大学（20～22歳，14名），宮城学院女子大学（19～22歳，39名），東北大学（19～28歳，90名），丸森町斉理蔵の市民講座（18～84歳，18名）。

ひとつの回答に複数のカテゴリー内容が書いてあった場合は重複してカウントした。
6) 吉村昭『関東大震災』(文春文庫, 1977/2004)
7) 現在詳細を分析中であり, いずれ全容を報告したい。

〔阿部 恒之〕

第Ⅱ部　原発と企業・環境犯罪

8 犯罪学からみた原発事故

1 ■ はじめに

　2011年3月11日に発生した大地震と津波は，大規模な原子力発電事故のきっかけとなり，恐ろしく巨大な危害を惹き起した。また今後も惹き起し続けるであろうことが予測される。この事故は天災としてではなく人災として，そして，産官政学―原発・原子力複合体による地球環境に対する重大犯罪のひとつとして捉えることができるであろう。

2 ■ 情報非公開・情報統制による放射能汚染・被曝の拡大

　福島第一原子力発電所の事故が発生して半年が過ぎたころ，安全と避難に関する新たな議論が現れた。当局がコンピュータに蓄積されたデータを速やかに公表していたならば，広範囲に及ぶ被曝は避けられていたのではないだろうかというものだ。放射能が拡散する間に，日本政府は事故に関する十分な情報を公開せず，これにより原発近隣の避難住民は混乱し，近隣ならびに周辺の人びとばかりでなく，他の地域の人びとへも不安を増大させたのである。

　事故直後，避難住民たちは正確な情報がないまま，さ迷い続け，混乱と苦悩に陥っていた。責任と批判を避けようとするある種，日本特有の文化のなかで，政府のコンピュータ（SPEEDI）による放射能の拡散予測は東京の官僚によって公にされなかった。政治的リーダーたちは，当初はシステムの存在を知らず，

後には避難地域の拡大を恐れために，データを意図的に過小評価し，そのために事故の重大性が増した。

　また，事故情報に関する厳格な情報統制がなされていた，とオニシらはつぎのように主張する。避難には，莫大な費用がかかり社会的混乱をもたらすため，その規模を抑制し，原発と原子力産業に対する公衆の疑念・批判を回避するために，有害な情報を留め置き，原子力発電所の破損による大惨事が発生した事実を否定することにかかわった。事実，福島第一原発の６つの原子炉のうち３つがメルトダウン（炉心溶融）したことは数ヶ月間公には認められなかったと[1]いう。

　さらに，情報の非公開によってより広範な放射能被曝と多数の問題が生まれた可能性がある。政府の内外からは，もし政府が速やかに情報を公開していたならば，一部の被曝は回避できたかもしれない，という批判が起こっている。緊急時迅速放射能影響予測ネットワークシステム（SPEEDI）は1980年代に放射能の拡散を予測するために設計されたもので，放射能事故の爆心からの避難をガイドする地方公務員や救助隊が利用することを前提としていた。SPEEDIのデータが速やかに利用できていたならば，町民が安全な場所に避難できていたであろうが，そのような情報を手にしていなかった，と馬場有浪江町長は語った。情報は迅速かつ正確に公開されなければならず，それによって人びとは正しい判断をすることができるのだという。[2]

　それでは，なぜこのような政府による情報公開・情報統制が起きたのであろうか。日本の原子力政策そのものに，その原因をみることができよう。この未曾有の破局的事故は，産官政学—原発・原子力複合体の原子力政策と実務の構造的欠陥が惹き起したと考えられる。そこで，次に日本の原子力発電所の建設と運営に関する歴史的社会的コンテクストを分析し，世界の他の地域における原子力発電所事故とを比較していくことによって，日本の原発の政治経済および歴史的文化的コンテクストについて解明する。

3 ■ 日本における原発の「政治経済学」

原発運転者と規制者の共生関係

　地震と津波が，原発危機を惹き起したのはなぜであろうか。原子炉の運転期間を延長する決定，および6つの原子炉すべての検査ミスは，原発の運転者とそれを監督する政府の規制機関との間の不健全な関係から生じた。運転延長を勧告するような専門家パネルのメンバーは，官僚の決定を支持し，依頼機関にめったに異議申し立てをしない研究者によって構成されている。そもそも，原発の運転者と規制者は，共生ではなく独立した関係でなければならない。

　これまでの記録をひも解くならば，原発は必ずしも安全な施設であるとは言えず，また電力会社が事故等の重要な情報を隠蔽してきた経緯があり，国民の反対は強力であるがために，原発を新設することはきわめて困難である。そのために，原発の運転者は，40年の法定期限を超えて原子炉が運転できるようにロビー活動をしてきた。一方，原子力の利用を延長し，輸入化石燃料への依存を軽減することを標榜する政府は，これと意を同じくし，官民共同で延長運転の可能性を模索してきたのである。

日本特有の原発問題──「共謀文化」

　日本特有の文化のひとつとして，原子力村と原子力産業と裁判所の「共謀」ともいうべき，「共謀文化」をあげることができる。互いに依存し合い，文化を形成している。

(1) 原子力村

　安全性の向上よりも自分たちの利益を重視する「原子力村」の実態も明らかにされた。オニシらによれば，原子力の主要な関係者は安全性を高めることよりも自分たちの利益を守ることにより関心があり，原子力産業と政府高官との間の不透明な関係は，現在では一般に「原子力村」と表現される。これは，原発下の活断層が発見され，想定を超える大津波による被害が新たに予測され，これまで安全を軽視し，それを隠蔽してきた事実が発覚しても動じることな

く，原子力エスタブリッシュメントを支える共謀的利益が厳として存在することを意味する。官僚たちは監督と推進の部門を行き来し，原子力産業の推進と規制・取締の境界が曖昧になっている。影響力のある官僚は，日本の主要産業において広く行われている天下りのために，原子力産業に加担する傾向にあるという。[5]

(2) 二大政党に支持される「国策民営」原発・原子力産業

日本の原子力政策はほとんどすべての原子力産業と主要な政党を動員しており，原発ならびに原子力産業は「国策民営化」されている。オニシらによれば，原子力産業の大きな受益者のひとつである政治的エスタブリッシュメントも安全性を高めることにはほとんど関心がない。二大政党とも電力会社に囚われた身であり，電力会社の方針に従う運命にある。また，日本は原子炉と原子力技術の販売をエネルギーの乏しい開発途上国への長期輸出戦略の中心に位置づけている。[6]

(3) 原発訴訟判決に垣間見る裁判所の機能

日本の裁判所は，原発訴訟において，中立・客観的な立場から判断しているというよりは，産官政学一体の原発推進の国家戦略を支持する立場から，ほとんどすべての事案において原発が安全であるという判断を下してきた。[7]

これまでの原発訴訟において，費用のかかる改良を避けて運転し続けるために，原発の運転者が，地震の危険を過小評価しあるいは隠蔽する不穏なパターンが明らかにされた。しかしながら，ほとんどすべての原発訴訟で原告側が敗訴した事実は，原子力を支える共謀文化が，政府，原子力取締機関，原発運転者ばかりでなく裁判所にも及んでいるという，一般に広まっている疑念を強くすることになるだろう。今回の福島第一原子力発電所の危機をきっかけに，これまで裁判所が下した原子力施設の安全性に関する判決が新たに批判にさらされた。長年，原子力発電所の近隣住民は，原発が巨大地震に耐えられないと主張し，施設の安全性について国と電力会社を相手に争ってきた。しかしながら，ほとんどの判決において，裁判所は原子炉は安全であるとして国家側に立ってきたが，事故発生の恐れのある危険な原発の運転を暗黙のうちに認めてきたという点で非難に値する。[8]

では，なぜこのようなことが起こるのであろうか。尾内・本堂よれば，原発

訴訟のように科学的知見がかなり直接的に鍵を握っているタイプの訴訟では，科学的知見の有効性や限界とは無関係に，価値判断や社会的基準によって特定の知見が「科学的」に正当化されるおそれが潜んでいる。こうした状況が，科学者が「御用学者」に転化することを許し，司法への信頼を損ない，ひいては社会における公正や正義の基盤を掘り崩しかねない，と指摘される[9]。

地方における社会生活と原発依存の「取引」

(1) 交付金と仕事のための原発依存

過疎化と財政赤字に苦悩する地方社会は，窮余の打開策としていわゆるNINBY（not in my backyard）の迷惑施設とされる原子力発電所を誘致することによって交付金と仕事を得るが，これは原子力発電所への依存の端緒にほかならず，半永久的に依存から脱却することができなくなるという事態を招いている。この依存は，広島と長崎の遺産，スリー・マイル・アイランドやチェルノブイリの事故をへてもなお，日本では米国やヨーロッパのレベルの原発に対する反対がみられないことの一要因と考えられる。町は，安全に対する関心を超えて，原子力の拡大を執拗に促進する政治家，官僚，裁判官，原子力産業エグゼクティブを含む集団のなかに組み込まれるようになっているのである[10]。

(2) 金銭流通と沈黙コード

地方社会の原発への依存構造は，地方社会の人びとから原子力発電所に対する批判の機会を奪う結果となる。交付金は原発の受入ればかりでなく，長期にわたる拡大も促した。なぜなら，交付金は原発や原子炉が運転を開始した直後にピークに達し，その後，減少するような仕組みになっているからである。交付金は原子炉の寿命が来るまで減少し続けるがために，コミュニティーは新しい原発の建設を受け入れるよう迫られる。地方のコミュニティーは1番目の原子炉と引き換えに得た大規模な支出に慣れているがために，2番目，3番目，4番目，5番目，……の原子炉が支出を維持するのに助力となり，一度手にしたら，くり返し手にするようになる。この依存構造によって，コミュニティーは原発や原子力に異を唱えることができなくなるのである[11]。

「不可視化されたリスク」の露呈

樫本によれば，原子力関連施設が建ったのは，多数の人口を抱え，政治経済面で有力で，リスク制御を社会的に行ううえで有利な条件をもつ場所ではなく，まったく逆の不利な条件をもつ場所であった。しかも，そのような場所に次々と新たな施設が立地し，結局，大多数の国民の視線から隠蔽された。さらに，社会的に不可視化されたリスクは一部の地域に集積した。半世紀にわたり危険な場所に膨大なリスクを抱えた原発を集中立地してきた国と電力会社は，安全性にかけるべき手間と予算を惜しんだツケを，福島県近郊の人びと，将来，負の遺産のみを背負わされる子どもたち，これまで恩恵を被っていない原発立地自治体以外の住民，等々の生命に肩代わりさせている[12]。

4 ■ 原発は「安全な万能薬」か「カタストロフィの源」か

世界を震撼させた福島第一原発事故の破局的な大惨事は，地球温暖化・化石燃料の枯渇問題の「安全な万能策」としての「原子力ルネサンス」に対する著しい疑念を抱かせた。チェルノブイリ事故とその長期にわたる悪影響から学び，現在ならびに将来にわたって福島第一原発事故の大惨事にどのように対処すべきかについて検討する。

「安全神話」の確立と浸透

わが国は世界のなかでも唯一の原爆被爆国でありながら，むしろ諸外国よりも原子力利用に対する抵抗が弱い。なぜ，そしてどのようにして「原発の安全神話」は確立され，人びとに浸透したのであろうか。

オニシはそのプロセスと方法を分析する。数十年にわたって，原子力エスタブリッシュメントは，公衆に原子力の安全と必要性を説きつけるべく多大な資源を投入してきた。原発運転者は豪勢でファンタジーに満ちた広報ビルを建築し，それらは観光客のアトラクションとなった。官僚は，原発の安全性を宣伝するためにだけ設立された多様な機関を使って，洗練された宣伝キャンペーンを張った。政治家は政府によって指示された原発に好意的な学校教科書を強引

に採用させた。その結果，日本の原子力発電所は絶対に安全であるという「安全神話」が公衆に広く受け入れられた。西側諸国は原子力に対して距離を置いていたのに対して，日本はひたむきに原子力を追い求めた。福島第一原子力発電所の原子力危機に対しても，原子力に対する反対運動は日本よりもヨーロッパや米国の方がはるかに強かった。[13]

最高警戒レベル7の原発事故の実態

　日本の高官は大規模な放射能放出の可能性を過小評価し，原発事故に関わる問題を深刻かつ複雑にした。マッキーの批判によれば，2011年4月12日，政府は福島第一原子力発電所事故の評価をレベル5から1986年のチェルノブイリにおける爆発と同等の最悪の国際スケールレベル7に引き上げた。警告レベルを5から7に引き上げる決定は，原子力施設の事故がおそらく健康と環境に対して長期にわたる重大な影響を及ぼすということを実質上認めたことに等しい。当局の新たな推定によれば，現在までに放出された放射性物質の総量はチェルノブイリ事故で放出された総量のおよそ10％に等しい。[14]

　また，冷却作業から生じた汚染水が太平洋に放出されたため，周辺海域から捕獲された海産物を食べることで内部被曝が生じるおそれがあるという。[15]

　さらに，ファックラーは，日本における原発事故への備えと独立規制の欠如が批判される，と指摘する。すなわち，2011年6月1日の国際原子力調査チームのレポートによれば，日本政府は津波の危険を軽視し，福島第一原発には適切なバックアップシステムが備えられていなかった。国際原子力機関から派遣されたチームは，原発危機に関する予備レポートにおいて，日本における不適切な安全手段を批判し，独立規制と明確な役割がいかなる状況でも保障されるよう一歩踏み出さなければならないとして，より強力な規制的監督を要求した。これは規制者と原子力産業の共謀関係が監督の弱化と適切な安全レベルの欠如をもたらしたことを示している。[16]

チェルノブイリの教訓

　福島第一原発事故の約25年前に発生したチェルノブイリ原発事故について，すでに数十年がたち，各種研究や報告書の出版がなされており，それらから多

くのことを学ぶことができるであろう。

　ギャレットの指摘によれば，2006年に多数の機関を含むパネルの国連の専門家は，東欧の20万平方マイルが死の灰（放射性降下物）で覆われ，この地域の500万の住民が被曝し，10万人が食物と環境から放射能汚染を受け続けている，と見積もった。チェルノブイリのメルトダウンの後，近隣のプリピャト（Pripyat）は避難を余儀なくされ，原子力発電所を取り巻くいわゆる移転ゾーン内部はゴーストタウンと化したままである。このゾーンのなかに住み続けているウクライナ人もいるが，採取された土壌サンプルや動植物の放射能レベルは高く，この地域の家畜やマッシュルームのような食物は現在でも人間が消費するには危険であると考えられている。そして，今日でもなお7,000人近くの作業員が安全を確保するために毎日原発に通っている。[17]

　以上，チェルノブイリの教訓として，放射性降下物が環境に吸収されると持続的な放射能汚染が生じ，何千年にもわたって植物，野生生物，土壌，水に影響を及ぼす，ということが明らかになる。[18]

壊滅的結果を回避するための安全最優先

　原発事故の破局的な結果を鑑みるならば，安全は最優先事項とされなければならない。たしかに，資源不足の増加，地球温暖化対策として二酸化炭素排出量を削減するよう求める圧力が強まっている時代において，「原発ルネサンス」の動きに象徴されるように，原子力は多数の者にはクリーンで必然的な選択に見えるであろう。しかしながら，リスクとコストを正確に計算したであろうか。世界中の人びとの安全を確保するためにできるだけのことをしたのであろうか。[19]

　国連事務総長の潘基文は，将来に向けて原子力の安全を高めるための5つの方策を提示する。第1に，国内ならびに国際レベルの双方において，現在の安全基準を徹底的に見直す時期に来ている。第2に，国際原子力機関の機能を強化することが必要である。第3に，自然災害と原子力の安全との新たな関係に対してより鮮明に焦点を当てなければならない。今後数十年にわたって原子力施設が増設されることによって，脆弱性が増大する。第4に，災害への備えと予防，事故が発生した場合の浄化のコストを含めて，原子力エネルギーの費用

対効率を分析しなければならない。第5に，原子力の安全と核の防衛の間のより強固なつながりを構築しなければならない。テロリストが核物質を求める時代には，コミュニティーにとって安全な原子力発電所は世界にとってもより安全であるといえる。

以上から，潘は，原子力と安全の問題は，もはや純粋に国家政策の問題ではなく，グローバルな公益の問題であり，建設，同意を得た公衆の安全保障，完全な透明性，国家間の情報共有が必要であろう，とする。[20]

5 ■ 未曾有の全面的放射能汚染の脅威と半永続的な事故処理・被曝影響追跡調査・治療

多数の論者が，福島第一原発事故後に次から次と明らかになる大気，飲料水，土壌，魚，肉，等々の放射能汚染について，論じている。また，汚染検査に対する疑念が人びとの不安・恐怖を増大させている。福島第一原発から放出・漏出された放射能は，人体，動植物，大気，土壌，海洋などにすさまじい放射能汚染を惹き起し，また今後も惹き起し続け，その結果，地球環境に対する致命的な犯罪・危害に至るであろう。その現在ならびに将来における未曾有の巨大な悪影響と対処方法について考察する。

現在進行形の生活環境・食料の汚染拡大

遅々としてではあるが，政府によってなされた情報公開は，供給される食料のなかに放射性物質が拡散するのをほとんど防ぐことができていない状況を明らかにした。検査装置が著しく不足し，地方自治体が災害の救援に追われるという現状は，原発事故の影響を受けた地域の農場の生産物のごく一部しか放射能のチェックを受けていないことを意味している。放射能の影響に関する国連科学委員会の前委員長ピーター・バーンズ（Peter Burns）は，地震と津波が原発を損傷して3ヶ月がたっても，日本に包括的な食品検査体制が整っていない，と指摘する。世界原子力委員会によれば，大気，土壌，食品による長期にわたる放射能被曝は白血病や他の癌の原因となる可能性があるという。[21]

以上から，放射能汚染は現在進行形で徐々にその範囲を拡大しつつあり，止まる気配がなく，未来進行形となるおそれが多分にある。[22]

低賃金・高汚染環境で働く「原発労働者」

　どのような種類の人びとが，どのような理由から生命を危機に晒すおそれのある「原発労働者」になるのであろうか。

　タブチによれば，原発労働者は，トップ企業の高収入の被雇用者であるエリートクラスと安全でない環境の下で低賃金で働く下位クラスの労働者，という二系列の労働者が想定されている。そのような労働実態は原発労働者の健康を害するばかりでなく，日本にある55の原子炉の安全を損なってきた。日本の原子力産業では，エリートとは，東京電力のような運転者や東芝や日立のような原発を建設し保守管理する製造業者である。これらの会社の下で，賃金，手当，放射能防護が段階を下がるごとに低下する請負，下請負，孫請負，……労働者が働いている。建築現場で雇われた者，臨時収入を求める農民，地方の暴力団に雇われた者もいるとされている。[23]

　作業環境の危険度に応じて賃金が増加するため，日雇労働者は原発に引き寄せられることになる。現在でも福島第一原発は危険な場所であるが，不景気の真っただ中を日本中から仕事を求めて労働者が集まってくる。東京電力は請負，下請，孫請労働者にリスクを押し付け，低賃金・非熟練労働者は健康を害し，原子炉の安全を脅かしている。日本の原発労働者の被曝レベルを追跡調査する政府付属機関の放射能影響委員会によれば，3月11日以降，原発労働者の放射能被曝を完全に探知することはできていない。[24]

継続的低線量放射能汚染の追跡調査

　福島第一原発事故による放射能汚染の被害を受けながら，原発の近隣あるいは周辺地域に住み続けるであろう人びとに対して，放射能の影響に関する長期的な調査研究が行われなければならない，とウォルドとグレディーは主張する。

　まず，未知の災害と放射能研究の苦悩についてである。ウォルドによれば，政府高官は福島第一原発の近隣に居住する人びとにとって安全な放射線量がどのくらいか苦悩する一方で，科学者たちも難問を抱えていたという。これまでの被曝の影響に関する研究は大部分が原爆から急激に放出された大量の放射線量に基づいていた。しかし，福島第一原発の事故によって生じた放射能の場合，

おそらく少量の放射線が長年にわたって放出されることになるであろう，と。
　一般的な仮定は，何十年も少量の放射線に被曝すれば，時がたてば癌の罹患率が高まる，というものである。しかしながら，この予測は数十年にわたって小規模の放射線に被曝した個々人の観測ではなく，1945年に長崎と広島に投下された原爆で急激かつ短時間被曝した人々に関するデータからの推定に基づいている。ところで，誰もが日常的に低レベルの自然界の放射能に被曝しており，胎児を除き一定の閾値未満では有害ではない，と主張する研究者がいる。一方，少量の付加的な放射線に被曝し続ける人びとの間で癌罹患率が高いことを示す統計的証拠がある，と主張する者もいる。
　福島原発周辺で被曝し続けている人びとの放射能の一部は内部被曝を起こしている。それは，食物や飲料水を汚染した放射性物質から生じる。[25] 福島第一原発事故による放射能の影響に関する研究は，内部被曝の測定も行われるがために，広島や長崎の生存者について行われた研究を超えるものとなるであろう，とグレディは主張する。[26]

6 ■ 原発複合体による環境犯罪とグリーン犯罪学

　福島第一原発事故の顛末について，国家―企業複合体による環境犯罪，グリーン犯罪学・社会正義，安全環境生活権と世代間正義の視点から検討する。そこから，「福島原発事故は，産官政学―原発・原子力複合体によって犯され，特定の人びとや地域に差異的に著しい被害をもたらしかつ犠牲を強いる。また，過去，現在，未来のすべての世代が安全な環境のなかで生活する権利，すなわち「安全環境生活権」という人権を侵害し危殆に晒す環境犯罪である」という結論を導く。その対処法として，刑事制裁（刑罰）を科すよりも，事故再発予防のための民主的かつ規制的で，柔軟性に富むシステムの構築が必要である。

原発事故の加害者，被害者，および科学者の社会的責任

　吉岡は福島原発事故の加害者，被害者，科学者の社会的責任について次のように論じる。

まず，福島原発事故の加害者について，事故の直接的な加害者は東京電力であるが，間接的な加害者は多岐にわたる。それは，東京電力による今回の加害行為に対して，因果関係の複雑かつ長大な連鎖によって結びついているさまざまな主体を指す。法的責任が問われることがなくとも，何らかの形で「注意義務」を怠り破局的事態に関与したという点で，社会的責任を問われる可能性がある。

　福島原発事故が起こるまで，日本の原子力の安全レベルが世界でトップクラスであるされていたが，事故の発生によって実際には大きく劣っていたことが判明した。その問題点として，①日本は世界有数の地震・津波国である，②政府が強く原発を推進しているが，政府内部で推進と規制が同居している，③沸騰水型軽水炉は安全性に問題のある原子炉であり，しかも老朽化が進んでいる，④過酷事故対策が不十分であった，⑤深刻な事態が起きたときに，日本政府に危機管理体制の構築能力が不足している，ことが挙げられる。事故発生後も，政府や東京電力の事故対処行動が緩慢で，ベント・海水注入・避難指示・外部電源の復旧等のあらゆる決定・指示が遅れた。また，非現実的な国際原子力事象評価尺度（INES事故評価）や事故収束行程表を直すのに時間を要し，SPEEDI問題にみられるように放射能汚染に関する国民への情報提供が著しく遅れ，放射能防護対策もきわめて緩慢であった。このような政府や東京電力の不適切な事故対応に対して，科学者たちは批判あるいは抗議をするなど責任ある行動をすることがなかった。[27]

　以上から，福島第一原発事故は，原子力関連施設の建設・運転に関するいわば種々の権限を有する特定の集団である政府，官僚，政治家，企業，学者によって惹起され，避難住民，周辺汚染地域の住民，農畜産業者・水産業者，原発事故処理作業員をはじめとするきわめて広範囲にわたる人びとが多大な危害を被り，今後も長期にわたって原発周辺や福島県ばかりでなく，少なくとも東日本地域に，ひいてはアジアや世界中に程度の差こそあれ放射能汚染の影響を及ぼすであろう。このような意味において，福島原発事故は著しい環境破壊を惹起した重大犯罪として捉えることができるであろう。

国家-企業複合体による環境犯罪

　ミカロウスキとクレイマーによって作り出された「国家-企業-犯罪」(state-corporate crime) というコンセプトは，福島第一原発事故の分析に有用な道具となると思われる。[28]

　電力会社と原子力産業は，政府が主催する原子力プログラムを支持し，輸出による収入を生み出し，より一般的には経済成長に貢献する。その限りにおいて，それらは国家と「インサイダー」の関係にあると言えるであろう。国家と電力会社の関係は複雑で，相互依存関係と特徴づけることができる。国家-企業複合体による犯罪は，国家と企業の共生関係の所産でもある。国家-企業複合体による犯罪を統制できるか否かは，この共生関係を破壊することができるかどうかにかかっている。

　さらに，国家-企業複合体による犯罪とその統制を考える際，本当に問題とされなければならないのは犯罪というよりは国家，企業，階級的権力関係の問題である。原子力発電所を抱える地方のコミュニティーは放射能汚染の危険に直面し，求職者が危険な仕事を得るために福島に集まって来た。そのために，階級的権力関係の現状とダイナミクス，その原子力政策との関係に注意を向けなければならない。都会と地方のコミュニティー，求職者と安定した労働者の間の格差はますます広がりつつある。「金持ちはますます安全に，貧乏人はますます危険に」は現代社会を表現するのに適切な警句となった。[29]

グリーン犯罪学・社会正義の基本理念とその発展

　地球温暖化，原油流出，大量の種の絶滅，生物多様性の減退，有毒環境，氷河の後退・消滅，水・大気・土壌汚染，有害廃棄物の焼却・違法輸出入，森林違法伐採，等々，地球環境は破壊され危機に陥っている。このような状況のなかで，人類は生存の危機に直面しているといっても過言ではないであろう。近年，グリーン犯罪学・社会正義という犯罪学に新たな理論が生まれ，世界中に拡大・発展している。

　キャラバインらは，環境に対する犯罪とグリーン犯罪学の課題について，次のようにまとめている。すなわち，第1に，21世紀における犯罪学の発展，

多様化,成熟過程の一部として,近年,環境犯罪に焦点をあてるグリーン犯罪学が発展してきた。第2に,環境犯罪は環境に関する国内法ならびに国際条約等に対する違反として発生するばかりでなく,搾取,汚職,そして,法,条約等の適用を逃れあるいは悪用する国家・企業活動によって発生する。第3に,グリーン犯罪はグローバルなリスク社会に特徴的に現れるがために,その枠組みのなかで捉えられなければならない。第4に,グリーン犯罪学は以下の4つの主要課題ととりくまなければならない。①あらゆる形態のグリーン犯罪を記述し,第1次グリーン犯罪と第2次グリーン犯罪のような基本類型と特徴を調べる。②グリーン犯罪に関する法の発展をチャートにし,問題状況の評価をする。③グリーン犯罪学と社会的不平等を関係づける。④新たな変革を起こすにあたってのグリーン社会運動ならびに反グリーン社会運動の役割を評価する,と。[30]

また,リンチとストレッキーは似て非なる二様のグリーン犯罪学の視点を比較しながら「グリーンの意味」を批判的に考察し,両者の違いに注意しなければならないと警告する。すなわち,一方で,企業の利益とつながり,企業的グリーン環境主義の形で再定義されるグリーンがある。彼らは,他方で,環境的正義に関心を抱く社会運動に共通な要素を強調するグリーンがあり,人種,階級,ジェンダー問題等々をグリーン犯罪学に取り込む後者が重要であるというのである。[31]

さらに,グリーン犯罪学・社会正義に関して考察する際には,環境犯罪と生態的不正義の政治経済と歴史的社会的コンテクストについて研究することが重要である。ホワイトによれば,現在発生している環境犯罪の大部分は,ネガティブな人間の介入,グローバルな資本主義政治経済,自然の理に反する諸々の活動に直接起因する。危害は地球全体に広まっているが,その強弱と現れ方は地域や人びとによって異なる。これらの危害は犯罪行為として法律に規定されていることもあるが,多くの場合はそうではない。それらは何事かが行われる通常の方法,態度,実践の一部にすぎないが,万人に災害をもたらすこともある。

この環境犯罪は,国際的に関心と重要性が高まっているトピックである。環境犯罪・危害に関する研究は過去10年間に著しく拡大した。環境犯罪の概念

化は既存のパラダイムに異議を申し立て,体系的で理論的な方法で環境危害と被害化を扱うことの重要性を人びとに確認させる。環境犯罪は主張者ごとに多様な定義づけがなされるが,人間,環境,人間以外の動物に対する危害に言及するのは共通である[32]という。

また,環境犯罪の強弱や範囲は個別事例の分析から明らかになる。特定の類型の環境に対する危害は,危害がきわめて限られた人びとの集団に特定される。換言するならば,環境に対する危害には,特定の生物圏,特定の動植物,人間社会の中で最も傷つきやすい最貧の人びとに対して同時に生じる搾取がしばしば含まれる。環境犯罪と生態的不正義は一定の歴史的社会的コンテクストのなかで生じる。その結果のひとつが,差異的被害化現象であり,種,生物圏,人間の諸集団はそれぞれ不平等に環境犯罪・危害にさらされているという[33]。

安全環境生活権と世代間正義

さらに,私たちの世代ばかりでなく,将来の世代も,すべての世代に環境的人権が保障されなければならないという「世代間正義」の視点が必要である。

ハイスキーズによれば,正義の問題に関して,現在そして将来のすべての人びとは,きれいな空気,水,土壌等の安全な環境のなかで生活する権利,すなわち「安全環境生活権」が保障されなければならない。将来の人びとの環境と現在の人々の環境は密接な関係にあり,将来の人びとの犠牲のもとに現在の人びとの安全環境が保障されることがあってはならず,世代を超える環境的正義の考え方が重要である。世代間正義と安全環境生活権という人権の概念は環境保護政策に新しく登場したものである。自然災害と気候変動に基づく事故がますます発生しやすくなっているコンテクストにおいて,そのような概念に基づく予防的アプローチがこれまでになく求められているという[34]。

このような視点からするならば,使用済み核燃料について「永久に収納し,人間による管理から外した状態に置く」いわゆる「地層処分」という処理方法は,将来の世代に責任転嫁する現世代の無責任な行動であり,将来に向かって「世代間不正義」を生み出すこととなろう[35]。

福島原発の事故によって,戦慄すべき甚大な人的・物的・環境的危害が発生しており,また将来に向かってもさらなる危害の拡大が予測されているが,事

故の対処として個人あるいは組織の責任に基づいて「刑事的制裁」(刑罰)を科すだけでは何も解決しないし，今後さらに，第2，第3の原発事故の発生が予測されることとなる。むしろ，現在までに発生した危害，また将来において発生するおそれのある危害の要因を除去し，そして，将来に向けた原発事故の再発防止のための新たなシステムを構築することが必要であろう。そのためには，産官政学-原発利益共同体を解体し，情報が十分に提供された国民の意思決定に基づき，中立公正な第三者機関のチェック機能が働く，原発の建設・運営・解体の民主的なシステムが構築されなければならない。さらに，近未来的には環境に危害をもたらしその悪影響が長期的に継続する原発社会から離脱し，自然エネルギーへの転換と共同体自治のシステムが構築されなければならないであろう。[36]

7 ■ 複雑性 (カオス，偶発性，臨界) と原発事故の発生

最後に，新たな視点として，福島原発事故のような大災害の発生のメカニズムに関する研究の端緒として，カオス理論が開発されている。それは，複雑システムの不規則で偶発的な動きを扱う数学モデルである。複雑なシステムにおいては，時間の経過とともにその動きが不規則になり，初期条件がわずかに変化するとまったく違った経路をたどり，通常は無視できるような小さな要素がときおり偶然に大きな事故を惹き起すことがある。カオス理論と複雑性の科学は，時間の経過とともに運動し変化するダイナミックなシステムの複雑な行動を観察し理解するための新しい科学モデルである。ここで，この新しい科学モデルにより複雑なメカニズムのなかで発生する原発事故について考察する。

危機の予見可能性の是非と安全対策の構造的欠陥・不備

(1) 安全性工学への疑問

加藤によれば，福島原子力発電事故には「確率論的合理主義」という制度的な原因がある。すなわち，現代の原子炉の安全性は確率論的合理主義に支えられ，発生する危険のある個別的な事態の確率を計算し，日常的なリスクよりもはるかに低い確率にするシステムが採用されてきた。他方，事故の法律的な評

価には「予見不可能性の抗弁を認める」過失責任と「予見不可能性の抗弁を認めない」無過失責任があり，「原子力損害の賠償に関する法律」(1961年6月17日公布，1962年3月15日施行) は無過失責任を採用している。しかしながら，原子炉の安全性の設計システムである「確率論的安全評価」は無過失責任ではなく過失責任に対応するシステムであり，これが福島原発事故の制度的な原因である。確率論的安全評価に関して，確率の根拠となるデータの確実性が低いこと，同一原因で複合事象が発生したときでも独立事象として計算する過ちを犯しやすいことが指摘されてきた。たとえば，冷却水の電源故障と予備電源の故障について，それぞれの確率が1万分の1で冷却不能になる確率は1億分の1と計算されるが，津波で2つの電源が同時に故障したならばそれらは独立事象でなく，この確率計算は誤りということになる。[37]

(2) 予見された危機と対策の不備

松井とベイザーマン＝ワトキンスによれば，自然災害に起因して生じる原子力発電所事故は予測できる危機であり，危機を想定した過酷事故対策がとられていなかったことが問題である。予測された危機はいつの世にもどの国にも存在し，社会の歴史はその危機による災禍のくり返しとさえいえるが，問題はそれに対して事前に対策が取り得るか否かである。たとえ危機が予見されても，組織がそれを回避するには多数の人，部局が能率的かつ効率的に行動する必要があり，縦割り構造はそれに対して有効ではない。いったん事故が起これば，社会システムとしてそれを防御する新たなシステムを構築する必要があるが，政治的レベルでは特殊な利益を代表する少数派がその試みを妨害し，骨抜きにすると指摘している。[38]

線形科学から非線形科学へ

(1) 偶然と必然を結ぶカオス

竹内によれば，偶然は避けることができず，確率論によってリスクを管理し，合理的意思決定理論によって不運を消滅させることはできない。すなわち，もしそれが発生すれば膨大な損失が発生するような，絶対起こってはならない現象に対しては，大数の法則や期待値に基づく管理とは別の考え方が必要である。近年，「誤差」や「ばらつき」として捉えられ，大数の法則によって「飼

いならす」ことができない別種の偶然が存在し、それが大きな意味をもつことが明らかになっている。

　偶然を扱う数学モデルとしてカオス理論が開発されている。それは決定論的な関係を満たすダイナミックなシステムでありながら、時間の経過とともにその動きが不規則になり、初期条件がわずかに変化するとまったく違った経路をたどるシステムで、長期予測は不可能である。それはランダム現象よりもはるかに多様な様相を示し、これによって現実の複雑な現象を記述できる。カオスは短時間の変化は決定論的であるが、長期変動は初期条件の微細な変化によって大きく変わるという点で偶然的である。それはある意味で必然と偶然を結び付けるものであり、きわめて多様な様相を示すが、現実の物理的、生物的、社会的システムをそのモデルによって理解することが今後の研究課題である。偶然は多様であり大数の法則によって解消されるようなものではなく、その多様なあり方をどのように理解し、それとどのようにとりくむかが21世紀の大きな課題であるという[39]。

(2) **不確実性とリスクの本質**

　タレブはその著書のなかで、稀にしか起こらない現象を表すたとえとして「ブラック・スワン」という言葉を用いる。「ブラック・スワン」は、多くの場合、過去の経験や既存の観念を超える形で起こり、その到来の予測は困難であるが、このような稀な現象こそが実際には人類の歴史を形成していくとする。今日における科学的真理は、専門家が統計処理を前提に、変数の分布から事態を予想し、対策を推奨する。しかしながら、専門家も予想できない「ブラック・スワン現象」についてわれわれは無力で、現在におけるあるいは未来に発展すると期待されるあらゆる科学的な知見を総動員しても、結局は「ブラック・スワン」を回避できない。「ブラック・スワン」の存在は以前からわかっていた。たとえば、古典力学系のなかに潜んでいた決定論的カオスは、微小な初期状態の差が大きな結果の違いにつながり、予測が原理的に難しくなる。また、システムに撹乱を与えるパラメーターが外部から来るオープンシステムでは、未来を予測することは不可能である。世界には線形の変化が起こるものと考えがちであるが、多くの変化は非線形的であり、「ブラック・スワン」がどこに潜んでいて、いつどのように出現するか、を簡単に予測することはできず、最善の

努力をしても「ブラック・スワン」を避けることはできないというのである。[40]

(3) ランダムな事象の蓄積のポジティブ・フィードバックによる拡大

ムロディナウによれば，1979年3月のスリーマイル島原発事故において，誰も予期していなかった出来事の連鎖が起き，核反応が起きる炉心が部分的にメルトダウンし，危険なレベルの放射能が環境中に放出されそうになった。漏水，弁のトリップ，弁の不具合，水の大量流出，計器不作動等，一つひとつを個別に見れば，それらの不具合はどれもありふれた許容し得る種類のものであったが，これらの不具合がひとつながりになったことで，原子力発電所がドタバタ劇を演じるような運転状態に陥った。ペローは，この事象の連鎖から生じた重大事故から，「複雑なシステムにおいては，通常は無視できるような小さな要素がときおり偶然に大きな事故を惹き起すことがある」とする「ノーマル・アクシデント理論」を導いた。すなわち，現代的なシステムは過ちを犯しやすい人間の意思決定を含む何千という部分で構成され，それらはラプラスの原子のように個別に追ったり予想したりすることが不可能な形で相互に関係し合っているが，ドランカーズ・ウォーク（迷走）を演じている原子が最終的にどこかに辿り着くように，事故も最終的には起きるという確かな事実がある。要するに，ノーマル・アクシデント理論は，なぜ物事が不可避的にときおり悪い結果になるか，を説明する理論である。[41]

(4) 複雑系犯罪学と原発事故

カオス理論は，時間の経過とともに運動し変化するダイナミックなシステムの複雑な行動を観察し理解するための新しい科学モデルである。これらのシステムの特徴は無秩序でカオス的な行動にあり，カオス学は非線形的な振舞，ランダムネスの背後に潜む秩序について研究する。ヤングによれば，カオス学は，科学の任務を普遍的法則，予測可能で確実で安定した真実を追求することから，変化とランダムネスの要素について検討することへと変える。カオス理論においては，これまで変則，異常，ノイズとして無視されてきた要因に注意が向けられる。カオス理論は，①反復，②分岐，③初期条件に対する鋭敏性，④アトラクター（ひきつけるもの，軌道が近づく極限），⑤フラクタル空間（分割されたどんな小さな部分でも全体に相似している空間），⑥自己組織性，⑦散逸構造，等々，複数の相互に関係する原理の集積と考えられる。カオス理論によって，

複雑なメカニズムのなかで発生する原発事故を捉え，さまざまな問題を提起することができるであろう。[42]

(5) 自己組織化臨界状態理論とディープ・セキュリティー

バックほかによれば，カタストロフ（破局）が起こったとき，分析者たちはそれを特殊な状況が重なったものとみるか，強力ないくつかのメカニズムの組み合わせによると考える。しかし，株式市場や生態系，地球の地殻等，大規模で複雑な系は，強力な一撃によってだけでなく，ほんのちょっとしたことによっても崩壊する可能性がある。自己組織的臨界状態理論によれば，相互作用のある大規模系は，臨界状態へと絶え間なく自己を組織しており，その状態ではちょっとしたことが連鎖反応を起こして破局に至ってしまうことがあるという。[43]

この自己組織臨界状態は「砂山の実験」にみられ，うずたかく積み上がった山がいつ崩れるかは誰にもわからないが，最後の一粒の砂が大崩壊を引き起こすかもしれない。ラモによれば，世界の複雑性，不確実性，偶然性を考慮せずに，すべてを予測可能であるとして，専門家による集中的な検討とシステマティックな実行をすることは失敗に終わる可能性が高い。むしろ，リスクを閉じ込めるのでなく，自らの社会やシステムを柔軟にし，すべてを予測することはできないとして，想定外の事態の発生を前提に，事故の衝撃を弱めることに専念すべきである。想定外危機の時代においては，ミクロでなくマクロに物事を見ること，リスクを特定の要因に還元せず，自らのシステムの柔軟性と復元力を高めること，より多くの人々が問題解決に参加できる仕組みを構築することが重要であるといわれている。[44]

8 ■ むすびに

福島第一原子力発電所の事故は，日本の人々ばかりでなく，アジアの近隣諸国，ひいては世界中の人びとに放射能汚染の脅威を与えている。原発の近くに住んでいた人びとは避難し，仕事，家，通常の家族生活など，大災害以前に持っていたものをほとんどすべて失った。この影響は，今後，何年，何十年と続いていくであろう。

この大災害は，人びとの安全よりも利益を優先する政府と東京電力の共生関係によって，構造的に惹き起こされた。この大災害は未曾有の巨大な放射能汚染を惹き起こし，そして惹き起こし続け，また私たちの世代ばかりでなく将来の世代にもきわめて長期にわたって大規模でネガティブな影響を及ぼすであろう。たとえば，甲状腺疾患や白血病が将来に向かって次第に増加するという恐ろしい予測もある。

　このような意味において，福島第一原子力発電所の事故は，大規模な人災，産官政学—原発・原子力複合体による環境に対する重大犯罪のひとつ，そして時間（過去，現在，未来）と空間（ローカル，グローバル，コズミック）を横断する「時空横断的環境犯罪」と評価することができるであろう。しかしながら，事故の対処として「刑事的制裁」（刑罰）を科すだけでは何も解決せず，さらなる原発事故の発生が予測される。むしろ，将来に向けた原発事故の再発防止のための民主的かつ規制的な新たなシステムを構築することが必要であろう。

　最後に，「カオス理論」「複雑系の科学」という新たな視点で，福島原発事故のような大災害の発生のメカニズムに関して，原子力発電所のような複雑システムにおいては，小さな要素がときおり偶然に大きな事故を惹き起すことがあることを示した。想定外危機の時代においては，複雑システムの柔軟性と復元力を高め，より多くの人びとが問題解決に参加できる仕組みを構築することが重要である。「カオス理論」や「複雑系の科学」は，時間の経過とともに運動し変化するダイナミックなシステムの複雑な行動を観察し理解し行動するための新しい科学モデルであり，今後，原発事故のような複雑なメカニズムのなかで発生する事故等について研究が進展し，さまざまな問題提起がなされるであろう。

[註]
1) Onishi, N., and M. Fackler, "Japan Held Nuclear Data, Leaving Evacuees in Peril", International Herald Tribune, August 9, 2011.
2) Onishi, N. and M. Fackler, op. cit.; 鈴木秀美「リスク・コミュニケーションの課題——福島第一原発事故への政府対応を中心に」ジュリスト1427号（2011年）58-64頁，リーダーズノート編集部『原発・放射能クライシス〜このままでは日本が滅ぶ』（リーダーズノート，2011年）。
3) Tabuchi, H., N. Onishi, and K. Belson, "Japan Extended Reactor's Life, Despite Warning", International Herald Tribune, March 21, 2011；エントロピー学会編『原発廃炉に向けて——福

島原発同時多発事故の原因と影響を総合的に考える』(日本評論社, 2011年), 奥山俊宏『ルポ東京電力――原発危機1カ月』(朝日新聞出版, 2011年), 原子力資料情報室『検証 東電原発トラブル隠し』(岩波書店, 2002年), 安冨歩『原発危機と「東大話法」』(明石書店, 2012年), 樫本喜一編『坂田昌一――原子力をめぐる科学者の社会的責任』(岩波書店, 2011年), 高木仁三郎『原発事故はなぜくりかえすのか』(岩波書店, 2000年), 広瀬隆・保田行雄・明石昇二郎『福島原発事故の「犯罪」を裁く』(宝島社, 2011年).

4) Tabuchi, H., N. Onishi, and K. Belson, op. cit.；安斎育郎『福島原発事故――どうする日本の原発政策』(かもがわ出版, 2011年), 鎌田慧『原発暴走列島』(アストラ, 2011年), 原発老朽化問題研究会編『まるで原発などないかのように～地震列島, 原発の真実』(現代書館, 2008年), 井野博満「"老朽化"原発の課題」科学77巻11号 (2007年) 1124-1130頁, 井野博満「老朽化する原発～特に圧力容器の照射脆化について」科学81巻7号 (2011年) 658-667頁, 鎌田慧『原発列島を行く』(集英社, 2001年).

5) Onishi, N., and K. Belson, "Culture of Complicity Tied to Stricken Nuclear Plant", International Herald Tribune, April 26, 2011；開沼博『「フクシマ」論～原子力ムラはなぜ生まれたのか～』(青土社, 2011年), 吉岡斉『新版 原子力の社会史～その日本的展開』(朝日新聞出版, 2011年), 吉岡斉「原子力介護政策に根拠はあるか」現代思想35巻12号 (2007年) 194-209頁, 七尾和晃『原発官僚～漂流する亡国行政』(草思社, 2011年), 内橋克人『日本の原発, どこで間違えたのか』(朝日新聞出版, 2011年), 飯田哲也・佐藤栄佐久・河野太郎『「原子力ムラ」を超えて――ポスト福島のエネルギー政策』(NHK出版, 2011年).

6) Onishi, N., and K. Belson, op. cit.；山本義隆『福島の原発事故をめぐって――いくつか学び考えたこと』(みすず書房, 2011年), 志村嘉一郎『東電帝国, その失敗の本質』(文芸春秋社, 2011年).

7) Onishi, N., and M. Fackler, "Japanese Officials Ignored or Concealed Dangers", Internatonal Herald Tribune, May 16, 2011；石橋克彦『原発震災――警鐘の軌跡』(七つ森書館, 2012年), 石橋克彦「原発震災――破滅を避けるために」科学81巻7号 (2011年) 708-722頁, 「科学」編集部編『原発と震災――この国に建てる場所はあるのか』(岩波書店, 2011年), 広瀬隆『原子炉時限爆弾――大地震におびえる日本列島』(ダイヤモンド社, 2010年), 新潟日報社特別取材班『原発と地震――柏崎刈羽「震度7」の警告』(講談社, 2009年), 広瀬隆『棺の列島――原発に大地震が襲いかかるとき～』(光文社, 1995年), Takemura, N., "Criticality of Complex System: Nuclear Power Plant, Earthquake and Environment — Are nuclear power plants on earthquake-prone islands 'safe panacea' or 'catastrophe'? —", 下村康正・森下忠・佐藤司編『刑事法学の新展開――八木國之博士追悼論文集』(酒井書店, 2009年), Takemura, N., "Environmental Risks/Crimes of Nuclear Power Plant and Complexity Green Criminology: Anatomy of Problematique around Nuclear Power Plant, Earthquake and Environment", 桐蔭論叢19号 (2008年) 81-88頁.

8) Onishi, N., and M. Fackler, op. cit.；海渡雄一『原発訴訟』(岩波書店, 2011年), 河合弘之・大下英治『脱原発』(青志社, 2011年).

9) 尾内隆之・本堂毅「御用学者がつくられる理由」科学81巻9号 (2011年) 887-895頁.

10) Fackler, M., and N. Onishi, "Japan's Nuclear Dependency", International Herald Tribune, May 31, 2011；鎌田慧『日本の原発危険地帯』(青志社, 2011年), 八木正『原発は差別で動く――反原発のもうひとつの視角 [新装版]』(明石書店, 2011年).

11) Fackler, M., and N. Onishi, op. cit.；明石昇二郎『原発崩壊～想定されていた福島原発事故 [増

補版]』(金曜日, 2011年), 清水修二『原発になお地域の未来を託せるか, 福島原発事故——利益誘導システムの破綻と地域再生への道』(自治体研究社, 2011年), 清水修二「原子力財政を国民の手に～「利益のシステム」から「理性のシステム」へ」科学81巻7号 (2011年) 676-679頁.

12)　樫本喜一「リスクのブラックホール——不可視化されたリスクが露呈した福島原発震災」科学81巻7号 (2011年) 699-703頁, 小出裕章『隠される原子力, 核の真実——原子力の専門家が原発に反対するわけ』(創史社, 2010年), 尾内隆之「だれが原子力政策を決めるのか」科学77巻11号 (2007年) 1164-1167頁, Beck, U., Risikogesellschaft: Auf dem Weg in eine andere Moderne, Frankfurt am Main: Suhrkamp, 1986 (東廉・伊藤美登里訳『危険社会』法政大学出版局, 1998年), Peretti-Watel, P., La société du risque, Paris: La Decouvarte, 2001。

13)　Onishi, N., " 'Safety Myth' Left Japan Ripe for Nuclear Crisis", International Herald Tribune, June 24, 2011；川村湊『福島原発人災記——安全神話を騙った人々』(現代書館, 2011年), 広瀬隆・明石昇二郎『原発の闇を暴く』(集英社, 2011年), 鬼塚英明『黒い絆, ロスチャイルド, 原発マフィア』(成甲書房, 2011年), 桜井淳『原子力発電は安全ですか？』(論創社, 2012年), Curtis, R., E. Hogan, and S. Horowitz, Nuclear Lessons: An Examination of Nuclear Power's Safety, Economics and Political Record, Armonk: Baror International, 1980 (近藤和子・阿木幸男訳『原子力その神話と現実 [増補新装版]』紀伊國屋書店, 2011年), 武田徹『私たちはこうして「原発大国」を選んだ』(中央公論社, 2011年), 田中三彦『原発はなぜ危険か——元設計技師の証言』(岩波書店, 1990年), 高木仁三郎『原発事故——日本では？』(岩波書店, 1986年)。

14)　Mackey, R., "A Look at the Nuclear Accident Scale", International Herald Tribune, April 12, 2011；広瀬隆『FUKUSHIMA 福島原発メルトダウン』(朝日新聞出版, 2011年), 石川迪夫『原子炉の暴走——臨界事故で何が起きたか [第2版]』(日刊工業新聞社, 2011年), 桜井淳『原発事故の科学』(日本評論社, 2011年)。

15)　Belson, K., "Filtering of Tainted Water Begins at Japanese Plant", International Herald Tribune, June 17, 2011.

16)　Fackler, M., "Report Finds Japan Underestimated Tsunami Danger", International Herald Tribune, June 1, 2011；桜井淳『福島第一原発事故を検証する——人災はどのようにしておきたか』(日本評論社, 2011年)。

17)　Garett, L., "Chernobyl's Lessons for Japan", International Herald Tribune, March 17, 2011.

18)　「特集　チェルノブイリの教え」科学81巻11号 (2011年), Mycio, M., Wormwood Forest: A Natural History of Chernobyl, Joseph Henry Press, 2005 (中尾ゆかり訳『チェルノブイリの森——事故後20年の自然誌』NHK出版, 2007年)；Belbeoch, B., et R. Belbeoch, Tchernobyl, Une Catastrophe, Éditions Allia, 1993 (桜井醇児訳『チェルノブイリの惨事 [新装版]』緑風出版, 2011年)；Medvedev, Z.A., The Legacy of Chernobyl, Oxford: Basil Blackwell, 1990 (吉本晋一郎訳『チェルノブイリの遺産』みすず書房, 1992年)；Alexievich, S., Chernobyl's Prayer, Köln: Dursthoff, 1997 (松本妙子訳『チェルノブイリの祈り——未来の物語』岩波書店, 2011年), 小出裕章『放射能汚染の現実を超えて』(河出書房新社, 2011年), 松岡信夫『ドキュメント　チェルノブイリ [新装版]』(緑風出版, 2011年), 原子力資料情報室編著『チェルノブイリ原発事故——25年目のメッセージ』(岩波書店, 2011年), 佐藤幸男・和田あき子『チェルノブイリから何を学んだか』(岩波書店, 1996年), 広河隆一『チェルノブイリ報告』(岩波書店, 1991年)。

19)　Garett, L. op. cit.; Meshkati, N., "Nuclear safety is not local", International Herald Tribune, September 24-25, 2011; Basdevant, J.-L., Maîtriser Le Nucléaire: Que sait-on et que peut-on faire après Fukushima, Paris: Eyrolles, 2011; Irvine, M., Nuclear Power: A Very Short Introduction, New York: Oxford University Press, 2011；桜井淳『新版　原発のどこが危険か――世界の事故と福島原発』(朝日新聞出版, 2011年), 広河隆一『暴走する原発』(小学館, 2011年), 広河隆一『福島　原発と人びと』(岩波書店, 2011年), 武田邦彦『原発大崩壊！第2のフクシマは日本中にある』(KKベストセラーズ, 2011年), 明石昇二郎『原発崩壊――誰も想定したくないその日』(金曜日, 2007年), 坂昇二・前田栄作 (小出裕章監修)『完全シミュレーション　日本を滅ぼす原発大災害』(風媒社, 2007年), 七沢潔『原発事故を問う――チェルノブイリからもんじゅへ』(岩波書店, 1996年), 鈴木達治郎「「原子力ルネッサンス」の期待と現実」科学77巻11号 (2007年) 1187-1192頁, 高木仁三郎『原子力神話からの解放～日本を滅ぼす九つの呪縛』(講談社, 2011年), 中野洋一『〈原発依存〉と〈地球温暖化論〉の策略――経済学からの批判的考察』(法律文化社, 2011年), Smith, B., Insurmoutable Risks: The Dangers of Using Nuclear Power to Combat Global Climate Change, Takoma Park, ML: IEER Press, and Muskegon, MI and Berkeley, CL: RDR Books, 2007, 大島堅一『原発のコスト――エネルギー転換の視点』(岩波書店, 2011年).

20) Ban, Ki-M., "A Visit to Chernobyl", International Herald Tribune, April 25, 2011；「特集：核と原発」科学81巻12号 (2011年).

21) Jolly, D. and Grady, D., "Anxiety Up as Tokyo Issues Warning on Its Tap Water", International Herald Tribune, March 23, 2011; Pollack, A., Belson, K. and Drew, K., "Company Says Radioactive Water Leak at Japan Plant Is Plagged", International Herald Tribune, April 5, 2011; Tabuchi, H., "Radiation-Tainted Beef Spreads Through Japan Markets", International Herald Tribune, July 18, 2011.

22) 水野倫之・山崎淑行・藤原淳登『緊急解説！福島第一原発事故と放射線』(NHK出版, 2011年), 武田邦彦『原発事故――残留汚染の危険性』(朝日新聞出版, 2011年), 神保哲夫・宮台真司『地震と原発――今からの危機』(扶桑社, 2011年).

23) Tabuchi, H., "Braving Heat And Radiation For Temp Job", International Herald Tribune, April 10, 2011；鈴木智彦『ヤクザと原発――福島第一潜入記』(文芸春秋, 2011年).

24) Tabuchi, H., Braving, op. cit.；堀江邦夫『原発ジプシー――被曝下請け労働者の記録［増補改訂版］』(現代書館, 2011年), 堀江邦夫『原発労働記』(講談社, 2011年), 日本弁護士連合会編『検証　原発労働』(岩波書店, 2012年), 藤田祐幸『知られざる原発被曝労働――ある青年の死を追って』(岩波書店, 1996年).

25) Wald, M.L., "Radiation's Unknowns Weigh on Japan", International Herald Tribune, June 6, 2011；石田葉月「低線量被ばくとどう向き合うか」科学82巻1号 (2012年) 77-80頁, 沢田昭二「放射線による被曝影響～原爆の放射性降下物による内部被曝」科学81巻9号 (2011年) 918-923頁.

26) Grady, D., "Radiation Is Everywhere, but How to Rate Harm?", International Herald Tribune, April 4, 2011.

27) 吉岡斉「福島原発事故と科学者の社会的責任」科学81巻9号 (2011年) 874-880頁, 吉岡斉「原子力政策の現在を検証する」科学77巻11号 (2007年) 1168-1174頁, 木原英逸「見失われた「批判」――今次大震災／原発災害と科学技術論の責任」科学81巻9号 (2011年) 928-933頁, 中島映至「原発事故：危機における連携と科学者の役割」科学81巻9号 (2011年) 934-938頁, Allegre, C., et D. De Montvalon, Faut-il Avoir Peur du Nucleaire?, Plon, 2011 (中村栄三監修・林昌宏訳『フランスからの提言――原発はほんとうに危険か？』原書房, 2011年).

28) Michalowski, R.J. and Kramer, R.C., State-Corporate Crime: Wrongdoing at the Intersection of Business and Government, Piscataway, NJ: Rutgers University Press, 2006.
29) Faber, D., "Capitalising on Environmental Crime: A Case Study of the U.S.A. Polluter-Industrial Complex in the Age of Globalization", in K. Kangaspunta, and I.H. Marshall (eds.), Eco-Crime and Justice: Essays on Environmental Crime, Turin: UNICRI, 2009, pp. 79-104. 警句は、Reiman, J., and P. Leighton, The Rich Get Richer and The Poor Get Prison: Ideology, Class, and Criminal Justice, 9th ed., Needham Height, MA: Pearson Education, 2010（宮尾茂訳『金持ちはますます金持ちに貧乏人は刑務所へ――アメリカ刑事司法制度失敗の実態～』花伝社、2011年）から作成した表現である。
30) Carrabine, E., P. Iganski, M. Lee, K. Plummer, and N. South, Criminology : A Sociological Introduction, London and New York: Routledge, 2004.
31) Lynch, M.J., and P.B. Stretsky, "The meaning of green: Contrasting criminological perspectives", Theoretical Criminology, vol.7 No.2, 2003, pp. 217-238.
32) White, R., Crimes Against Nature: Environmental Criminology and Ecological Justice, Devon: Willan Publishing, 2008; White, R., Transnational Environmental Crime: Toward an eco-global criminology, London and New York: Routledge, 2011.
33) White, R., Transnational Environmental Crime: Toward an eco-global criminology, London and New York: Routledge, 2011; Takemura, N., "Factitious Catastrophe, Global Warning, and Chaos/Complexity Green Criminology/Justice --- Tug-of-war: environmental 'injustice' vs. 'green social justice' 1 ---", 桐蔭論叢21号（2009年）83-93頁, Takemura, N., " 'Criticality of Global Environmental Crises' and Prospects of 'Chaos/Complexity Green Criminology': Spreading environmental 'injustice' and struggle for 'chaos/complexity green justice' " 川端博・椎橋隆幸・甲斐克則編『立石二六先生古稀祝賀論文集』（成文堂、2010年）1000(57)-984(73)頁.
34) Hiskes, R.P., The Human Right to a Green Future: Environmental Rights and Intergenerational Justice, London: Cambridge University Press, 2008.
35) 斎藤誠『原発危機の経済学――社会科学者として考えたこと』（日本評論社、2011年）、飯高季雄『次世代に伝えたい原子力重大事故＆エピソード』（日刊工業新聞社、2011年）、槌田敦『原子力に未来はなかった』（亜紀書房、2011年）、小出裕章『原発のウソ』（扶桑社、2011年）、藤村陽「高レベル放射性廃棄物の地層処理問題」科学77巻11号（2007年）1133-1140頁。
36) 下山憲治「原子力事故とリスク・危機管理」ジュリスト1427号（2011年）100-106頁、平川秀幸「信頼に値する専門知システムはいかにして可能か～「専門知の民主化／民主制の専門化」という回路」科学81巻9号（2011年）896-903頁、橘川武郎『原子力発電をどうするか――日本エネルギー政策の再生に向けて』（名古屋大学出版会、2011年）、鶴見俊輔・澤地久枝・奥平康弘・大江健三郎『原発への非服従～私たちが決意したこと』（岩波書店、2011年）、鎌田慧『さようなら原発』（岩波書店、2011年）、Compact e. V., Abschalten! Warum mit Atomkraft Schluss sein muss und was wir alle dafür tun können, Frankfurt am Main: Fischer Taschenbuch Verlag, 2011, 吉田文和・吉田晴代「原子力をめぐるリスクと倫理～ドイツ倫理委員会報告におけるリスク認識」科学82巻1号（2012年）88-92頁、ミランダ・A・シュラーズ『ドイツは脱原発を選んだ』（岩波書店、2011年）、Belbeoch, R., et B. Belbeoch, Sourtir du nucléaire. C'est possible avant la catastrophe, 3.ed., Paris: L'Esprit Frappeur, 1998（桜井醇児訳『原発の即時停止は可能だ』緑風出版、2007年）；村岡到編『脱原発の思想と行動――原発文化を打破する』（ロゴス、2011年）、飯田哲也「原発依存社会からの離脱――地域から「第4

の革命」を引き起こす」科学81巻7号（2011年）642-649頁，宮台真司・飯田哲也『原発社会からの離脱～自然エネルギーと共同体自治に向けて』（講談社，2011年），飯田哲也・鎌仲ひとみ『今こそ，エネルギーシフト──原発と自然エネルギーと私達の暮らし』（岩波書店，2011年），市田良彦・王子賢太・小泉義之，桂秀美・長原豊『脱原発「異論」』（作品社，2011年），『別冊日経サイエンス183　震災と原発』（日経サイエンス社，2012年）。

37) 加藤尚武『災害論～安全工学への疑問』（世界思想社，2011年）。
38) 松井孝典「この一冊　予測できた危機をなぜ防げなかったのか？　マックス・H・ベイザーマン＝マイケル・D・ワトキンス著」日本経済新聞2012年1月22日19面，Baseman, M.H., and M.D. Watkins, Predictable Surprises: The Disasters You Should Have Seen Coming, and How to Prevent Them, Harvard Business Review Press, 2004（奥村哲史訳『予測できた危機をなぜ防げなかったのか？──組織・リーダーが克服すべき3つの障壁』東洋経済新報社，2011年）。
39) 竹内啓『偶然とは何か──その積極的意味』（岩波書店，2010年），竹内啓「確率的リスク評価をどう考えるか」科学82巻1号（2012年）63-67頁，Diacu, F., Megadisasters: The Science of Predicting the Next Catastrophe, Princeton University Press, 2009（村井章子訳『科学は大災害を予測できるか』文芸春秋，2010年）。
40) Taleb, N.N., The Black Swan: The Impact of the Highly Improbable, Random House, 2007（望月衛訳『ブラック・スワン上下』ダイヤモンド社，2009年）。タリブの主張内容は，茂木健一郎「世界は予期できぬものであるがゆえにナッシム・ニコラス・タレブ『ブラック・スワン』」現代思想7月臨時増刊号39巻9号（総特集震災以降を生きるための50冊〜〈3・11〉の思想のダイアグラム）（2011年）を要約した。
41) Mlodinow, L., The Drunkard's Walk: How Randomness Rules Our Lives, Pantheon, 2008（田中三彦訳『たまたま～日常に潜む「偶然」を科学する』ダイヤモンド社，2009年）
42) Young, T.R., "Challenges: For a Postmodern Criminology", in D. Milovanovic (ed.), Chaos, Criminology, and Social Justice: The New Orderly (Dis) Order, Westport, CT and London: Praeger, 1997, pp. 29-51; Young, T.R., "The ABCs of Crime: Attractors, Bifurcations, and Chaotic Dynamics", in D. Milovanovic (ed.), Chaos, Criminology, and Social Justice: The New Orderly (Dis) Order, Westport, CT and London: Praeger, 1997, pp. 77-96; Walter, G.D., "Crime and Chaos: Applying Nonlinear Dynamic Principles to Problems in Criminology", International Journal of Offender Therapy and Comparative Criminology, Vol.43 No.2, 1999, pp. 134-153; Takemura, N., "Beyond Criminology: Emerging New Paradigm of Complexity Criminology. Chaos, Contingency and Criticality", 犯罪と非行に関する全国協議会編『JCCD機関誌百号記念論文集』JCCD100号（2007年）233-220頁。
43) Bak, P., and K. Chen, "Self-Organized Criticality", Scientific American, No.264, 1991, p.46（山口昌哉・木坂正史訳「大地震や経済恐慌を説明する自己組織的臨界状態理論」合原一幸編『別冊日経サイエンス120　複雑系がひらく世界──科学・技術・社会へのインパクト』日経サイエンス社，1997年，92-101頁）；Williams III, F.P., Imagining Criminology: An Alternative Paradigm, NewYork and London: Garland, 1999.
44) 宇野重規「この一冊　不連続変化の時代　ジョシュア・クーパー・ラモ著」日本経済新聞2010年1月31日19面，Ramo, J.L., The Age of the Unthinkable: Why the New World Disorder Constantly Surprises Us and What We Can Do About It, Little, Brown and Company, 2009（田村義延訳『不連続変化の時代～想定外危機への適応戦略』講談社インターナショナル，2009年），広瀬弘忠「複合災害の時代に欠くことのできない災害対策と災害弾力性」科学82巻1号（2012

年)93-99頁. Takemura, N., " 'Criticality of Environmental Crisis' and Prospect of 'Complexity Green Criminology' ", 桐蔭論叢17号(2007年)5-11頁。

＊本研究は，科学研究費補助金・基盤研究(C)の助成を受けた研究（課題番号：20530060，研究課題名：地球環境危機における複雑系グリーン犯罪学に関する研究，研究代表者：竹村典良，研究期間：2008年〜2011年度）の成果の一部である。

〔竹村　典良〕

9 経済・企業犯罪研究からみた福島原発事故

1 ■ はじめに

　ここ仙台での出来事はどちらかといえば超現実的なものであるが，いろいろと助けてくれる友人に出会えて私はとても幸せです。私は今も友人の家にお世話になっています。私たちは水，食料，ストーブなどを融通しあって生活しています。私たちは一つの部屋で川の字になって眠り，ろうそくの明かりで食事をし，互いの話を共有しています。このような生活は暖かく，親密で，美しいものです。私たちは一日中，助け合いながらすっかり散らかってしまった私たちの家をきれいに片付けようとしています。人々はカーナビの画面でニュースを見たり，飲み水を手に入れるために行列に並んだりしています。自宅の水道が使える人は，そのことを示して，他の人がその水を使えるようにしています。本当に驚くべきことに，私のいるところでは，略奪や行列への割り込みはありません。人々は地震が起きたときに安全であるように，家の玄関を開けておきます。人々が助け合って生活していた時代には，みんなそうして暮らしていたものだ，と人々は口々にいっています。

　この文章は，2万人あまりの命を奪い，とてつもない破壊をもたらした大津波が日本の東北地方を襲った2週間後に，私のコンピューター上のメールボックスに届いたものである。この津波は福島第一原子力発電所事故——その発生と性質が本稿の中心的なテーマである——を引き起こした。原発事故について論じる前に，今一度，この電子メールの文章に，そして，それが伝えたかったことに触れておこう。そこにある社会的連帯に関する記述は，心温まるもので

あり，災害時に見られる人々の行動の一側面を捉えている。たとえばそれは，現代日本社会における何かであり，あるいは，アメリカの社会学者Harvey Sacks[1]が「公共的惨事の統合機能」として指摘した，より普遍的な何かである。Sacksが認めたように，そのような出来事は「人々の感情を，公的に動員可能なものにし，匿名の集団に対して説明可能なものにする」。こうして，そのような出来事は日常生活を規制し，それを担っている社会機構によって通常は閉め出されている，他者に対する共感的な行動の可能性をつくり出す。

　この潜在的な機構は，なぜ災害は物質的な損害だけでなく社会的な混乱を引き起こすのか，そして，なぜ災害は政治的な論争や社会の常態性という感覚を再び確立する緊急の必要性と関連があるのか，についても関係する。根本的には，災害は秩序の喪失を生み出し，それは，人間の感覚が耐えられないと判断するものである[2]。新しい秩序の感覚を見つけるためには，しばしば競合する解釈の間での選択という葛藤を必要とする。このような視覚からは，この種の解釈に伴う葛藤は驚くものではない。それは，社会的に受容された異なる生き方についての社会的，文化的，道徳的選択における葛藤と同じように密接に結びついている。そのような葛藤の結果はしばしば，たとえば，抗レトロウイルス薬が使用される以前の時代にエイズの流行と共に起こった「恐怖，パニック，疑心，スティグマの発生」といった社会病理と関連する[3]。

　そこにおいてそれぞれの利害関係者は，なぜそれが起こったのか，そしてその責任は誰にあるのかについてのまったく異なる理解の仕方を提出することができるのであるが，厄介な出来事について時になされる正反対の解釈は，よくある大災害の余波を形作る。そのような説明は，社会秩序の維持や時に生じる再協議において重要な役割を果たす[4]。そのような性質のいくつかは，社会学者でありエンジニアであるAlan Mazurによって，その著書である『A Hazardous Inquiry』[5]において明らかにされている。本書において彼は，1970年代後半に米国のナイアガラの滝がある市の近くで起こった汚染災害についての並列する複数の説明を検討している。Mazurは表面上，客観的な出来事のように見えるものについて強固に保持された異なる解釈に対応する複数の合理性を捉えるために，「羅生門効果」という言葉をつくった。もちろん，ここで彼は古典とされる映画『羅生門』に言及している。それは日本の偉大な映画監

督である黒澤明によって作られた映画であり，侍が命を落とすその状況についてのそれに関与する諸個人のそれぞれに異なる説明を取り上げたものである。

本稿では，福島第一原子力発電所事故についてこれまでになされた，そしてなされるであろう解釈とは異なる解釈の仕方を検討する。そうすることで，この種の出来事固有の曖昧さと，この種の出来事に伴う政治的・法的難問を描き出す。本稿の分析は詳細な実証的調査には基づいていない。それゆえ，本稿の結論はある程度推測的なものである。にもかかわらず本稿は，災害によって生じた社会的混乱の性質や，それが帰結する解釈的，記述的可能性のいくつかを捉えることができたと考えている。

2 ■ 福島原発事故

本事故について，客観的な現象だとみなされうる範囲において，何が起こったのかに関してわれわれが理解しているところを示しておくことは有益であろう。ここでわれわれは，コメンテイターや関係者の間で広く合意があるとされる種々の説明の特徴に注目する。

本事故は，東京電力に管理される6基の沸騰水型原子炉から成る，福島第一原子力発電所に影響を与えた。本原子力発電所は，一連の設備上のミスにみまわれた。それは，原子炉を冷却する装置の作動を妨げ，原子炉のメルトダウンやそれに続く放射性物質の周辺環境への放出を引き起こした。これらの出来事は，2011年3月11日に発生した東北地震の際にもたらされた津波によって生じたものである。本事故は，津波に襲われた後，長時間にわたって生じた。

被害の大きさからいえば，本事故は1986年に当時のソビエト連邦におけるチェルノブイリ事故以後最大級の原発事故であろう。日本政府は本事故の対策に乗り出し，本原発から20キロ圏内を避難区域とし，当該区域で産出された食料の販売を禁止した。政府はまた過熱した原子炉を冷却するために，原子炉に海水を注入するよう命じた。それは，原子力発電所にさらなる深刻な被害をもたらすものとなり，それ以後の原子炉の使用を不能にするものであった。その緊急事態において，日本政府と東京電力は，世論とのコミュニケーションが不足していたこと，また，緊急時の対応の在り方，遅さ——それは行き当たり

ばったりで組織化されていなかったと指摘されたものである——が国際メディアにおいて非難された。約10日後に，政府は本原子力発電所を閉鎖すること，そして，40年あまり続くと見積もられる汚染除去作業を開始することを公表した。

　事故に続く数ヶ月の間，国内外での様々な種類の調査や議論の嵐のなかで，原発事故に関するいくつかの重要な質問への回答が求められた。原発事故は目下のところ災害として描かれてはいなかった。もちろん，そのミスは甚大な自然現象によって引き起こされたものである。けれども，東京電力や政府は事故に対してより適切な対応策を事前に準備しておくべきではなかっただろうか。もしそうならば，誰が責められるべきだろうか。

　本事故を理解しようとする努力の中で，日本の当局は，緩い基準と原子力産業への不活発な監視が本惨事の原因であると認めた。日本の総理大臣経験者の一人は，津波に襲われる危険のある海岸間近に原子力発電所を立てるべきではなかったと述べた。政府が指名した調査委員会は東京電力の緊急事態対応マニュアルのコピーの提出を求めたが，提出されたのはその内容がぼやかされたものであった。委員会が再度の提出を求めたところ，資料は最終的に明らかとなり，そこには，たとえ重大な事故が起こったとしても，緊急時の電源は確保できる——その予測が間違いであったことが明らかとなったのであるが——と東京電力が想定していたことが示されていた。2008年に提出された報告書では，その防護壁の妥当性について疑問を呈する者がいたにもかかわらず，結局，東京電力の担当責任者は原子力発電所への津波からの防護壁をより高くするという決定は行わなかった。2012年に出された福島原発事故独立検証委員会（財団法人日本再建イニシアティブ）による報告書（目下のところ英語によるものは入手できない）では，その防護壁を強化するために東京電力に莫大な費用を課するような津波のリスクについての専門家の警告を排除する，集団思考の例がいくつか特定されている (http://www.nytimes.com/2012/03/10/world/asia/critics-say-japan-ignored-warnings-of-nuclear-disaster.html?ref=opinion)。2012年3月，ちょうど災害から1年となる日の直前に，日本の総理大臣野田佳彦は，政府も本事故について責任があることを認めた。彼は続けて，役人はわが国の技術に関する不過誤への誤った信念（彼が安全神話と表現したものである）によって物事が見

えなくなっていたと述べた。興味深いことに，彼は続けて，誰もが責任の痛みを共有しなければならないとも述べた。

以下の節では，まず，福島第一原子力発電所事故についての異なる説明をより詳細に見ていくことにする。次に，競合する説明が存在することの実践的な示唆と，これらの相矛盾する説明を調和させる可能性について述べる。

3 ■ 災害，日本の被害者的地位，広島の記憶としての福島

災害はしばしばいわゆる「被害の爆発的拡散」と関係するが，被害の規模と出来事の社会的影響との関係は明らかではない。2011年に起こった東北大震災と津波のケースでは，直後の惨状の規模は明白であるが，福島の事故についてはどうだろうか。原発内で作業していた2人の作業員は死亡し，おそらくそれは地震によるものであって，原発事故が起こる前のことだろう。緊急対応に関わった約300人の作業員は，大量の放射線を浴びており，長期的にみればそれによって重大な病気が引き起こされるかもしれない。放射性物質の施設外への拡散は，約1000人のガンによる死亡者をもたらす可能性があると計算されている。もちろんそれは「推計上の数値」であるが，長期間にわたってそうしたことが起こることが予想される。避難者にとっては地域や家族の分離，経済的な損失という面から見たコストがあり，そしてまた，彼／彼女らの多くはある種の精神的被害をも被っているだろう。原発事故に関係する限られた具体的な被害量であるにもかかわらず，政治やメディアの動員はその災害としての深刻さがかなりのものであることを示していた。

申し伝えられるように，スターリンが「一人の死は悲劇であり，100万人の死は統計的な事実である」といったとき，彼は，人は非常に大きな出来事を感情的に把握することができない，ということをシニカルに伝えていたのである。600万人のユダヤ人がホロコーストで虐殺されたか否か，あるいは，その数字はより少ないものであったかどうか，ということをめぐる議論はその一つの例である。もし仮に，その数字が「わずか」100万人であったなら，そのことでドイツ人はそんなに悪くないということになるのだろうか。ただし，一点だけスターリンの引用は間違っている――日本人にとって，殺された人の数は

把握できないほど多くはない。戦争でのように，抽象的に，そして，彼らが知っている人，あるいは，彼らが知っている人の知り合いがそうなることの両方から，人々は人が死亡したり負傷したりしたことの影響を受けるのである。被害経験のネットワークの性質は，「被害者学」の研究領域や「犯罪への恐怖」に関する文献において見過ごされてきたものである。本稿で扱う事例において，重大な損傷や死によって脅かされる人々の数が非常に多くなるのは，潜在的な被害の規模が人々の不安を引き起こすような通常の犯罪のそれよりもはるかに大きなものであるからである——たとえ「大量殺人」，「連続殺人／強姦」，工場での「事故」あるいは職場やレジャー施設での火災であっても，ひとつの出来事でそれほど大量の人々を傷つけることはできないだろう。もちろん，それと同様のリスクを意図的にもたらすもの——たとえば，戦争やテロ（1995年に起きたオウム真理教による地下鉄サリン事件のような）によるリスク——は，より大きな被害とみなされるかもしれない。けれども，その死やその潜在的な死への危険性については，本事例と同程度のものだといえるだろう。

社会不安への影響はとても重要である。犯罪学者であるRichard Sparksとその同僚であるDavid Dodd, Hazel Gennが彼らの著書『Surveying Victims』[7]で考察したように，犯罪不安は，老いや経済的な変化や低下（後者は今日の日本にとって大いに妥当する問題である）といった他の社会不安と区別しにくい，切り離しにくいものである。原子力による侵害の性質は——とりわけその直後の衝撃以外の相対的な不可視性は——広範囲の人々に影響を及ぼす。2011年の夏に神戸で開催された国際犯罪学会に参加する前に東京に立ち寄ることは危険かどうかが話題になったたときに，われわれの一人がその家族に皮肉を込めて，「もしそれが本当に危険ならば，何百万人の人々が重大な侵害を被るだろう。なぜなら，何も見えないということは，それがそこに無いということを意味しないからだ！」と指摘したようにである。

災害的な状況では，このように蔓延した不安感は，抑圧された感覚や出来事後のトラウマも含めて，政府への信頼や企業への信頼といった問題と混ざり合う[8]。次に，それらは，そもそもそのような事故がなぜ起こったのかを理解しようとするうえで，とても重要なものとなる。地震や津波で亡くなった人々に加えて，広く行き渡った感情的な被害がある。しかしながらそれは，犯罪に基づ

く被害調査では捉えにくいものである。

　他にも，福島原発事故に関して検討されるべき日本特有の状況がある。第二次大戦の歴史的記憶は，放射能によるキノコ雲の図表に支配されている。1945年に広島と長崎に落とされた原子力爆弾による被害は，長年20世紀の犯罪として日本人に認識されてきた。それは，日本ではすでに「被害者意識」として知られていたものの強力なシンボルである。[9] 日本文化や日本政治についての研究者であるKarel van Wolferen[10]は，この被害者の地位にあるという感覚，すなわち，予期できない外的な力による攻撃にさらされやすいという感覚は，日本のアイデンティティーの長期にわたる強力な構成要素を形成していると述べている。彼は続けて，このようなアイデンティティーの感覚は，受動的なやり方で苦難を受け入れようとする日本人の傾向に強く関係していると述べる。

　これらの歴史的，文化的な要素から考察することではじめて，福島原発事故は日本人にとってどのように極めて重大なことかを理解することができ，そして，そこから世界の恐怖を注ぐような象徴的な裂け目を開くことができる。そのような裂け目を閉じ，秩序を再び立ち上げる必要性は抗しがたいものであったにちがいない。したがって，過去12ヶ月の間，福島原発事故についての日本の公共の言説において，責任追求の政治が大きく現れたことは驚くことではない。

4 ■ 福島と自然による危険

　しばらくの間，原子力事故の根本的な偶発性という考えに戻ろう。原子力発電所それ自体は自然物ではないが，そのミスは津波による衝撃によってもたらされた。そしてそれは，巨大な破壊力をもたらす自然現象である。このように見ることで，そのような「神のなせる業」に対して誰も責任を負うことはできない，それゆえ，操業者や政府に原発事故の責任を求めることは間違いである，といえるかもしれない。もちろん，このことは，保険規約の免責事項に見られる種類の議論と関連している。

　このような質問に対して，われわれは2つの技術的な意見と1つの政治的な意見を提供する。後者のものは，先に見た日本の災害における歴史的な事例か

ら引き出される。

　1つ目として，われわれは「自然」災害の自然性という概念を検討する。長年，気象や地球物理学における破壊的な出来事に関する研究は，問題となっている自然現象に関する科学の観点からフレーミングされることで支配されていた。このことは，かなりの程度までそのようであり続けている。しかし，1970年代の後半に激しい知的変化が起こった。それは，自然が有する潜在的な破壊力によって被害を受ける人々や構造の根本的な脆弱性の観点からフレーミングし直すのに役立つものである。この災害研究における新たな枠組みは，やっかいな問題を持ち出すことになる。なぜこれらの人々が被害にさらされるのか，なぜ彼らを保護する保護施設は不十分なのか，なぜ貧しい人たちは不均衡に「自然」災害の被害による影響を受けるのか，がそれである[11]。

　災害分析に関する本アプローチは，それは当初，発展途上国における人々の危険へのさらされやすさに関するものであったが，先進国やその種の技術的に洗練された都市部におけるインフラに関わる人々の危険へのさらされやすさを扱うものとして拡張されていった[12]。後者の種類の分析は，福島第一原発事故のケースに直接的に妥当する。そこでは，次のような質問が提起されるだろう。なぜ津波にさらされる可能性のある場所に原子炉を設置したのか。原子力発電所のそのような性質が，物理的環境の予測のつかない変化に対して本原子炉を特に被害を被りやすいものにしたのか。日本は豊かな国であるが，「古典的に」危険とされる原子力発電所の近くに住む人々は，相対的に貧しい，あるいは，不利な状況に立たされた人たちなのか。

　2つ目に，われわれはリスクの問題へと立ち返る。そして，原子力発電所が抱えるリスクは適切に管理されていたのかどうか，という問題を検討する。津波への防禦は万全であったが，津波の猛攻撃に対処するには不十分な強さ，あるいは強度であったようである。リスク管理の観点からは，問題となっている危険を排除するか（津波を防ぐか，津波に襲われる可能性のある場所から原子力発電所を移動させる），適切なコストのもとで，あらゆる種類の想定される不測の事態に対する備えを用意する必要がある。もちろん，災害が起こったら，法律家は「想定される」「適切な」の中身について実践的に議論することになる。一方の端には，緊急事態に対して，一見して不十分と思われるような備えでもよ

しとする人もいるだろうし，他方の端には，あまりに高くつきすぎて責任主体にとって法外なものとされるような備えを要求する人もいるだろう。めったに起こりそうにない極度に破壊的な出来事に対して，組織はどの程度の準備をしておくべきだろうか。単純にいって，起こりうるすべての偶発性に対して備えることはできないだろう。

3つ目に，われわれは前述の歴史的な注釈へと立ち返る。1923年9月に起こった関東大震災は，東京の3分の2，横浜の5分の4を破壊した。そこで生じた被害や苦難の程度を証拠立てて説明する必要はない。われわれは災害に伴う社会的病理についてはすでに間接的に述べているので，ここではそのうちの一つについて検討する。それは，少しばかり奇妙でぞっとするような責任追求の政治の現れである。

関東大震災後，東京は信じられないような秩序と一貫した前進を持って復興した。そこには，法と秩序に関する問題はほとんど無く，略奪の報告は皆無で，たちの悪いいさかいもほとんど無かった。しかしながら，ジャーナリストであるPeter Hadfieldが日本の震災の脅威に関する彼の優れた著作で述べたように，[13]責任追及の強力な必要性が韓国からの労働者に対する残虐な攻撃というかたちで現れた。震災直後の数日間に，韓国人が井戸に毒を入れ，商店を略奪しているという噂や，その多くが日本の軍隊と衝突したという噂が広まった。それに続いて，非愛国的であると疑われた人々へとやがては広がっていった殺戮を伴って，ぞっとするような即決の処刑が大量に行われた。

人々は津波の影響の大きさゆえに原子力事故は起こったのだろうと考えた。そしてそれは，極めて例外的で予測できない事態であったのだと。その一方で，危険へのさらされやすさや健全なリスク管理という考えについてのわれわれの議論は，原子力発電所の敷設やその規制に責任を負う人々や組織に一定の非難を向けることも適切である，という考えを導いた。また他方で，災害によって創出された社会的混乱は，ある種の集団的なカタルシスのために利用されやすい人々に向けられる不公正な報復の可能性を作り出す。これらの災害を扱う正反対の仕方は，どのように調和されるのだろうか。

5 ■ ずさんな計画と日本の制度的麻痺から生じたものとしての福島

　津波によって原子力発電所に突きつけられた課題の程度は合理的に予見されうるものだったかどうか，という問題に戻ろう。明らかに，地震の強さ，津波，原子力発電所の設計の組み合わせは，（たとえその3年前にあらかじめ警告されていたとしても）予期されておらず，災害であったとされている。実際そういうことであるならば，「ずさんな計画」という言葉は何か謙虚な言葉として映るだろう。上に述べたように，健全なリスク管理については大いに疑問がある。「予防原則」や，たとえその証拠が未だ強くなくとも，何らかのリスクはあまりにも大きすぎてとることができないという考え方に言及することはおそらく適当だろう。[14] 結局のところ，原子力発電所は40年間明白な害をもたらすことなく作動した。安全への最優先の関心は逆効果を招くこともある。極言すれば，空腹ならば安全などほとんど問題とならないのである。

　この議論の根底には明らかに経済的・社会的なトレードオフの関係がある。福島第一原子力発電所の敷設に関するトレードオフの関係はしかるべき時に，なぜ，どのようにして起こったのか，を歴史的に見ていく必要がある。ある意味で，今よりも当時のほうがはるかに広島や長崎の悲劇へと至る意図的な決定への距離が近かったことを前提とすれば，原子力のリスクに関する無関心さや原子力のリスクを優先事項として捉えられていないことは明らかに不可解である。日本人の意識におけるキノコ雲の不変のイメージについてわれわれがすでに述べたことを前提とすれば，日本政府が強く関心を寄せるものがあるとすれば，それは市民への核汚染のリスクを最小にすることだと，考えられるからである。

　われわれは立ち止まって，再び日本的文脈の文化的特殊性について考える。Karel van Wolfrenによって指摘されたもう一つの日本人の生活における特徴は，官僚的，制度的麻痺である。[15] 彼は続けて，この特性に関する説得的な証拠を示した。そこには，1985年の飛行機事故のケースが含まれており，そこでは，救助隊が事故現場にたどり着くのに大幅な遅れが生じた。その遅れは，明らかに多くの人命を不必要に犠牲にした。彼は，政府機関の間での相互の敵意がど

のようにしてその緊急時の対応を遅らせたかを，極めて詳細に示している。当時の総理大臣——彼は事故現場からわずかに20分の距離で休暇を過ごしていた——が事故現場を訪ねることを控えることで終わったこの冗長なやりとりは，「政府はその出来事に象徴的な責任があったという不必要な印象を作り出した」。

このような文化的遺産を前提とすれば，福島第一原子力発電所に関するリスクに関わる計画や緊急時の対応についての批判にはあまり驚かないのではないだろうか。このことはわれわれに，企業犯罪や企業や政府のリスクテイキングに関わる広範な問題を提起する。これについては，節を改めて検討する。

6 ■ 企業犯罪としての福島？

本稿冒頭の文章に描かれているように，日本社会のよく規制された性格や社会的連帯の高さにもかかわらず，組織犯罪は日本社会に広く行き渡った特徴である。[16] 福島原発事故の当否を考える際には，産業による環境汚染の恐怖の世界的なシンボルとなった水俣の犠牲者たちのことを思い出すことを避けることはできない。

ある地域の工場から最初の水銀汚染の証拠が現れた1956年から，その工場の操業者であるチッソが最終的に起訴された1973年までの期間にわたって，地域の人々と漁業に対して深刻な被害がもたらされた。[17] その期間を通じてチッソはその責任を取ることに抵抗し，伝えられるところでは，抗議する被害者やその家族を脅迫するために暴力団を雇いさえした。[18] 興味深いことに，このゆっくりと進行する災害に関するより広範囲の政治は，様々な仕方で日本社会に浸透していった。たとえば，被害者たち——彼らは主として貧しい村の人々である——は村八分とされた。これらの被害者たちを助けようとした医師や大学の研究者は，その信用を失墜させようとする企てや研究費の削減・没収の対象となった。政府や裁判所といった制度的機関でさえ，水俣の人々の苦境に対して緩慢な仕方で対応した。[19] たしかに，この間，日本社会において物事は変化した。けれども，それはどの程度変わったのだろうか。

他の先進国のように，日本でも企業による違法行為の犯罪化は重要な課題と

なっている。そうした課題は多くの政治的ロビー活動の対象となっている。ロッキード事件は当時の田中総理大臣を辞任に追いやっただけでなく，米国の海外汚職行為防止法（1977年）の確立へと至った。本法は国境を越える贈収賄等を規制するOECDの条約のモデルとなったものである。このような動きは金融サービス部門において最も顕著に見られるものであるが，英政府と贈収賄法（2010年）との葛藤が示しているように，企業を犯罪者とすることを避けるために，強力な圧力がかけられている。もちろん，ここでの心配は，後に世界銀行，ABRD，EUといった機関から以降の取引や契約を禁じられることになるような企業にとってのものである。しかしながら，福島のケースでは，そのような外国における契約の禁止はあてはまらないだろうし，生じることもないだろう。東京電力は原子力発電所の建設のために国際的な契約を行おうとしないだろうからである。個人の刑事責任とは異なり，これらの議論は主として金についてのものである。

収賄や賄賂の強要の原因は個人の金銭上の強欲さだけに関わるものだけではない。それはまた，権力や保護，そして時には経済発展にさえ関係するものである。われわれは取り急ぎ，われわれの知る限り，福島原発事故に贈収賄が関係していることを示すものは何もないことを付け加えておく。むしろ，原子力発電所の安全性は経済的な利益と交換されたように見えるであろう。それは，政府や規制当局，企業の文化のなかで，意図的でシニカルな仕方ではなく，合理化された仕方で，時間とともに少しずつなされたのである。

Carsonの著書『The Other Price of Britain's Oil』[20]を思い出すことは有益だろう。本書において彼は，北海油田の経済的利益とその悲しむべき安全性の記録との間のバランスは受け入れがたいものであると述べている。彼は，英政府のエネルギー省に——本件につきより専門的な健康・安全部局ではなく——沖合での労働者の安全に関する責任を負わせたことが，どのようにして油田部門の開発のスピードを促進し，他方で，労働者の安全性を軽視する助けとなったかを示している。Carsonの分析は予言となった。わずか6年後にPiper Alphaの石油掘削装置で起こった爆発と火災が167名の命を奪った。この惨事はまた，ロンドン保険市場におけるロイド社の危機や倒産の脅威に大いに寄与し，莫大な保険上の損失をもたらした。

よくあることだが，Piper Alphaの事故は政府や企業活動に発作的な行動へと至らせ，沖合での油田産業の規制に変化をもたらした。けれども，わずか数年後に，著者の一人が観察したように[21]，新たな安全体制は経済的な損失を持たらすものとして批判された。と同時に，英国の原子力発電産業の中には，「安全最優先の考え方」は「過剰な技術を必要とする」原子力発電所をもたらし，「過剰に保守的な安全装備」は経済的な競争性を損なう，と述べる者もいた。

　したがって，政府には，安全と利益の間の規制のバランスを達成するというよりも，実際には規制方針をコロコロ変えるという傾向があるようである。そこでは，組織的にゆっくりと安全性から離れて利益の最大化に向かおうとする過程は，厳格な規制が必要だと発作的に思わせるような，耳目を引く災害によって中断される。このモデルに従うならば，ビジネス（そして裁判所も）は，ある意味で，健全な経済的成果と調和した安全体制の合理化について共謀している。前述の利益の最大化に向かう動きのなかで，表面上，技術的な議論は，安全性の「幻想」を作り出すことで，合理化を支持することに役立つ，と述べる者もいる[22]。もちろん，社会的崩壊や災害による被害の直後は，安全への配備に関するいかなる制限も受け入れられないように思われる。けれども，「完璧な」安全の達成は問題となっている産業を閉鎖することによってのみ可能となる。それは，代替エネルギーをほとんど持たない日本ではなく，現在ドイツにおいて進行している事態である。

7 ■ これらの説明は調和されうるか

　われわれは福島第一原子力発電所事故と，それに続く災害についての可能な説明をいくつか検討した。もちろん，原子力事故を引き起こした地震や津波という文脈でこの原子力災害は起こった。ほぼ間違いなく，その地震や津波の力学的なインパクトは原子力事故よりも大きなインパクトをもっていた。けれどもそれは，未だ解決されていない責任追及の政治の嵐を引き起こした原子力事故に関係して認識された災害である。そして，なぜこのような説明をめぐる社会的葛藤が起こったのかを検討した。それらの性質は，全ての災害に関係する秩序の喪失と多くの日本の文化や歴史の特徴を反映している。

福島第一原子力発電所事故を犯罪として説明する仕方を議論する際に，われわれはある種の制度的遅さという考え方を持ち出した。それによってあるメカニズム，すなわち，安全性と利益との間のバランス上の変化が長い年月の間に起こったのかもしれない。しかしながらそれは，特定の時間に明白かつ公然とした仕方で特定の個人によってなされた安全性を格下げするいかなる明確な決定を伴わずに起こったのである。Diane Vaughanによる1986年1月に起こったスペースシャトル・チャレンジャー号爆発事故——乗組員全員が死亡した——へと至る状況の詳細な分析を[23]，そのような制度的遅さの性質を理解しようとする説得的な方法であるとわれわれは見ている。それは，技術的な失敗についてのシステム的で社会的に組織化された性質に関する多くの先行研究の社会学的に豊かな進展を示している[24]。

　当初，チャレンジャー号の失敗は，個々人，主として競争を促されるような圧力下において，打ち上げスケジュールに従ってシャトルを打ち上げること——それは，組織において核となる目標であった——に関するルールに違反したNASAの管理職者たちから生じたように思われていた。Vaughanのより詳細な分析では，管理職者たちは意図的にそのようなルールに違反したわけでは全くなく，むしろ，実際にはNASAにおいて要求されるすべてのことに従っていたことが示されていた。これらの安全に関する意思決定は，会議のスケジュールといったより広範な組織的な必要性に対応しなければならない職員を抱える複雑な組織的関係のなかで行われた。時間とともに，彼らがより多くのリスクを受け入れることができるような運用手続が発達した。重要なことは，日々のルーティンに忍び込んだこれらの誤りが集合的に組織化され，組織内の個々の行為者たちに直ちにそのことが明らかとはならなかったことである。Vaughanが印象的に述べるように，重大な失敗の端緒は，「物事の見方や物事を見えなくする仕方を作り出す，組織活動上のルーティンとされたり，当然とされている事柄のなかにある」。彼女はこのような過程を「逸脱の正常化」と呼んだ。行為者が技術上の例外を一旦認めたら，彼らは以後，各打ち上げごとにより多くの例外を認め続けることになる。それは，彼らにとって決して逸脱とは見えないのである。むしろ，自分たちは技術的，制度的な原則に従っていると彼らは考えていた。

Oリングは，このような傾向を示す例として最も知られた事例である。Oリングのデザインはそれらが損傷しないことを意味していると技術者たちは考えていたが，実際にはそれらは繰り返し繰り返し損傷していた。初めてOリングが損傷したとき，技術者たちはこの問題への解決策を見つけ，シャトルが受容できるリスクを伴って飛行することを決定した。2度目に損傷が生じたとき，技術者たちはその問題は別の箇所からもたらされたのだと考えた。再び彼らは，この「新しい」問題に関する解決策を見つけ，それを再び受容可能なリスクとして定義した。機械的な故障に関するOリングの観点からは結果は何も起こらなかったのであり，Oリングの欠陥を伴った飛行は正常なことであり，受容可能なことのように思われた。もちろん，チャレンジャー号爆発事故の後に，彼らは自分たちのしてきたことに衝撃を受けるのであるが。

　Vaughanの分析による示唆は深淵で広範囲に及ぶ。重要なことは，チャレンジャー号爆発事故は個々人の誤りによるのではなく，社会的に組織化された誤りによって生じた，と彼女が結論づけていることである。したがって，個人の解雇が問題の解決とはならないだろう。なぜなら，個人の配置を換えても，組織に適応するために，そして，組織的な目標を達成するために，彼らもまた同じ逸脱のパターンを採用しなければならないからである。組織を修正することは，はるかに困難な見通しであるが，それをしなければ，それに続くより重大な失敗の可能性を保持したまま，有害な行動が繰り返されることになるだろう。

　NASAの事例では，17年後に2度目のスペースシャトル事故が起こった。それはスペースシャトル・コロンビア号についてのものである。本機は大気圏突入中に分解し，宇宙飛行士7人全員が死亡した。この事故は打ち上げの際に被った損傷から生じたものである。発泡断熱材の破片がはがれ落ち，シャトルの断熱システムに損傷を与えたのである。コロンビア号が軌道上にあった時点で，損傷の発生があったのではないかと疑う技術者もいたが，NASAの管理職者たちは，たとえ問題があることが分かってもそれに対してできることはほとんど無いという理由から，その調査を制限した。それ以前の打ち上げでは，技術者たちは発泡断熱材のはがれや破片の衝突を，それらは安全性にとって脅威ではなく，受容可能なリスクだと合理化しながら，避けられないものとみなすことで打ち上げのゴーサインを出してきた。スペースシャトル打ち上げの多

くで，そのような破片の衝突や耐熱タイルのはがれが記録されていた。けれども，最悪の結果は生じなかったのである。それゆえ，コロンビア号での誤りは，チャレンジャー号爆発事故と同種の論理に従ったのである。

　福島第一原子力発電所についてのわれわれの議論に戻るならば，そして，その性質についての異なる様々な説明の仕方に戻るならば，われわれは次のように結論づけることができるだろう。すなわち，Tombs and Whyteによって展開された「安全犯罪」という概念はここでは適切ではない。なぜなら，いかなる犯罪が行われたか否かが明確ではないからである。犯罪の要素があったか無かったかは，官僚，経済人，政治家の間で賄賂や隠された利益の葛藤を示す証拠の存在，その計画への支持を高めるために公衆やその代表者に嘘が語られたかどうか，そして何よりも，リスクが無謀な仕方で管理されたか否かに依存する。少なくとも現時点で入手可能な証拠に基づく限り，これらのいずれもがあったようには思われない。福島の第一原子炉は1967年の7月に建設され，1971年に商業発電が開始された。おそらく，その時点では安全管理に対して十分な考慮が払われたはずであったが，東京電力と政府はその時点で彼らが受容可能なリスクだと合理的に判断した基準での最小限のコストでエネルギーを創りたいと考えていた。GEの上級技術者はその計画はあまりにも危険すぎるとして最初の契約をめぐって辞任したという事実は，明らかに関連する事実を示すものであるが，それ自体は経済界や政府による犯罪の証拠を示すものではない。原子炉の寿命期間中の安全性測定に古い基準を適用し続けることはもう一つの重要な考慮事項である。これについては，当時の受容可能な安全基準から検討する必要がある。

　結論をいえば，もちろん誰も福島原発事故やその悲惨な結果が起こることを望んではいなかった。犯罪学者にとって主要な問題は，このような害を避けることができたか否かではなく，そのような失敗に至ると合理的に推測されるような違法な行為が存在したか否かである。英国の鉄道事故において起こったようなデータの偽造による隠蔽工作や安全性の検査においていくつかの違法行為はあったかもしれないが，賄賂といったような重大な犯罪は決して起こらなかったようである。制度的遅さや社会的に組織化された逸脱の正常化から生じたものとしてわれわれが提示した失敗の説明——それは，福島での出来事を理

解する方法として妥当なものと思われるが——を前提とすれば，このように複雑な制度的，そして組織内的過程を規制するためにどのような種類の法的枠組みが導入されるべきか。最後に，社会秩序の喪失としての災害の性質と，責任非難や社会的カタルシスの過程の必要性についてわれわれが述べたことを前提とすれば，おそらく，誤りというよりも「企業犯罪」として福島での出来事を捉える必要性が強くあるだろう。もしそうならば，より徹底した捜査を行い，刑事責任を追及していくためには，どのようなことに取り組めばいいのだろうか。事の是非はともかく，刑事的な違法性があると信じている人たちは，米国で見られるようなかたちで民事訴訟を活用しようとするかもしれない。けれども，現時点においてより現実的であるのは，リスクの過小評価（そうした危険はまず起きないだろうという認識）と，非専門家である規制者が業界で共有されたリスクについての説明を受け入れようとしたこと，そして，リスクの過小評価と是正措置にかかる過大なコストとが合わさって組織が何も対策をとらなかったこと（組織的無策）に注目していくことであろう。

[註]
1) Sacks, H. (1992) *Lectures on Conversation, Volume II,* Oxford: Blackwell.
2) Horlick-Jones, T. (1995a) 'Modern disasters as outrage and betrayal', *International Journal of Mass Emergencies and Disasters,* 13(3): 305-315, Horlick-Jones, T. (1995b) 'Urban disasters and Megacities in a Risk Society', *GeoJournal,* 37(3): 329-334, Horlick-Jones, T. (1996a) 'The problem of blame' in Hood, C. and Jones, D. (eds.) *Accident and Design: Contemporary Debates in Risk Management,* London: UCL Press, pp. 61-71, Pollner, M. (1987) *Mundane Reason: Reality in Everyday and Sociological Discourse,* Cambridge: Cambridge University Press.
3) Strong, P. (1990) 'Epidemic psychology: a model', *Sociology of Health & Illness,* 12(3): 249-259.
4) Austin, J.L. (1979) 'A plea for excuses' in his Philosophical Papers, 3rd edition (eds. J., Lyman, S. and Scott, M. (1970) *A Sociology of the Absurd,* New York: Appleton-Century-Crofts.
5) Mazur, A. (1998) *A Hazardous Inquiry: the Rashomon Effect at Love Canal,* Cambridge Mass.: Harvard University Press.
6) 前掲・註2）Horlick.
7) Sparks, R., Dodd, D. and Genn, H. (1977) *Surveying Victims,* London: Wiley.
8) Horlick-Jones, T. (1995a) 'Modern disasters as outrage and betrayal', *International Journal of Mass Emergencies and Disasters,* 13(3): 305-315, Horlick-Jones, T. (1996b) 'Is safety a by-product of quality management?' in Hood, C. and Jones, D. (eds.) *Accident and Design: Contemporary Debates in Risk Management,* London: UCL Press, pp. 144-154.
9) Lifton, R.J. (1971) *Death in Life: the Survivors of Hiroshima,* Harmondsworth: Penguin も参照．
10) van Wolferen, K. (1989) *The Enigma of Japanese Power,* London: Macmillan.

11) Hewitt, K. (ed.) (1983) *Interpretations of Calamity*, London: Allen & Unwin.
12) Horlick-Jones, T. (1995b) 'Urban disasters and megacities in a risk society', *GeoJournal*, 37 (3): 329-334.
13) Hadfield, P. (1991) *Sixty Seconds That Will Change the World: The Coming Tokyo Earthquake*, London: Sidgwick & Jackson.
14) ユネスコ（2005：14）は予防的原則について以下のように定義している。
　「人間活動が，科学的にはありうるがその発生が不確かであるような道徳的に受け入れがたい害をもたらすような場合，そのような害を避ける，あるいは，低減するような行動をとらなければならない。道徳的に受けいれがたい害とは以下のような人間やその環境に対する害である。
　・ 人間の生活や健康に脅威をもたらすような害
　・ 重大で効果的に修復できないような害
　・ 現世代や将来世代にとって不公正な害
　・ それを被る人々の人権への適切な考慮もなく課される害
　ありうるという判断は科学的な分析に基づかなければならない。分析は継続するものであるため，選択された行為は再調査の対象となる。不確実性はそのありうる害の原因や範囲に適用されるかもしれないが，それに限られる必要はない。
15) 前掲・註10) Wolferen.
16) Adelstein, J. (2010) *Tokyo Vice*, London: Constable, Hill, P. (2003) *The Japanese Mafia: Yakuza, Law and the State*, Oxford: Oxford University Press, Kaplan, D. and Dubro, A. (2003) *Yakuza: Japan's Criminal Underworld*, Expanded Edition, Berkeley: University of California Press 参照．
17) Lagadec, P. (1982) *Major Technological Risk*, Oxford: Pergammon, Lawless, E. (1977) *Technology and Social Shock*, New Brunswick: Rutgers University Press.
18) 前掲・註17) Lagadec.
19) 前掲・註17) Lagadec.
20) Carson (1982) *The Other Price of Britain's Oil*, Oxford: Martin Robertson, 前掲・註2) Horlick (1996b).
21) 前掲・註20) Carson.
22) Clarke, L. (1999) *Mission Improbable: Using Fantasy Documents to Tame Disaster*, University of Chicago: Chicago press. Vaughan, D. (1996) *The Challenger Launch Decision: Risky Technology: Culture and Deviance at NASA*, Chicago: University of Chicago Press.
23) Harper, R. and Hughes, J. (1993) "'What a f-ing system! Send 'em all to the same place and then expect us to stop 'em hitting": making technology work in air traffic control" in, Horlick-Jones, T. (1996a) 'The problem of blame' in Hood, C. and Jones, D. (eds.) *Accident and Design: Contemporary Debates in Risk Management*, London: UCL Press, pp. 61-71, Horlick-Jones, T. (1996b) 'Is safety a by-product of quality management?' in Hood, C. and Jones, D. (eds.) *Accident and Design: Contemporary Debates in Risk Management*, London: UCL Press, pp. 144-154.
24) Tombs and Whyte (2007) *Safety Crimes*, Cullompton: Willan Publishing. UNESCO (2005) Details.

〔マイケル・レヴィ＆トム・ホーリック・ジョンズ／松原英世訳〕

10 地震・断層研究からみた柏崎刈羽原発の危険性と福島原発事故

1 ■ はじめに

　東京電力は新潟県柏崎市と刈羽村にまたがる地域に，総合計820万キロワットの出力を誇る7基の原発を建造し，稼働させてきた。この原発群は2007年7月のM6.8という，地震の規模としてはけっして巨大とは言えない中越沖地震で，周囲より大きな地震動を受け，3600箇所以上のトラブルを起こし，被災した。幸い，この時は外部電源が生きていて冷却機能を維持できたが，放射能をわずかとはいえ外部に放出してしまった。柏崎刈羽原発の世界で初めてのこの地震被災の教訓を十分に生かしていれば，2011年3月の東北地方太平洋沖の地震・津波による福島原発の重大な過酷事故は未然に防ぐことができた可能性が高いと考えられる。本章では，中越沖地震による柏崎刈羽原発の地震被災の教訓を改めて検証する。なお，この柏崎刈羽原子力発電所の世界で初めての地震被災について，その教訓を引き出す精力的な取材活動の成果が新潟日報社によってまとめられている。[1]

　中越沖地震による柏崎刈羽原発の被災後の東京電力ならびに原子力規制当局のその後の動きをつぶさに見てきた筆者が考えるに，この被災の教訓として最も重要な点は，電力事業者や規制機関，検討に当たってきた研究者・技術者に，地震被災の教訓を導き出し，それに真摯に向き合おうとする姿勢が欠如していたことであり，自らが醸成してきた「原発は安全だとする神話」に執着し，呪縛されてきたことであろう。以下，具体的な課題を検討する。

2 ■ 震源断層の想定の誤りのくり返し

　柏崎刈羽原発の6・7号機の設置（変更）許可を求めた1988年の申請書では，東京電力は柏崎沖の海底の地質構造を調査した結果，中越沖地震を引き起こした震源断層に相当する断層（深さ数km以深）の海底面への延長部は活動性無しと判断していた，すなわち，活断層ではないとしていたのである。その申請内容について国は専門家なるものの意見も聴取した上で，妥当との判断を行い，1990年に建設を許可した。6・7号機はそれぞれ1991年，1992年に着工し，1996年と1997年に営業運転を開始している。その後，岡村によって，それまでの海域における調査結果をもとに地震・音波探査に基づく地下地質構造の新しい解釈方法が提案され，学界で広く認められるなかで，2003年，東京電力はじめすべての電力事業者は原子力安全・保安院の指示にもとづいて海域の地質構造の再評価を行った。東京電力はその再評価において当該断層の一部を活断層としたが，この報告は東電も原子力安全・保安院も公表しなかった。断層の長さを短く見積もり，既設原発への影響は小さいと判断し，公表しなかったのである。この東京電力からの報告に対して，安全・保安院は妥当と評価し，取り立てて対応を求めなかった。誰がどのような根拠に基づいて影響が小さいと判断したかは不明のままである。そして，当初活動性無しと判断し，2003年時点では短く想定した断層が，2007年7月，地下深部で活動し，中越沖地震を引き起こすこととなった。2003年の再評価内容は中越沖地震後に初めて公表された。

　当然ながら，6・7号の建設許可以前に許可されていた1～5号機の設計時にはこの断層はまったく考慮されていなかった。

　この震源断層に関する過小評価の歴史を振り返れば，その時々の最新の知見・方法に基づいて調査・解析しても，自然の真実はなお解明しきれないということを示している。その時点での調査・解析結果をもって，安全宣言することが如何に傲慢であるか，電力事業者・規制機関，そして原発の安全審査に関わる科学・技術者は心に深く刻むべきであった。この点ひとつを持ってしても，中越沖地震後に行われた福島原発の耐震安全性に関わる審査が不十分であった

ことは明らかである。

　2009年3月末に東京電力から提出された福島原発の耐震安全性に関する報告とそれに対する安全・保安院での審議では，原発に影響を与えうる地震と津波に対して，その時点での学界における一般的考え方にとらわれ，それを超えるものが起こりうるとする考え方を排除して電力事業者の評価を妥当とする判断を重ねてきた。柏崎刈羽原子力発電所の耐震安全性の審議においても，まったく同じ過ちがくり返され，変動地形学・地震学・地質学の立場から表明されている「過小評価の可能性」の指摘[3]（図10-1）を顧みることなく，安全宣言のもと，再稼働が強行されている。

3 ■ 地震の伝搬・増幅過程に関する知見の不備

　M6.8の中越沖地震によって柏崎刈羽原発は周辺地域より大きな地震動を受けた。また，同じ敷地内にありながら，1～4号機と5～7号機とでは受けた地震動に1.5倍ほどの差があった。こうした同じ地震にもかかわらず場所によって地震動が異なるという事象は，これまでの原発の耐震設計で採用されてきた，大まかな地下構造と断層からの距離だけで検討してきた方法の欠陥を示すものであり，詳細な地下地質構造の解析と地震波の伝搬・増幅過程の検討が必要だと言うことを示している。柏崎刈羽原発に関しては，中越沖地震による被災を受けて新しい基準地震動を策定する過程でその地下地質構造の精細な調査・解析が行われたが，ほかの原発では「柏崎刈羽原発の特殊性」との指摘のもとに，ほとんど無視されてきた。こうした電力事業者の対応を安全・保安院も容認してきたのである。

　ところが，2009年8月，静岡県駿河湾内を震源とするM6.5の駿河湾地震（静岡沖地震とも呼ばれる）によって，中部電力の浜岡原子力発電所の3～5号機の三機（1・2号機は既に廃炉が決定されていた）の原発の内，5号機のみが大きな揺れを受けるという事態に至った（その経緯の詳細は第11章に詳しい）。そうした，ひとつの地震で同じ敷地内の特定の号機のみが大きく揺れる要因について中部電力が調査を継続し，解明中にかかわらず，安全・保安院は2010年暮れ，浜岡原発の「安全宣言」を発し，再稼働を認めた。当然，この「安全宣言」は，

図10-1　柏崎刈羽原発敷地沖合における海底地形（東京電力㈱の設置変更許可申請から）と2007中越沖地震の震央（☆印）ならびに推定される活断層

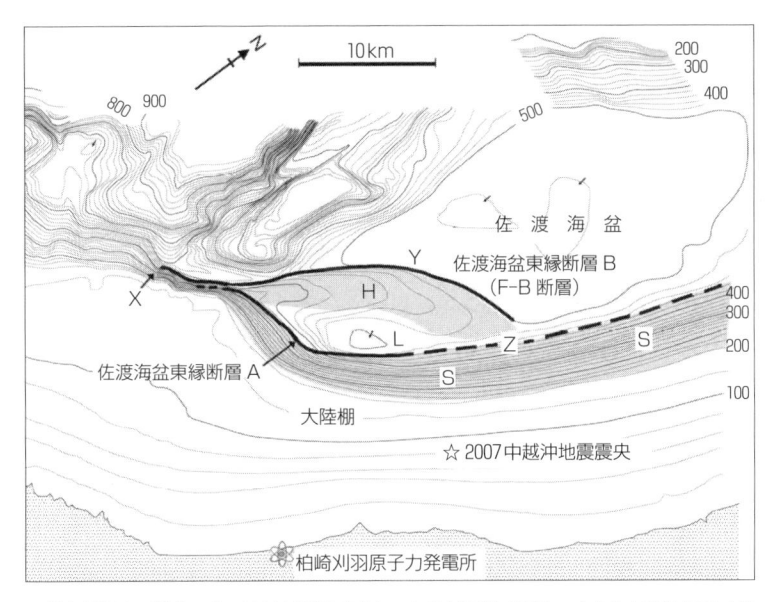

数字は深度（単位 m）。H は地形的高まり，L は地形的くぼみ，小さな矢印は同じく地形的くぼみを示す。
　F-B 断層（36km：2003年再評価時にはその左部分約2/3のみを活断層と認定）は東京電力㈱並びに原子力安全・保安院が認める活断層であり，佐渡海盆東縁断層（A-Z）は渡辺ほか（2007）が陸棚斜面（Sと表記されている水深140〜160m から460m に至る急斜面）の基部から南東傾斜で傾き下がる断層として存在する可能性を指摘している。

安全・保安院の下で科学的に検討することになっていた専門家なる集団の議論を経たものである。ここには地震動で停止した原発に対して，その揺れの要因を科学的に究明することを放棄し，安全性を確認する前に，産官学の癒着のもとに「再稼働ありき」で進められる原子力行政がある。こうした日本の原子力行政のあり方に暗然たる思いを抱いたのは著者だけではないであろう。

4 ■ 付属諸施設の耐震性の脆弱性

中越沖地震は柏崎刈羽原発の原子炉付属諸施設にも大きな被害をもたらした。緊急時対策本部となる柏崎刈羽原子力発電所の管理事務棟の機能が奪われ

たり、敷地内の様々な機器・配管などが地震に対してほとんど無防備に設置されていたために各所で破断したり、機能停止に陥った。加えて、地震によって敷地内外の道路は波打ち、寸断された。その被災のひとつが３号機変圧器の火災である。所内の自衛消火体制は機能せず、外部からの消防車が到着するまでに１時間を要した。これらのトラブルは原子炉など重要施設には耐震設計が施されていても、安全機能を施さねばならない複雑で多岐にわたる原子炉諸施設に対してはほとんど地震対策が施されていなかったことを示している。それは施設の供用期間中には地震はこないという安易な、希望的発想に起因している。

なお、原子力安全・保安院は、中越沖地震による柏崎刈羽原発の被災を受け、斑目春樹氏を委員長とする「中越沖地震における原子力施設に関する調査・対策委員会」を立ち上げ、そのもとに「中越沖地震における原子力施設に関する自衛消防及び情報連絡・提供に関するワーキンググループ」を設置した。このWGでの審議・報告を受け、2009年２月、調査・対策委員会は「中越沖地震における原子力施設に関する自衛消防及び情報連絡・提供に関するWG報告書──中越沖地震を踏まえ、原子力施設に対する地域の安全・安心に向けて」を公表した。原子力安全・保安院はこの報告に基づき、すべての電力事業者に自衛消防体制や緊急時の体制強化・充実を求めたが、なぜ、こうした安全対策がなおざりにされたまま原発が建設・稼働されてきたのか、という本質的な問題は不問に付され、対処療法が施されただけである。

福島原発の事故を振り返った時、原子炉本体の耐震安全性だけでなく、付属諸施設、とりわけ、原発の安全機能において枢要な施設に対する検討がなおざりにされていた現状について、中越沖地震による柏崎刈羽原発被災の教訓として深く掘り下げて検討するべきであった。対処療法的な「対策」を検討するだけに終始する体質は、福島原発の過酷事故後の対応でもまったく変わっていない。

5 ■自然現象への敬虔な念を抱かない傲慢な「安全神話」

放射能という人間にとってきわめて危険な物質を大量に内包する原子力発電所の建設・稼働において、「多重防護」しているので、「事故は絶対起こらない」

という「安全神話」がはびこっていた。もちろん，この「安全神話」は原発建設・稼働に伴う膨大な経済的利益に群がる企業・官僚組織，学者・研究者（「原発利益共同体」）が，日本における原子力開発を強引に進めるためにみずから醸成してきたものであるが，同時に自らがその呪縛にかかってきた。この「安全神話」は自然現象に対して工学的制御が可能と考える技術偏重・過信がもたらす人間の傲慢さであり，それらの工学的・技術的制御が困難な事象に対しては，「起こらない」として避けようとする，原発に携わってきた人間の思考停止状態を示している。あまつさえ，中越沖地震で，想定していた地震動より大きな地震動を受け，数々の不適合事象を引き起こし，県民・国民に多大な不安を与えた柏崎刈羽原発の事故に関しても，かろうじて冷却できたという認識ではなく，日本の技術力の高さを誇るという風潮を生み出したのである。原発に携わる者は，こうした「安全神話」に執着してきた結果が，福島原発の事故を引き起こすことになったことを銘記するべきである。

「安全神話」に浸かりきった電力事業者，安全・保安院は，一方で，原発の危険性を指摘する研究成果や，安全性を求める住民の声に背を向け続けてきた。柏崎刈羽原発についていえば，筆者は新潟県内の比較的新しい時代（新生代）の地層の分野や地質構造について調査研究を進めるなかで，柏崎刈羽原発の立地地盤について，東京電力の報告や原子力安全・保安院での審議に疑念を抱き，その不十分さを地元住民団体や研究者のグループとともに1980年代当初から指摘してきた。活断層の評価に関わって5万年を判断の基準とすることの非科学性に対する筆者らの指摘に対しては，2006年に新しく改訂された耐震設計審査指針で見直されたが，個々の原発敷地の地質科学的条件に関してはことごとく退けてきた。被災した柏崎刈羽原発の再稼働についても，新潟県の技術委員会での筆者らの指摘を科学的論証抜きに退け，「保守的に評価している」との文言でもって妥当評価を繰り返してきたのである。福島原発における津波対策についても，東京電力と安全・保安院は1960年のチリ津波，869年の貞観津波に関する1990年代以降の調査・研究成果を無視し，対策を先送りにしてきたことは広く知られているところである。

2008年暮れ，原子力安全・保安院は原子力施設の耐震安全性について，最新の科学的・技術的知見を耐震安全性の検討に反映するためのルール作りに乗

り出した。新たなルールでは，原子力安全基盤機構（JNES）が，地震調査研究推進本部（推本），地震学会，地震工学会，国際原子力機関（IAEA）など，内外の機関とネットワークを構築して，研究成果などの情報を収集し，スクーリニングを行うとするものである。得られた新しい知見にもとづいて安全・保安院が耐震安全性確認の必要性などの考え方を整理し，その上で総合資源エネルギー調査会原子力安全・保安部会のもとに設置されている耐震・構造設計小委員会などで検討を行おうというものである。

2009年，東京電力が被災した柏崎刈羽原発七号機の再稼働を求めた際，新潟県は再稼働を容認するにあたってのひとつの条件として，安全・保安院に対して「新たな知見の収集に不断に取り組み，安全審査に適切に反映させるため，手引き等の定期的な見直しを行い，安全・安心の増進を図ること」を要請した。この要請に対して，東京電力は「対応の概要」として『皆さまからいただいたご疑問・ご懸念などについて引き続き調査・検討を行い，知見の拡充を進め，安全性向上に反映していくとともに，適宜，皆さまにご報告してまいります。具体的には「発電所敷地周辺の地形の形成過程」「建屋の変動」「長岡平野西縁断層帯の活動性」「新潟県中越沖地震を踏まえた地震観測」の4点の検討に取り組んでまいります』として，特に筆者らが求めていた「発電所敷地周辺の地形の形成過程」に関しては「第三者機関（地震予知総合研究振興会）」に依頼して24年度を目途に検討するとしている。しかし，この第三者機関なるものの検討の過程では，敷地周辺における断層の評価について，具体的に問題を指摘している研究者の見解を聞く体制は少なくとも現時点まで一切取られていない。東京電力の資料に基づく一方的な説明が行われてきただけである。旧態依然たるこうした仕組みでは，安全・保安院や電力事業者の言う「新しい知見」とは何かが問われることになろう。地震や耐震に関する新しい研究成果についてはその評価はむずかしいものであることは事実である。しかし，原子力施設の耐震安全性評価では，電力事業者や，安全・保安院の地震や活断層を過小に評価する体質が大きな問題であり，これへの根本的反省と，原発の設計・建設に際しては安全サイドで判断するという見識が欠かせない。この視点が無い限り，「第三者機関」も「安全神話」を醸成する役割を負わされるだけである。

6 ■ 安全性を検証する組織，規制機関の不備

　原子力発電所の安全な運転管理に責任を負う日本における規制機関（原子力安全・保安院）が，原子力発電所の建設を促進する経済産業省のもとにおかれているという，世界においても異常な体制は，いろいろな機会に重大な欠陥として指摘されてきた。中越沖地震による柏崎刈羽原発の被災後，新潟県知事をはじめとする原発立地自治体首長から規制機関の抜本的見直しを求める要望が提出され，また，立地自治体の議員団からもそうした要望が出されてきたが，自公政府と官僚機構は具体的な見直しを先送りにしてきた。

　全国原子力発電所立地市町村議会サミット（同立地市町村議会議長会主催）は1997年から隔年開催。第6回は2007年の予定だったが新潟県中越沖地震で1年延期され，2007年11月21日，「原発立地議会中越沖地震柏崎刈羽原発・災害対策緊急大会」が開かれた。この緊急大会で，冒頭に「原子炉本体の調査について，電気事業者に任せることなく，第三者機関による多角的かつ詳細な調査，検証を国の責任で行い，原子力施設被害の全容解明をいそぐこと」と要求する決議を採択した。2008年8月26～27日，東京都内のホテルで開かれた第6回サミットには，柏崎市，刈羽村はじめ原発立地24市町村議会の議員ら約400人が参加し，サミット宣言が採択し，サミット宣言は，柏崎刈羽原発被災の今回の教訓について「世界全体で共有し活用すべきものである」としている。また，原子力への国民の信頼を高め，地域社会の安心感につなげるために，「事業者はじめ関係機関は，所要のプロセスについて，透明性を持って取り組み，かつ丁寧に説明すること」を求めている。

　「朝日」が2009年7月に行った21原発立地市町村アンケート調査の結果を報道している。21市町村首長のうち12人が，原子力安全・保安院についての組織のあり方の改善を求め，うち8人（宮城県石巻市，福島県富岡町，茨城県東海村，新潟県柏崎市，福井県おおい町，島根県松江市，佐賀県玄海町，鹿児島県薩摩川内市）が原子力推進の経産省からの分離・独立を求めている。「経産省と保安院とで人材も交流しており，チェックが厳格にできるわけがない」（村上達也・茨城県東海村長）など，推進と規制の行政部局が同居している現状への不信感が強く

示されたとしている。同じ調査で原発がある13道県の担当者のうち、「独立させるべきだ」としたのは新潟県のみ。「その他」との回答は12県。「現行のまま」はなかった。泉田裕彦新潟県知事は「規制と推進が同じ役所内にあることで住民は不信感を持っている」と話している。

　日本における原子力行政を学術的に支えてきた中心である「日本原子力学会」の原子力法制の在り方検討委員会（委員長＝斑目春樹氏）は第3回の委員会を2009年7月に開催し、社会と法制度設計分科会、技術と法の構造分科会の中間報告を発表している。社会と法制度設計分科会の中間報告の説明では、原子力規制体制に関する関係者の課題認識として、技術の定型化などを背景に、原子力安全委員会のダブルチェックの必要性は低下しており、廃止または再構築すべきではないか、同委員会のダブルチェック用の指針類・内規を、原子炉等規制法にもとづく政省令に位置づけし直すべきではないか、同委員会はダブルチェックではなく、後続規制を含む規制行政庁の安全規制活動全体に対する監査的機能に重点を移すべきではないか、規制行政庁における審査や安全委員会における規制調査等における専門的能力の確保が必要ではないか、などの認識を基礎に、安全規制の歴史的経緯を再検証したと説明し、原子力安全委員会のダブルチェックの目的とあり方については「余り議論されてこなかった」と指摘している。

　こうした動きのなかで、元原子力安全委員会委員長代理をつとめた大阪大学名誉教授住田健二氏は2009年10月「朝日」の「私の視点欄」に「茨城県東海村でのJCO事故10年という節目を受け、「原子力行政を担う政府の推進機関と規制機関を分離するべき」と進言している。

　筆者は柏崎刈羽原発の被災後、安全・保安院のもとに設置された調査・対策委員会（斑目春樹氏が委員長）、ならびに小委員会を数度にわたって傍聴してきた。そして、もっとも痛感することは、なぜ、こうした地震災害を引き起こしたのかという基本的な原子力行政に対する反省が安全・保安院にも委員会にもないことである。原発の安全性の審査・規制機関が行政の執行機関の中に組み込まれていることが最大の問題である。従って、委員会では安全・保安院の問題に関しては何ら的確な批判も組織の改善に関する指摘もなされなかった。

　原子力安全白書平成15年版の7〜8頁コラム欄に、「国と事業者の責任につ

いての国際原子力機関（IAEA）の規定」という一文があり，国際原子力機関（IAEA）の『原子力安全シリーズ（以下IAEA安全シリーズ）の「政府組織」』を引用している。

IAEA安全シリーズ「3章，政府組織」の「規制機関の役割と責任」では，その法的地位に関して，「301．規制機関は，その国内の原子力発電所の立地，設計，建設，試運転，運転及び廃止措置における原子力安全に関連したすべての問題について，政府としてのすべての監視，管理に関する責任を持たねばならない。」「302．規制機関は，原子力の推進に対して，責任を負ってはならない。また，加盟国内のこの責任を有する組織から独立していなければならない。」としている。

しかし，先のコラムでは「原子力発電所については，その立地，設計，試運転，運転及び廃止措置における原子力安全に関連したすべての問題について，国として監視，管理に対する責任を持つ」とIAEA安全シリーズの「独立」を求める指摘をねじ曲げている。

経済産業省資源エネルギー庁の中に設けられた安全・保安院が規制機関としての機能と権限を果たしうる組織かどうかがあらためて問われたのが，柏崎刈羽原発の被災だったと言える。

7 ■ 産官学の癒着構造

原発の安全審査に関わって，安全審査に携わる研究者が事前に電力事業者に指導してきたことが，柏崎刈羽原発被災を契機に相次いで判明した。このことは原発周辺の陸域・海域の活断層の過小評価問題の検証のなかで明らかにされた。いわば，「試験官」が事前に電力会社の「家庭教師」をになっていたということであり，チェック機能が働かない構造になっている。

この問題を懸念した中田高広島工大教授（地形学）は原子力安全委員会（安全委）の地質・地盤に関する安全審査の手引き検討委員会の2008年2月の会合で，「電力を指導した専門家の氏名，略歴を申請書に明記し，この専門家は審査に加わってはならないと定めるべきだ」と求めた。中田教授の発言の背景には，中国電力・島根原発（島根県）近くの活断層があるにもかかわらず，設置（変

更)許可申請書で,またその後の「安全審査」でも無視されたこと,東京電力・柏崎刈羽原でも活断層評価をめぐる疑惑が浮上したことなどがあげられる。「一部の専門家が指導と審査を兼ね,過小評価が見逃されたのではないか」と中田教授は指摘した。電力会社の調査と保安院や安全委の審査に同じ専門家がかかわったのでは,安全性を複数の目でチェックする制度の意味がなくなる。原子力安全委員会は2008年3月12日,安全審査を担当する専門家の選任基準を新たに内規で定める方針を示した。

　この問題について,原発立地地域の地元紙は2008年3月10日付けで次のように報じている。

　原発を建設しようとする電力会社は,敷地や周辺に活断層がないかどうかや原子炉,配管の仕様などを盛り込んだ原子炉設置許可申請書を国に提出する。その際,特定の専門家に相談し,指導を受ける。一方,申請書の「安全審査」に当たるのは原子力安全・保安院(保安院)と原子力安全委員会だが,それぞれ「意見聴取会」「安全専門審査会」という専門家集団が実質的に審査を担っている。ところが,電力会社の申請書の事前指導をした専門家が「安全審査」に当たるケースが少なくない。これでは,原子炉設置申請の安全審査の「試験官」が事前に電力会社の「家庭教師」をしているようなもの。

　しかし,その後の安全審査でも,相変わらず,安全審査に携わる研究者が,審査の事前に電力事業者を指導することに対して具体的な仕組みの転換は見られない。

　日本における原子力行政において,原子力学会だけでなく,広く大学関係者が組み込まれてきた歴史は改めて検証が求められる。

　上記の6つの視点は,新潟県の小委員会や技術委員会など様々な場でも指摘されてきたが,こうした意見は顧みられることなく,地震で被災した柏崎刈羽原子力発電所の7基の原発の内,1号機と5～7号機は安全だとの評価のもとにすでに再稼働してきたのである。同じように福島原発をはじめとする多くの原発も基本的には1970年代から80年代の耐震設計でも安全だとの評価のもとに稼働が容認されてきた。福島原発の過酷事故以降の動きを見ても,電力事業者,行政,そして大学関係者も基本的にはこれまでの原発開発の歴史を振り返

ろうとせず，同じ過ちをくり返そうとしている。

[註]
1) 新潟日報社特別取材班『原発と地震——柏崎刈羽「震度7」の警告』(講談社, 2009年) 278頁。
2) 岡村行信「音波探査プロファイルに基づいた海底活断層の認定——fault related, growth strata及びgrowth triangleの適用」『地質調査所月報』51号 (2000年) 59-77頁。
3) 石橋克彦「オピニオン：柏崎刈羽原発・再開への疑問」『科学』79巻4号 (2009年) 463-468頁，渡辺満久「変動地形学から——佐渡海盆東縁断層を巡る議論と活断層評価の問題点」「柏崎刈羽・科学者の会」リーフレット5号 (2009年) 2-6頁，渡辺満久・鈴木康弘・中田高「2007年新潟県中越沖地震と活構造」2007年第四紀学会講演要旨E2 (http://wwwsoc.nii.ac.jp/qr/meeting/2007/kinkyu/watanabefinal1.pdf)。

〔立石　雅昭〕

11 原発訴訟弁護団からみた浜岡原発の危険性と福島原発事故

1 ■ 原発の危険性を直視しなかった立法・行政・司法

安全神話を前提にして作られた法律

　福島原発事故以前は，原発は環境問題を引き起こさないという前提で法律が作られていたのではないかと思われる節がある。公害環境問題については，環境基本法を頂点として各種の防止法が制定されているが，放射性物質に関する規制は，この法体系から除外されていた。すなわち，環境基本法13条において「放射性物質による大気汚染，水質の汚濁及び土壌の汚染防止のための措置については，原子力基本法その他関係法律の定めるところによる」とされ，各防止法を見ると，大気汚染防止法27条1項では「この法律の規定は放射性物質による大気の汚染及びその防止については適用しない」，水質汚濁防止法23条1項では「この法律の規定は放射性物質による水質の汚濁及びその防止については適用しない」，土壌汚染対策法2条1項では「（特定有害物質から）放射性物質を除く」，廃棄物処理法2条1項では「放射性物質及びこれにより汚染されたものを除く」とされていた。

　ところが，原発から外部に放出される放射性物質による大気汚染，水質の汚濁及び土壌の汚染防止のための措置を定めた規定は，原子力基本法その他関係法律のどこにも存在しない。また，放射能に汚染された廃棄物，土，水，食品に関する基準，処理の仕方も法定されていなかった。このように原発事故によ

り放射性物質が外部に放出されることは想定されていなかった。

　一般公衆の放射線線量限度は「1年間に1ミリシーベルト」とされ（実用発電用原子炉の設置，運転等に関する規則の規定に基づく線量限度等を定める告示（平成13年3月21日経済産業省告示第187号）第3条1項1号），それ以上の放射性放出はあり得ないという前提で原発の運転は許可されていたのである。

　福島原発事故後放射能汚染を目の当たりにして，①放射性物質に汚染されたゴミの処理，除染措置のため，「災害廃棄物処理特措法（東日本大震災により生じた災害廃棄物の処理に関する特別措置法）」「放射性物質汚染対処特措法（2011年3月11日に発生した東北地方太平洋沖地震に伴う原子力発電所の事故により放出された放射性物質による環境の汚染への対処に関する特別措置法）」が制定され，②放射能汚染食品については，原子力安全委員会の策定していた「飲食物摂取制限に関する指標」を食品の暫定規制値とし，それを上回る食品は食品衛生法6条2号の有害な食品として流通規制をし，③「飲食物摂取制限に関する指標」を超える水について，政府の原子力対策本部が，摂取制限をし，④土壌汚染については，農地の米の作付規制については農水省が暫定的に規制基準を策定し，その余の土壌については環境省，文科省が方針を策定して，泥縄式に対応していた。

　その後，厚労省は食品衛生法11条1項に基づき，食品の新たな基準値を設定し，新たな基準値が2012年4月1日から施行され，環境基本法13条は，原子力規制委員会設置に伴い，原子力規制委員会設置法付則51条により削除された。しかし放射能による環境汚染の防止に関する法律は，事故由来の放射性廃棄物の処理に関する規制以外は，未だに存在しない。

原発推進に傾斜した法体系

　原子力基本法は，原発に関する法律の基本となるものであるが，同法第1条に規定する目的は「原子力の研究，開発及び利用を推進することによって，将来におけるエネルギー資源を確保し，学術の進歩と産業の振興とを図り，もって人類社会の福祉と国民生活の水準向上とに寄与することを目的とする」であり，原発の安全性が目的のなかに含まれていない。

　原子炉等規制法（核原料物質，核燃料物質及び原子炉の規制に関する法律）に原発の安全確保に関する規定が定められているが，同法第1条の目的は「原子力の

利用が平和の目的に限られ，かつ，これらの利用が計画的におこなわれること を確保するとともに，これらによる災害を防止し」であり，推進目的が第一に 規定されていた（原子力規制委員会設置に伴い，原子炉等規制法1条から「これらの 利用が計画的に行われること」は削除されたが，原子力基本法1条の推進目的に変更は ない)。

そして，原発の安全性確保のための行政機関としては，原子力安全委員会と 原子力安全・保安院が存在したが，法律を見ると，いずれの機関も原発の利用, 推進の枠内で安全性を確保する活動をするように仕向けていた。

内閣府に原子力委員会と原子力安全委員会が置かれ（旧原子力基本法4条，旧 原子力委員会及び原子力安全委員会設置法1条），原子力安全委員会は「原子力の 安全確保に関する事項について企画，審議，決定する」（同法13条）と規定され， 安全確保をその任務とし，原子力委員会は，「原子力の研究，開発，利用に関 する事項の企画，審議，決定する」（同法2条）と規定され，原子力の利用推進 をその任務としていた。仮に原子力の安全確保と原子力の利用推進が対立する ような場合は，安全確保を優先するべきであると考えるが，「原子力委員会及 び原子力安全委員会は，その所掌事務の遂行について，原子力利用が円滑に行 われるように相互に緊密な連絡をとるものとする」と規定され（同法26条）， 原子力利用に傾いていた。

また，原子力安全・保安院は，資源エネルギー庁内に置かれる特別な機関で， 原子力に関する安全確保の事務を司る（旧経済産業省設置法20条）ものとされて いたが，そもそも資源エネルギー庁は，経産省の外局で，エネルギーの安定的 及び効率的供給の確保及び適正な利用の推進を任務とする（同法14条，16条） ものであるから，原子力安全・保安院は原発利用推進の枠内で安全確保を司る 存在となっていた。

なお，今回の原子力規制委員会設置に伴い，原子力安全委員会，原子力安全・ 保安院は廃止されたが，原子力委員会は存続している。

原発を止めようとしなかった司法

福島原発事故発生までに，国を相手として原発の設置許可処分取消等を求め る行政訴訟と，電力会社を相手として原発の運転差止等を求める民事訴訟が以

下のように行われた。

 行政訴訟 設置許可処分取消請求事件（伊方原発1号，2号，福島第二原発1号，柏崎刈羽原発1号，東海第2原発，ウラン濃縮施設，低レベル放射性廃棄物処分施設），設置許可処分無効確認請求事件（もんじゅ），指定処分取消（再処理施設）
 民事訴訟 運転差止請求事件（女川原発1号，もんじゅ，泊原発，志賀原発1号，2号，島根原発1，2号，浜岡原発1乃至4号，大間原発，玄海原発3号）

これらの訴訟のうち，住民側が勝訴したのは，①もんじゅ（無効確認2003.1.27名古屋高裁金沢支部），②志賀原発2号（差止金沢地裁2006.3.24）だけである。しかも，いずれも上級審で逆転敗訴になったので，判決で原発が止められたことは一度もない。

司法の原発の安全性に関する態度を鮮明に示しているものは，柏崎刈羽原発ともんじゅに対する最高裁の判断である。

もんじゅ無効確認訴訟では，控訴審で住民側勝訴の判決が出ていたところ，最高裁（2005年5月30日判決）は，積極的に自ら事実認定を変更して，住民側を逆転敗訴させている。

ところが，安全性が問題になる事実については，目をつぶってしまうのである。すなわち，2007年7月16日，柏崎刈羽原発で中越沖地震を共通原因とする3000ヶ所以上の同時故障が発生した。また，地震規模もM6.8という中規模の地震であったにもかかわらず，原発を設計するために想定した基準地震動450ガルに対し約1700ガルの揺れが原発サイトを襲った。まさに安全審査で想定されていない事態が発生したのである。住民側がこれらを指摘して安全性が保たれていないと主張したところ，「最高裁は法律審であり事実審ではない」と述べて何ら判断をせず，上告棄却した（柏崎刈羽原発設置許可処分取消2009年4月23日最高裁判決）。

安全神話の流布と原発に関する立法・行政・司法のスタンスは密接に関係している

原発の安全性は絶対に確保されるかのような安全神話が政府，電力会社によって流布されてきた。以下の2つの安全神話である。

①「止める」「冷やす」「閉じ込める」で原発の安全性は確保される。「止める」は緊急時に制御棒が燃料棒の間に挿入され，核分裂を引き起こす中性子を吸収して核分裂反応を止める。「冷やす」は止めても長年にわたり発生する燃料棒内の放射性物質から出る崩壊熱を水で冷やすことである。「閉じ込める」は放射能の外部への放出を防ぐ機能のことであり，燃料ペレット，燃料被覆管，原子炉圧力容器，原子炉格納容器，原子炉建屋の「5重の壁」で閉じ込める。

②多重防護により安全性は保たれる。第一に異常の発生を防止する。第二に何らかの原因によって異常が発生した場合でも，それが拡大することを防止する。第三に異常が拡大してもなお放射性物質の環境への多量の放出という事態を確実に防止する。

原発が安全であってほしいという願望によるものか，あるいは，原発の危険性を隠蔽するためのものか，いずれによるのか不明であるが，安全神話は，原発の利用推進のための有効な説明として使われ続けてきた。

しかし，福島原発事故が，これらの説明が安全神話に過ぎないことを明らかにした。冷やすことも閉じ込めることもできず，異常が発生し，それが拡大し，放射性物質が多量に放出したのである。

少し冷静になって考えれば，これらの安全確保策が限定的であることは容易に理解できるところであり，それにもかかわらずこれらの安全神話が流布されたのは，原発の危険性を直視してこなかった立法，行政，司法の態度と密接に関係するものである。

2 ■ これまでの安全性判断の枠組みおよび判断基準

立法および行政による安全性確保策

原発に対する法的規制は，核燃料物質の扱いに関する視点からの規制と電気工作物に関する視点からの規制があった。

核燃料物質の扱いに関する視点からの規制の基本となる法律は，原子炉等規制法で，まず，原発を設置するためには経済産業大臣の設置許可処分を得なければならない（旧原子炉等規制法23条1項1号）。許可処分をするにあたっては「原

子炉施設の位置，構造及び設備が核燃料物質（使用済み燃料を含む），核燃料物資によって汚染された物（原子核分裂生成物を含む）及び原子炉による災害の防止上支障がないものであること」（同法24条1項4号）の要件を満たしていなければならない。

そして，この4号に規定する基準の適用については原子力安全委員会の意見を聴かなければならない（同条2項）。

原子力安全委員会は，「安全確保に関する事項について企画，審議，決定する」（旧原子力基本法5条2項）ものであり，「核燃料物質及び原子炉に関する規制のうち，安全確保のための規制に関することについて企画，審議，決定をする」（旧原子力委員会及び原子力安全委員会設置法13条1項2号）ものであるから，「災害の防止上支障がないこと」について実質上の審査をし，その審査のための基準となる安全指針類を策定して審査をしていた。

また，原子力安全・保安院も「発電用原子力施設に関する規制，安全の確保に関すること，エネルギーとしての利用に関する原子力の安全の確保に関することの事務を司る」（旧経済産業省設置法20条1〜3項，4条1項57〜59号）ものであり，原子力安全・保安院が審査をし，これを原子力安全委員会が審査することになっていた。

これをダブルチェックと称して，二重に安全審査がなされているので厳格に安全審査がなされているように言われてきたが，前記のように，原発推進に傾斜した構造になっている体系下では，推進の枠内における安全性判断にとどまるもので，ダブルチェックであるからと言って厳格に安全審査がなされるとは言えなかった。

そして，設置許可処分がなされた後に，後記の電気事業法に基づき，原発の設計および工事方法についての認可，原発の使用前に工事及び性能についての検査，溶接についての検査に合格すること，さらに，運転開始前に，原発の保安規定について経済産業大の認可を得る（旧原子炉等規制法37条1項）ことが必要とされていた。

一方電気工作物に関する視点からの規制の基本となる法律は電気事業法である。経済産業省が定める技術基準に従い，事業用電気工作物を設置する者は，経済産業大臣による工事計画の認可を得なければならず（旧電気事業法48条1

項),事業用電気工作物を技術基準に適合するように維持しなければならない (同法39条1項),事業用電気工作物が技術基準に適合しないと認めるときは,経済産業大臣は,技術基準に適合するように事業用電気工作物の修理,改造,移転,使用の一時停止,使用制限が出来る(同法40条)。

電気事業法の規定する技術基準とは,「発電用原子力設備に関する技術基準を定める省令」(省令62号) および技術評価を経た日本機械学会,日本原子力学会,日本電気協会等の学協会規格である。少し細かい話になるが,この技術評価をして学協会規格を具体的技術基準として認める作業をするのは主に総合資源エネルギー調査会原子力安全・保安部会原子炉安全小委員会である。総合資源エネルギー調査会は資源エネルギー庁内に置かれ(旧経済産業省設置法18条),エネルギーの安定的かつ効率的供給の確保,適正な利用の推進に関する総合的な施策の重要事項等について調査審議する(同法19条)ことを任務としており,原発の安全性確保をその任務とはしていない。その調査会内に設置された原子力安全・保安部会原子炉安全小委員会が,原発の安全性にかかる具体的技術基準を定めるとされているのであるから,原発の安全性確保は原発推進の枠内でなされたと考えざるを得ない。

さらに規制機関と推進機関の一体化を示すものは,輻輳する部会の担当課である。総合資源エネルギー調査会の所管官庁および庶務担当部局は資源エネルギー庁総合政策課である。そして,総合資源エネルギー調査会原子力安全・保安部会を除き,調査会内の他の部会は全て資源エネルギー庁内の課が担当する。ところが,原子力安全・保安部会の所管官庁及び庶務担当部局だけが,原子力安全・保安院企画調整課となっている。エネルギーの供給確保を所掌事務とする総合資源エネルギー調査会内に,原子力の安全に関する部会を置いて,原子力の安全事務を司る原子力安全・保安院がその庶務を担当している構造は,規制と推進の一体化を如実に示していた。

なお,今回の原子力規制委員会設置法の制定及び関連法案の改正により,安全規制機能は原子力規制委員会に一元化され,規制法も原子炉等規制法と電気事業法に分かれていたものを原子炉等規制法に一元化することになった。この改正における重要な問題のひとつは,安全規制に専心できる意思と能力を有する人材を配置できるか否かである。

司法による安全審査の枠組みおよび判断基準

　行政による原発の安全性確保策に関する司法の審理方式には，司法が原発の安全性を白紙から出発して全面的に審理する司法判断代置方式と，行政の判断を尊重し，当不当の問題はあっても，その判断が濫用，逸脱に当たらない限り違法とはならないという考え方がある。だが，伊方最高裁判決（1992年10月29日判決設置許可処分取消訴訟）はそのいずれでもなく，行政判断は「災害の防止上支障がないこと」に拘束され，安全審査は「万が一にも重大事故が起きないようにするため」になされているのであるから，安全審査に使用された審査基準が不合理であるか，審査基準に基づいたとされる判断に看過し難い過誤，欠落がある場合にそれに従った行政判断は違法となるという審理方式を採用している。また，その判断のもとになる科学技術は調査審議時点ではなく，現在時点のものによるとしている。伊方最高裁の判旨は以下のとおりである。

① 　原子炉等規制法24条1項3号の技術的能力，4号の災害の防止上支障がないことを審査すべきとする設置許可基準の趣旨は，「技術的能力を欠くとき，又は原子炉施設の安全性が確保されないときは，……重大な危害を及ぼし，……深刻な災害を引き起こすおそれがあることに鑑み，右災害が万が一にも起こらないようにするため，……技術的能力……安全性につき，科学的，専門技術的見地から十分な審査を行わせることにある。
② 　現在の科学技術水準に照らし，右調査審議において用いられた具体的審査基準に不合理な点があり，あるいは当該原子炉施設が右の具体的審査基準に適合するとした原子力委員会若しくは原子炉安全専門審査会の調査審議及び判断の過程に看過し難い過誤，欠落があり，被告行政庁の判断がこれに依拠してされたと認められる場合には違法と判断するべきである。
③ 　判断に不合理な点があることの主張，立証責任は，本来，原告が負うべきものと解されるが，当該原子炉施設の安全審査に関する資料をすべて被告行政庁の側が保持していることなどの点を考慮すると被告行政庁の側において，まず，その依拠した前記の具体的審査基準並びに調査審議及び判断の過程等，被告行政庁の判断に不合理な点のないことを相当の根拠，資料に基づき主張，立証する必要があり，被告行政庁が右主張，立証を尽くさない場合には，被告行政庁がした右判断に不合理な点があることが事実上推認される。

このような審理方式及び判断基準を適用するならば，裁判により原発が止まっても不思議ではないと思われるが，結果は前記のとおり1機も止まらなかった。

3 ■ 浜岡原発の危険性と不当な第一審判決

裁判では，伊方最高裁判決の基準が具体的適用場面でどのように変容され，危険な原発を止めない結論が導かれているのか，浜岡原発訴訟に沿って検討してみる。

浜岡原発の概要

中部電力が所有する浜岡原発は首都圏から約185キロメートルの距離にある静岡県御前崎に設置され，その場所はユーラシアプレートの下にフィリピン海プレートが沈み込む，そのプレート境界面の直上であり，巨大なプレート間地震の発生が予期されている所である。原発の型式は沸騰水型（BWR）または改良型沸騰水型（ABWR）で，出力，建設開始時期，運転開始時期は以下のとおりである。

1号機（BWR 54万kw）1971年3月着工，1976年3月運転開始
2号機（BWR 84万kw）1974年3月着工，1978年11月運転開始
3号機（BWR 110万kw）1982年11月着工，1987年8月運転開始
4号機（BWR 113.7万kw）1989年2月着工，1993年9月運転開始
5号機（ABWR 138万kw）1999年3月着工，2005年1月運転開始

第一審の訴訟経過

東海地震がいつ起きてもおかしくない時期に入っており，直ちに原発を止めることを求め，2002年4月25日に1ないし4号機の運転差し止め仮処分の申立が静岡地方裁判所に提起された。5号機は未だ運転開始されていなかったので対象から除かれた。

その後，2003年7月3日に1ないし4号機の運転差し止め訴訟が提起され，危険性を詳細に立証するため，文書提出命令の申立，原発の検証，多数の証人

尋問がなされた。

　文書提出命令の申立は，中部電力が所持している書類で，原発の安全性に係る重要な証拠を提出させるためになされたものである。対象とされた文書は，中部電力の所持する原発の詳細設計に係る書類で，その任意開示を求めたところ，中部電力から任意提出がなされたものの，重要な部分にマスキングがなされていた。そこで，2004年1月9日に文書提出命令の申立をしたところ，1審裁判所は「原子力発電所の安全性の確保は，単に申立人らや，これを稼働させている相手方の利害に関する事項というにとどまらず，社会共通の要請であり利益であるといえることも考慮すると」等の理由を付して2005年3月16日文書提出命令が出された。これに対し，中部電力側から東京高裁に抗告が申し立てられ，2006年3月15日東京高裁は「技術上のノウハウ」として秘密を保護すべきであるとして文書提出命令を否定する逆転の決定を出した。承服し難い不当な決定であるが，訴訟進行が遅れるので，任意提出部分で立証することにして，これに対する不服申立は断念した。

　2006年4月6日に4号機の検証がなされた。検証中に，立ち会った当事者が当該場所或いは対象機器・配管等について指示説明をするが，原告側は電源について次のような指示説明をした。

　　　地震により開閉所の碍子が破壊されたり，または当該地域に大規模な停電が発生して外部電源が喪失したりしたときに，非常用ディーゼル発電機がそのバックアップとして働くことが必要となる。仮にこの非常用発電機が停電時に早期に機能しなければ，動力電源がまったく失われてしまい，ポンプも動かず，原子炉の崩壊熱も除去することができなくなって，炉心溶融に至る可能性がある。
　　　非常用発電機は，その意味で外部電源喪失時の命綱となる施設であり，そのとき稼動しなければ，重大な事故となってしまう。非常用発電機も機械であるので，故障が生じる可能性は否定できず，それが2台の非常用発電機に共通の原因で起こる可能性も否定できない。このような事態は，想定外の地震動によってもたらされる可能性が高い。
　　　非常用ディーゼル発電機が1階に設置されていることから，津波の際の冠水が危惧される。

　福島原発事故は，この指摘とおりの事故が発生したのである。

2006年9月～2007年4月にかけて、原告側証人として、石橋克彦（想定される地震について）、田中三彦（機器・配管の安全性の考え方と限界等について）、井野博満（応力腐食割れ、脆性破壊等について）、被告側証人として、班目春樹（多重防護、機器・配管の安全性について）、溝上恵（中央防災会議の震源モデルについて）、入倉孝次郎（中央防災会議モデルの地震動について）、徳山明（地盤について）、伯野元彦（原子炉建屋の耐震設計について）、鈴木純也（応力腐食割れ等について）、中澤博文（保安管理体制について）、新井拓（き裂進展評価等について）が調べられた。入倉氏は原告側も申請し、中立的立場で証言してもらう筈であったが、結局中部電力側の証人として登場した。

2007年6月15日に弁論が終結され、判決を待つばかりになった直後の2007年7月16日に中越沖地震が発生した。想定してない活断層による地震、想定していない大きさの地震動であり、耐震設計審査指針或いはその指針の適用の不備が明らかにされ、また、柏崎刈羽原発では3000箇所以上の損傷が同時に発生し、共通原因故障を想定しない安全設計審査指針の不備が明らかにされた。弁論再開を申立て、中越沖地震に関する主張立証をすることが検討されたが、裁判所から、中越沖地震による被害は公知の事実である、弁論再開をすればさらに審理期間を要し、現在の裁判体（裁判長宮岡章、右陪席裁判官男澤聡子、左陪席裁判官戸室荘太郎）で判決することはできなくなるといわれ、それまでの主張立証の成果と併せ考えると、裁判所がそこまでいうのであれば運転差止の判決が下されるのではないかと判断し、判決を求めたところ、2007年10月26日に仮処分申立棄却決定、運転差止請求棄却判決が出された。

浜岡原発の危険性と第一審の判断

(1) 第一審は主張立証責任と立証対象を非安全側に変容した

少なくとも伊方最高裁判決によれば、電力会社が、安全審査に用いた基準が不合理でないこと、基準の適用に看過し難い過誤・欠落がないことにつき、相当の根拠、資料に基づいて主張立証する必要があるとすべきである。ところが第一審判決は「原子炉施設の安全設計、安全管理等に関する資料の大部分を被告が保有し、証拠が偏在していること、企業秘密等の制約があるため原告らが立証に必要な資料を入手することが困難であることなどの事情に照らせば、被

告は，当該原子炉施設が原子炉等規制法及び関連法令の規制に従って設置，運転されていることについてまず主張立証する必要がある。その主張立証を果たさないときは，人格権侵害の具体的危険性の存在を推認するのが相当である。被告が立証した時は，原告らにおいて，上記国の諸規制では原子炉施設の安全性が確保されないことを具体的な根拠を示して主張立証すべきである」と述べ，基準が合理性を要することについては触れず，基準の合理性について審理をしないで，単に法令に従っていることを主張立証すれば電力会社は一応の責務を果たしたと判断した。この判断は，設置許可の過程をなぞるだけに過ぎず，相当の根拠，資料に基づく安全性の主張立証を求めるものではない。そして，この判断では，基準の不合理性について，原告に主張立証を要求していることになる。

(2) 第一審は安全性の程度を「社会的に無視しうる程度」に変容した

　伊方最高裁判決によれば，安全性は「万が一にも」事故が起きないことである。しかるに第一審は「原子炉施設の安全性とは，起こり得る最悪の事態に対しても周辺住民等に放射線被害を与えないなど，原子炉施設の事故等による災害発生の危険性を社会通念上無視し得る程度に小さなものに保つことを意味し，およそ抽象的な想定可能なあらゆる事態に対し安全であることまで要求するものではない」と判断して，「社会通念上無視し得る程度に小さなもの」に基準を緩めた。

　なお，この判旨は意味不明瞭であり，基準を緩めることを第一に考え，論理的繋がりは検討しなかったのではないかと思わせる文章である。すなわち，「起こり得る最悪の事態に対しても周辺住民等に放射線被害を与えない」ためには，「想定可能なあらゆる事態に対し安全であること」が要求される筈である。ところがこの2つは別物とされている。「想定可能なあらゆる事態」から「抽象的な事態」を除いて「起こり得る最悪の事態」を考え，その事態に対して「周辺住民等に放射線被害を与えないこと」になっている場合には，災害の発生の危険性を社会通念上無視し得る程度に小さなものに保つことになると判断していると思われる。抽象的な事態とは何を意味するのかについて説明がなく，起こり得る最悪の事態の意味も不明である。社会的に無視し得る程度の危険は想定する必要がないという融通無碍な抽象的基準を定立して，原発は安全である

という結論に導こうとする意図が窺がわれる。

(3) 第一審は，安全指針類の不合理性を看過した
(a) 単一故障指針が不合理

　安全指針類のなかで，立地審査指針，安全設計審査指針，安全評価審査指針，耐震設計審査指針は特に重要な指針である。

　立地審査指針は，万が一の事故に関連して，その立地条件の適否を判断するためのものであり，立地条件として　①大きな事故の誘因となるような事象が過去においてはなかったことはもちろんであるが，将来においてもあるとは考えられないこと。また，災害を拡大するような事象も少ないこと　②原子炉は，その安全防護施設との関連において十分に公衆から離れていること　③原子炉の敷地は，その周辺も含め，必要に応じ公衆に対して適切な措置を講じる環境にあることを求めている。

　安全評価審査指針において，原子炉施設の幾つかの構築物，系統及び機器につき，異常状態における解析，評価をして，所定の機能が果たされていることが確認されることが求められている。本指針に適合していれば，安全設計評価，立地評価は妥当なものと判断される運用がなされている。

　安全設計審査指針は，設置許可申請に係る安全審査に当たって確認すべき安全設計の基本方針について定めたものであって，安全審査において，施設の安全設計がこの指針の定める要求を十分に満足していることを求めている。

　耐震設計審査指針は，耐震設計上重要な施設は，施設の供用期間中に極めてまれではあるが発生する可能性があり，施設に大きな影響を与えるおそれがあると想定することが適切な地震動を策定し，この地震動を前提とした耐震設計を行うことにより，その安全機能が失われないように設計されなければならないとする。また，施設の供用期間中に極めてまれではあるが発生する可能性があると想定することが適切な津波によっても，施設の安全機能が重大な影響を受けるおそれがないように設計されなければならないとしている。

　これらの指針類に適合しなければならないことは勿論であるが，福島第一原発事故で明らかになったように，想定した地震・津波が適切であるとは限らず，その場合には重要な安全施設が同時に損傷することがありうるのに，安全設計指針，安全評価指針では単一故障指針（単一の原因によって，異常状態に対処

するために必要なひとつの機器が所定の安全機能を失うことをいい，その原因によって必然的に発生する要因に基づく多重故障を含むとするが，その安全機能をすべて失うような複数故障は想定しない）を採用し，地震，津波を原因として同時に複数の故障を発生させることがある事実を無視して，単一故障を仮定するだけで安全設計，安全評価をしている。現実無視の単一故障指針の考え方は不合理である。
(b) 第一審の判断

第一審は，以下のとおりの判断をした。

安全設計審査指針は，軽水炉に関する経験と最新の技術的知見に基づいて，軽水炉の安全審査に当たって確認すべき安全審査の基本方針を定めたものであり，同指針で，耐震設計については，耐震設計審査指針において定めるところによるとしている。

安全評価指針は，想定される事象（運転上不可避的に発生する可能性のある異常事象）に加え，安全系の機能別に結果を最も厳しくする単一故障を仮定しても安全性が確保されることを要求しているもので，地震その他の自然現象に対するものとして要求しているものではない。

単一故障の仮定による安全評価が不十分であるかどうかは，安全評価指針が予定している単一故障の仮定による安全評価がそもそも妥当であるかという点と，地震その他の自然現象に対する設計上の考慮に加えて単一故障の仮定による安全評価をすることで足りるかどうかという点に区別して検討する必要がある。

① 安全評価指針における事象の選定，解析条件の妥当性

安全評価指針が単一故障の仮定を要求しているのは，安全系全体として適切に維持，機能していることを総合的に検討しようとするものであるから，その目的において十分合理性を有する。

安全評価指針において定められた事象及び解析条件は，専門家が数多くの事象を念頭においてブレーンストーミングを行い，……実際起こり得る事象を包絡し，十分安全を確保することができるものとして合意したものである。

② 地震発生を共通原因とした故障の仮定の必要性

全体として原子炉施設の安全性が確保されるのであれば，単一故障の仮定による安全評価をするという方法をとることも不合理ではない。

耐震設計審査指針等の基準を満たしていれば，安全上重要な設備が同時に複数故障するということはおよそ考えられないから，安全評価の過程においてまで地震発生を共通原因とした故障の仮定をする必要は認められない。

したがって，シュラウドの分離，複数の再循環配管の破断の同時発生，複数の主蒸気管の同時破断，停電時非常用ディーゼル発電機の2台同時起動失敗等の複数同時故障を想定する必要はない。

(c) 第一審判断の誤り

上記のとおり，第一審は，耐震設計審査指針等の基準を満たしていれば，安全上重要な設備が同時に複数故障するということはおよそ考えられないという判断をした。しかし福島原発事故で，この判断が間違いであることが明白にされた。地震，津波を共通原因とする同時多発故障を考えなければならず，さらに，安全機能を司るシステムが少なくともひとつは残ると言う単一故障の仮定による安全評価も誤りであることも明らかにされた。

また，「安全評価指針において定められた事象及び解析条件は，専門家が数多くの事象を念頭においてブレーンストーミングを行い，……実際起こり得る事象を包絡し，十分安全を確保することができるものとして合意したものである」等という評価は，行政判断への追随であり，指針の不合理性を司法の審理対象とする伊方最高裁判決の基準を無視するものである。

(4) 第一審は浜岡原発を襲う地震の危険性を判断しなかった

(a) 想定不十分な地震像

福島原発事故は，地震像，津波の高さの想定が不十分であったことによって引き起こされた。想定されていた地震はマグニチュード7.9の仮想塩屋崎沖地震であり，マグニチュード9の東北地方太平洋沖地震は想定から除外されていた。到来した津波の高さは，過去の津波の痕跡，試算等で予想されていたが，想定から除外し，対策はなされなかった。これとは別に，福島第一原発1号機の配管の損傷は，想定した地震動内の揺れによって引き起こされた可能性が高く，仮にそうであれば，想定した基準地震動内であれば機器配管は損傷しないという耐震設計の思想そのものが根本的に誤っていることになる。

浜岡原発訴訟では，中部電力の地震の想定が不十分であり，原発震災の危険性があることが主張立証された。第一審は，「抽象的可能性」とレッテルを貼っ

て巨大な地震を考慮外としたが，福島原発事故の発生は，「抽象的可能性」という言葉を使用する裁判所の無責任さを明らかにした。

　地震像を考えるにあたって，問題になる要素は以下のように考えられる。しかし中部電力はこれらにつき過小な想定を維持した。

① アスペリティの位置

　２つのプレートがかみ合いながら，沈降し，ある時かみ合いが外れてプレートが跳ね上がるのがプレート間地震であるが，かみ合う部分にも強弱があり，特に強く固着している部分が離れるとき，強い地震動を出す。その強い固着域をアスペリティと呼ぶ。それがどこに位置するかによって，地上の揺れが異なってくる。アスペリティの直上付近では，強い揺れが生じる。

　そして，アスペリティの実際の位置は不明であるから，安全側に考えて浜岡原発の直下にアスペリティを置くモデルで地震動を考えるべきである。

② 震源断層面の深さ

　中央防災会議モデルは，震源断層面の深さを20kmとしていた。しかし，石橋証人により，震源断層面の深さは14kmと判断すべきことが十分に立証された。

　中部電力も「不確かさの考慮」として，アスペリティを浜岡原発直下に置いた仮想的東海地震モデルを作り，その場合地震動レベルは中央防災会議モデルの1.5倍になると評価し，震源断層面までの深さ14kmとした新知見検討モデルでは地震動レベルは中央防災会議モデルの1.3倍になると評価したが，影響の大きいアスペリティの位置の変更だけを考慮することにした。

　しかし，①と②の影響を併せて考慮すれば，地震動レベルは２倍になり，耐震安全性は保たれない。

③ 応力降下量

　プレートが押し合っている時に存在する応力が地震発生によって解放され，地震発生前に比べ発生後の応力が小さくなる。その応力の差を応力降下量というが，中部電力は，新知見検討モデルにおいて，浜岡原発付近の震源断層面までの深さを浅くする一方で，アスペリティの応力降下量を下げて，浜岡原発における揺れを抑えて過去のデータのひとつに過ぎない安政東海地震の震度分布にあわせている。アスペリティを敷地直下に置き，震源断層面の深さを14kmとし，応力降下量を下げなければ，さらに原発の耐震安全性は保たれない。

④超東海地震

　安政東海地震では御前崎周辺が1m前後隆起したが，地震隆起の痕跡は地形として殆ど残っていない。それは，御前崎周辺は，フィリピン海プレートの沈み込みに従って年数mmから1cmの速さで沈降しているので隆起が相殺されるからである。ところが，海－陸境界の高さが階段状になっている地形があり，これは沈降量を大きく上回る巨大な地震が起きていることを示すもので，海岸段丘を形成する大きな隆起を伴うイベントが1000～1500年に1回の割合で発生したと考えられる。

　超東海地震が発生すれば，原発の耐震安全性は保たれない。

(b)誤った第一審の判断

　第一審は「安政東海地震を上回る地震モデルは，可能性としてはともかく，科学的根拠をもって合理的に想定しうるものではない」「確かに，我々が知り得る歴史上の事象は限られており，安政東海地震又は宝永東海地震が歴史上の南海トラフ沿いのプレート境界型地震の中で最大の地震ではない可能性を全く否定することまではできない。しかし，このような抽象的な可能性の域を出ない巨大地震を国の施策上むやみに考慮することは避けなければならない」等といって，想定を超えた地震は考慮外とした。

　福島原発において，想定を超える津波高が試算されていながら何ら対策が取られず今回の事故に至ったことを考えれば，合理的根拠を持って考えられる地震を，抽象的危険等という言葉で考慮外とすることが誤りであることは明白である。

4 ■ 福島原発事故から考えるべきこと

│2度と重大事故を起こさないための司法の役割

　福島原発事故は「万が一にも」起きてはならない事故である。「社会的に無視し得る程度」の事故ではない。ところが，浜岡原発訴訟では，「原子炉施設の事故等による災害発生の危険性を社会通念上無視し得る程度に小さなものに保つことを意味し，およそ抽象的な想定可能なあらゆる事態に対し安全である

ことまで要求するものではない」という判断基準で，中部電力の想定を超えた地震の発生を悉く否定した。

　また，「耐震設計審査指針等の基準を満たしていれば，安全上重要な設備が同時に複数故障するということはおよそ考えられないから，安全評価の過程においてまで地震発生を共通原因とした故障の仮定をする必要は認められない。

　したがって，シュラウドの分離，複数の再循環配管の破断の同時発生，複数の主蒸気管の同時破断，停電時非常用ディーゼル発電機の2台同時起動失敗等の複数同時故障を想定する必要はない」と判断した。

　浜岡原発訴訟第一審判決の判断では，再び福島原発事故と同様の重大事故が発生することを防ぐことはできない。

　福島原発事故を2度と引き起こさないためには，裁判所は，万が一にも重大事故が起きないように安全審査をすべきこと，地震，津波を共通の原因とする同時多発故障の発生を前提とした安全設計審査，安全評価審査がなされるべきで，単一故障指針では安全性確保ができないこと，を認めたうえで，原発の安全性の有無について厳しく判断をすべきである。

福島原発事故で明らかになった安全確保策の不備

　現時点で明らかなことは少なくとも以下の通りである。全国の原発でも同じことがいえるはずであり，現状では「災害の防止上支障がないこと」の要件が満たされているとはいえない。

(1) 耐震設計審査指針で耐震安全性確保できなかった

　「世界でM9が起きても，日本では起きないと考えてきた。学問的なパラダイムに縛られていた点は大きな反省だ」(阿部勝征地震調査委員会委員長)と根本的考え方につき反省が示された。佐竹健治ほか「石巻・仙台平野における869年貞観津波の数値シミュレーション」(2008年活断層・古地震研究報告8号71-89頁)では，仙台周辺や福島県の平野の地層に残された古い津波の堆積物の研究などから，少なくとも宮城県から福島県の沖合で長さ200km以上の震源断層面がずれ破壊して特大の津波を生ずる地震が，500年〜1000年に一度発生したと指摘され，その最後の地震が，貞観11年(西暦869年)の陸奥国の大地震津波だと推定され，すでに1100年以上経っているから要注意だと考えられていた。東

京電力が実施した2009年6月の耐震安全性の再評価の中間報告書の審議の際，審議委員岡村行信氏からこの指摘がなされたが，東京電力，原子力安全・保安院がこれに対応しなかった。

　耐震設計審査指針に従っていれば耐震安全性が確保されるという発想に基づいて原発の安全性が語られているが，現実は，耐震設計審査指針があっても，今回の福島原発事故を防ぐことに役立たなかった。

(2) 共通原因故障を考慮しない安全性評価が役に立たなかった

　福島原発は，地震及び地震随伴事象である津波により，重要機器が同時に故障した。浜岡原発訴訟第一審判決の「原子炉施設においては，安全評価審査指針に基づく安全評価とは別に耐震設計審査指針等の基準を満たすことが要請され，その基準を満たしていれば安全上重要な設備が同時に複数故障するということはおよそ考えられないのであるから，安全評価の過程においてまで地震発生を共通原因とした故障の仮定をする必要は認められず，内部事象としての異常事態について単一故障の仮定をすれば十分であると認められる」という考えでは安全性は保たれない。

(3) 長時間の全電源喪失を考えない安全設計審査指針が役に立たなかった

　原子力安全委員会が1990年に定めた「発電用軽水型原子炉に関する安全設計審査指針」(安全設計審査指針)の27項目「電源喪失に対する設計上の考慮」では，全交流電源が短時間喪失した場合に，原子炉を安全に停止し，その後の冷却を確保できる設計であることを要求しているが，その項目に関する解説書では，長期間の電源喪失は「送電線の復旧又は非常用交流電源設備の復旧が期待できるので考慮する必要はない」としていた。

　最後の原子力安全委員会委員長班目春樹氏が，第一審における中部電力側証人として，非常用発電機2台のダウンを考えない理由について「割り切りだ」「非常用ディーゼル2個の破断も考えましょう，こう考えましょうと言っていると，設計ができなくなっちゃうんですよ」と証言し，原発利用推進のために割り切っているだけで，何ら科学的根拠を示さなかった。この明らかに不合理な指針につき，第一審判決は，安全指針の合理性について中部電力側の主張立証を求めない審理方式をとり，原発利用推進に加担した。

　この証言で明らかになった安全設計審査指針の不合理性を認めていれば，福

島原発事故を防ぐことが出来たかも知れない。

被害を直視し，原発の危険性を直視すべきである

　福島原発事故による福島県民の避難者は，2012年9月12日現在，福島県が把握している限りの人数でも県内と県外を併せて15万人を超えている。2011年11月16日文部科学省発表の放射線量等分布マップによると，1年間の推計積算線量が5ミリシーベルト以上になる地域は，福島第一原発から半径30kmの範囲を超え，計画的避難区域の飯舘村以外に，川俣町，伊達市，福島市，郡山市等に及んでいる。

　「放射線等の危険性の程度に応じて人の立入制限，鍵の管理等の措置を講ずること」「放射性物質を経口摂取するおそれのある場所での飲食及び喫煙を禁止すること」等の措置が要求されている管理区域の線量限度は，「3ヶ月間につき1.3ミリシーベルト（1年間で5.2ミリシーベルト）」（実用発電用原子炉の設置，運転等に関する規則の規定に基づく線量限度等を定める告示第2条1項1号）であり，5ミリシーベルト以上は，この管理区域に匹敵する線量である。

　放射線を出しているセシウム137の半減期は30年であり，90年でも8分の1にしかならない。汚染された地域を離れなくてはならないこと，あるいは，そこに住まざるをえないことは，人の幸せな生活を根底から破壊するものであり，憲法の規定する幸福追求権の侵害である。

　原発が重大事故を起こせばこのような事態になると指摘され続け，チェルノブイリ原発で現実のものとなり，福島原発で再び現実のものとなった。立法，行政，司法の各機関はこの被害が，原発の有する本質的な危険性の発露であることを直視しなければならない。

〔青木　秀樹〕

12

福島原発事故と刑事責任

1 ■ はじめに

　本章では，今回の震災に伴う原発事故に限らず，原発事故一般に伴う刑法理論上の問題を扱う。これにはさまざまな方法が考えられるが，ここでは，以下のように分けて検討することにする。

①危険地帯への要員——事故処理に当たる作業員，事故収束のために現場に駆け付けた自衛隊員や消防・警察などの隊員を含む——の派遣に関するものとして，当該要員が危険対処義務に違反して危険を理由に持ち場から離脱した場合の罰則，および，不十分な情報によって想定以上の危険の中で作業をさせられた要員を危険に晒した場合の罰則，
②原子力災害に関して想定すべき危険を見誤ったことに関する——とりわけ，それによって人の死傷を生じた場合の——過失責任[1],
③災害時において適切な対応によって危険を低減する義務の有無と，その違反に対する——とりわけ，それによって人の死傷を生じた場合の——過失責任。

　検討の素材には，日本の現行法を用いるが，必要に応じて，あるべき法制度にも触れる予定である[2]。なお，ドイツ刑法には，その328条に，「放射性物質並びにその他の危険な物質及び物品の無許可取扱い」の罪が規定されており，許可を得ずまたは禁止に違反して核燃料や放射性物質を保管・処理したり，核爆発を生じさせたりした者には5年以下の自由刑または罰金刑が規定され，か

つ，過失の場合は3年以下の自由刑または罰金刑が規定されている。しかし，今回の福島第一原発事故に関しては，許可を得ずまたは禁止に反して核物質等を取り扱ったり核爆発を起こしたりした者がいたという報告は，今のところ認められないので，このような規定の要否については，検討対象から外す。

2 ■ 要員の危険回避と刑事責任

自衛隊員の災害派遣と危険回避

　自衛隊の災害派遣に関しては，自衛隊法83条の3により，原子力災害特別措置法17条1項に規定する原子力災害対策本部長から，同法20条4項の規定による要請があった場合には，防衛大臣は，部隊等を支援のため派遣することができるとされている。ここにいう原子力災害対策本部長は，原子力災害対策本部の長であり，内閣総理大臣（内閣総理大臣に事故があるときは，そのあらかじめ指定する国務大臣）をもって充てることされている（原子力災害特別措置法17条1項）。もっとも，自衛隊の災害時の出動に関しては，治安出動および防衛出動の場合と異なり，「正当な理由がなくて職務の場所を離れ三日を過ぎた者又は職務の場所につくように命ぜられた日から正当な理由がなくて三日を過ぎてなお職務の場所につかない者」を罰する規定はない（治安出動に関して自衛隊法120条，防衛出動に関して同法123条）。もっとも，同法56条には，「隊員は，法令に従い，誠実にその職務を遂行するものとし，職務上の危険若しくは責任を回避し，又は上官の許可を受けないで職務を離れてはならない。」という一般規定があるので，職務上の危険もしくは責任を回避するための緊急避難行為により何らかの犯罪構成要件に当たる行為を行った場合には，その刑事責任を問われる余地がある。

消防士や警察官などと危険回避

　同じことは，消防士や警察官など，危険に立ち向かう「業務上特別の義務がある者」についても当てはまる。というのも，刑法37条2項は，これらの者に対して，緊急避難を理由とする不処罰の規定（刑法37条1項本文）の適用を

否定しているからである。

原発事故と危険回避

　しかしながら，これらの危険回避禁止規定は，要員自身の生命に対する重大な危険がある場合についてまで，例外なく妥当するものとは断言できない。というのも，刑法37条2項は，一般に，危難に晒された者の生命に切迫した危険がある場合や，第三者の著しく優越した利益を擁護するために行われる緊急避難についてまで妥当するものではないと考えられているからである。

　もっとも，原発事故による放射線障害の場合，1999年に東海村JCO臨界事故で作業員が浴びたような8グレイ（＝8シーベルト）を超える放射線量で，これを浴びた者が近日中に100パーセント亡くなるというものであれば，ここにいう「危難に晒された者の生命に切迫した危険がある場合」等に当たることは間違いないが，それを下回る線量，とりわけ甲状腺がんの発症率が0.5パーセント上昇すると言われている「100ミリシーベルト」程度の線量を，ここにいう「危難に晒された者の生命に切迫した危険がある場合」等に当たると解するには異論がありうるであろう。

　しかも，放射線障害は，浴びた線量が蓄積して起こるものとされているので，一時的に高濃度の放射線を浴びる場合ばかりでなく，長期間に比較的低い量の放射線を浴びる場合でも，体内への蓄積被曝によって発がん性を有意的に高めるなどして，生命に対する危難となることがある。これらのリスクを避けるためには，要員に対する被曝線量管理が徹底されなければならない。そのような線量管理がなされないままで，放射線による危難からの「敵前逃亡」を犯罪視することは，一面的とのそしりを免れない。

　なお，類似のことは，「敵前逃亡」を理由とする懲戒や解雇が正当化できるかどうかという問題において，原発事故の復旧作業に当たる作業員にも，当てはまる。

3 ■ 原子力災害に関して想定すべき危険を見誤ったことに関する過失責任

事故の経過

　2011年3月11日に発生した東日本大震災とそれによって引き起こされた大津波は，地震によって自動停止した福島第一原子力発電所の1号機から3号機までの原子炉および定期点検で停止していた4号機の使用済み核燃料プールを冷却するための送電装置の破壊と非常用発電機の水没，ディーゼル燃料タンクの破壊による炉心冷却装置全電源喪失（ブラック・アウト）という事態を引き起こした。しかも，電源車は地震による道路寸断のため到着が遅れた上に，電源車と発電所の設備をつなぐ配線用の接続ソケットが合わず，かつ，津波で発電所の配電盤も故障していたため，原子炉格納容器内の冷却水が沸騰し，圧力を下げるための「ベント」にも丸1日かかり，その間に原子炉が空焚き状態となって炉心が水面上に露出した上溶融，いわゆる「メルトダウン」が起こってしまい，その熱で，ついには，原子炉建屋を吹き飛ばす水素爆発に至ってしまう[3]。つまり，冷却装置を作動させるための送電設備がこの地震の揺れに耐えられず，くわえて，非常用発電機等もその機能を失い，電源車による電力供給も地震による道路の破壊と津波による配電盤の破壊によって使えなくなっていたのである。

　しかも，これらの原発事故は，その後の調査によれば，津波以前の地震による揺れそのものによって引き起こされた可能性が高い。すなわち，1号機では津波より前に地震の揺れで圧力容器や配管に損傷があったことが，東電関係者によって認められており，3号機でも，非常用炉心冷却装置の高圧注水系配管が破損していたことが，そして同様の事態は，2号機でも生じていたことが判明している。さらに，2011年3月14日の3号機の爆発では，キノコ雲のような黒い噴煙が立ち上ったうえ，その後に中性子線が観測されており，これを小規模の核爆発が伴っていた可能性があるとする見方もある[4]。

　その結果として，福島第一原発は，大気中にだけでも，2011年4月末までに，すでにチェルノブイリ事故によって放出された放射性物質の10分の1に

達する放射性物質を放出したとされ、その後も放出が続いている[5]。海洋に輩出された放射性物質の量は、いまだ、明らかではない[6]。

「人の死傷」と「激発物破裂」

　刑法における過失責任を問う場合、それは、刑法典ないし特別刑法に列挙されている過失処罰規定の構成要件を充たさなければならない。そこで、今回の原発事故で最初に念頭に浮かぶ過失処罰規定は、刑法211条1項の業務上過失致死傷罪であろう。しかし、この規定を適用するためには、今回の事故が原因で、何らかの「人の死傷」が引き起こされたのでなければならない。

　現時点の情報では、今回の原発事故によって直接に死傷した人がいたという情報は得られていない。もっとも、たとえば3月24日に、現場の作業で被曝し病院で治療を受けた作業員はいたので、これが不適切な作業によるものであったとしても、現在の判例の考え方からすれば、事故と傷害との間の因果関係は否定されないように思われる。また、2011年4月26日の毎日新聞によれば、福島県大熊町（福島第一から4キロ南に立地）の患者と近くの介護論陣保健施設の入所者の45人が、避難中や避難後に死亡している[7]。これも、さらなる高濃度の被曝を理由とする生命保護のための緊急避難として強いられたのであるから、間接的であっても、事故と死亡との間の因果関係は否定されないかもしれない。加えて、原発事故の避難指示により、地震と津波の被災者で重傷を負った人が救助されずに放置されて死亡した可能性がある。避難指示は、被曝・放射線災害の危険がある以上、必然的な因果経過と考えてよいので、このような結果も、原発事故に関する過失に帰属するものと考えてよい。さらに、今後、放射線量の高い地域にいた住民の発がん率の上昇が認められれば、いわゆる「因果関係の疫学的証明」によって、事故と傷害との間の因果関係が認められるか否かが問題となろう[8]。

　次に、思い浮かぶ刑法典上の犯罪としては、刑法117条の2にある業務上過失激発物破裂罪がある。これは、原子炉の熱で発生した水素が「激発すべき物」に当たり、原子炉建屋が現住建造物に当たると解釈できることが前提であるが、それは比較的容易に認められるように思われる[9]。くわえて、3号機の爆発が小規模の核爆発を伴っていたのであれば、それは、まさに核燃料の爆発で

あって，ここにいう「激発すべき物」に当たることは否定できないであろう。[10]

想定すべき地震と津波による全電源喪失

　とりあえず，このような形で業務上過失致死傷罪および／または業務上激発物破裂罪に当たる「結果」が認められるなら，次に，今回の大震災によって現に生じた揺れと津波が「想定外」とされて安全対策の前提とされていなかったことが，刑法にいう「過失」に当たらないかどうかが問題となる。

　先に述べたように，今回の原発事故では，津波以前に，地震の揺れによって原子炉の配管等に損傷が生じており，しかも，その揺れは，ここ数年に日本で起きた大地震での揺れの範囲内であったという報道がある。ゆえに，福島第一原発は，すでにその耐震設計において欠陥があったことになり，かつ，これらの配管の損傷だけでも今回の原発事故が起きたと認定されるなら，その欠陥が事故の原因となったことになるので，東電関係者――さらには保安院関係者――の過失は認められやすくなろう。

　もっとも，それだけでなく，さらに重要なことは，揺れと津波に対して原子炉本体が安全であるというだけでは不十分であるということである。そうではなくて，今回の事故は，地震と津波によって原子炉冷却用の全電源が失われ，それによって原子炉が過熱しメルトダウンを起こして，それが水素爆発による建屋の崩壊と放射性物質の排出につながったのであるから，大事なことは，全電源喪失による原子炉冷却不全も考慮した上で，事前の安全対策が十分であったかを問うことである。

　この点については，原子力安全委員会で定められていた既存の耐震指針は，「電気系統やその他の施設に関しては，ありていに言えば『知ったことではない』[11]というもの」であり，「電気系を守ろうという概念がない」[12]との評価がある。これが事実であれば，地震と津波に対する原発の安全確保は，全電源喪失という事態を十分に想定しない不完全なものであったということである。

　もっとも，それでも，10メートルを超える高さの津波が押し寄せることは想定不可能であって，しかも，今回の全電源喪失は，そのような想定不可能な津波によって引き起こされたものであるから，原発関係者の誰にも過失はないという反論が可能であるかもしれない。実際，福島第一原発で想定されていた

津波の高さは6メートル程度のものであった。

　しかし，ここでも，「想定不可能」と「想定外」とを混同してはならない。過失責任にとって重要なのは，現実の「予見」すなわち「想定」ではなくて，注意すれば到達できる「予見可能性」すなわち「想定可能性」なのである。「想定外」だから過失がないという論理は，「予見」がないから過失がない，つまり「故意がなければ過失もない」という論理であって，故意と過失の関係をまったく理解できていない者のことばでしかない。

　すでに，津波の高さについては，10世紀の貞観の大津波が今回のものと同程度の，高さ10メートルを超えるものであったという指摘があるし，しかも，その指摘は，今回の大震災より前にすでになされていたのである。したがって，「想定すべき」津波の規模は，現実に「想定されていた」ものより高く，今回の津波程度のものをも含むというのであれば，ここに，原発関係者の過失を認める余地が出てくるのである。もちろん，その責任者としては，電力会社の幹部――さらには保安院関係者――が想定されよう。

　もっとも，そのような津波を想定すべき情報があったとして，一体，いつまでに，そのような津波を想定した安全対策を施すべきであったか，という義務履行の時間的限界が，さらに問われなければならない。[13)]

4 ■ 適切な対応によって危険を低減する義務と過失

全電源喪失後の対策における過失

　しかし，過失を検討すべき段階は，事前の想定ばかりではない。むしろ，大津波襲来後の安全対策，とりわけ「ベント」と海水注入の判断に遅れがなかったかどうかが問題となる。また，あわせて，「人の死傷」の危険を低減するという観点からは，付近の住民に対する情報の開示と避難勧告に，不必要な遅れがなかったか否かも，問題となろう。

　この点については，とりわけ，1号機の水素爆発から政府による状況説明までに5時間弱を要したことが問題である。というのも，その間に，1号機から大量の放射性物質が大気中に放出され，それが付近の住民を被曝させていた可

能性が十分にあるからである。これは，もっと早く状況説明がなされ避難勧告がなされていれば避けられたはずの被曝である。

　もちろん，このようなタイムラグによって生じた健康被害が証明できなければ，業務上過失致死傷罪の罪責を問うことはできないであろう。しかし，少なくとも，このような対策の適否に関しては，事故調査委員会等の専門機関によって必ず検証されるべきであるとの意見があることを忘れてはならない。[14]

▎不必要な被曝を避けさせる注意義務

　同じことは，付近住民が不必要な被曝をしないようにすべき注意義務の違反が過失となるか，という問題にも当てはまる。ここでは，緊急時迅速放射能影響予測ネットワークシステム「SPEEDI」等を用いて得られた近隣地区の放射線量の測定データ公表とそれに基づく避難ないし屋内退避の勧告をなすべき者が，それを故意または過失で遅らせたことによって発生するであろう住民の健康被害が業務上過失傷害罪の内容をなす。同様に，福島および郡山で問題となった校庭の除染作業に対する文部科学省の不適切と思われる対応も問題となろう。もちろん，その主体は，国の関係官庁およびその官僚――くわえて，これらの機関に助言をすべき「専門家」も[15]――である。そして，その責任の所在は，主として，適切な措置を取ることに手間取ったという不作為にある。

5 ■ 刑事責任の追及と事故調査

　もっとも，刑事責任の追及は，つとに指摘されているように，事実の解明を阻害することがある。とりわけ，責任追及の対象となる人物は，自己の刑事責任に関する証拠を隠滅することが十分に考えられる。しかし，そうなると，事故の原因究明による教訓化や現在進行している事態への適切な対応が阻害される可能性も，十分に考えられることになる。[16]

　したがって，事故原因の究明には，専門家[17]による事故調査とともに，刑事免責を用いた調査協力義務の賦課という方法のほうが望ましいかもしれない。もちろん，その際には，調査協力義務違反ないし証拠・資料の隠滅・改ざんには，厳罰をもって臨むことが必要であるが。

この点では，もともと福島第一原発に関しては，今回の事故に至るまでに，大小さまざまな不具合の隠蔽がなされていたという指摘が重要である[18]。情報隠ぺいが横行するような原発があるのなら，事故情報を隠ぺいしていた場合には生じた事故に対して「過失を推定する」という規定を持った新たな罰則を設けるという立法提案も，ありうるかもしれない。

[註]
1) ほかに，放射性物質という人の健康に対する有害物質を排出したことにつき，公害罪法（「人の健康に係る公害犯罪の処罰に関する法律」）3条の適用可能性も考えられるが，「業務上必要な注意を怠り，工場又は事業場における事業活動に伴って人の健康を害する物質を排出し，公衆の生命又は身体に危険を生じさせた者」という文言につき，最高裁（最決昭和63・10・27刑集42巻8号1109頁）は，「事業活動の一環として行われる排出とみられる面を有しない他の事業活動中に，過失によりたまたま人の健康を害する物質を工場又は事業場の外に放出するに至らせたとしても，同法三条の罪には当たらない」と解している。これによるなら，本件事故については，同条の適用はない。
2) なお，原子力・放射線等に関する刑法問題を論じた業績として，丸山雅夫「原子力・放射線等と刑法——環境犯罪の一断面」南山法学18巻1号（1994年）1頁がある。
3) 後述するように，2011年3月14日の3号機の爆発では，キノコ雲のような黒い噴煙が立ち上ったうえ，その後に中性子線が観測されており，これを小規模の核爆発が伴っていた可能性があるとする見方もある。広瀬隆・明石昇二郎『原発の闇を暴く』（集英社，2011年）35頁参照。
4) 前掲・註3）広瀬・明石24頁参照。
5) 事故の経緯については，水野倫之・山崎淑行・藤原淳登『緊急解説！福島第一原発事故と放射線』（NHK出版，2011年）186頁以下参照。
6) なお，現時点でも，福島第1原発は，大気中および海中に1日に150兆ベクレルの放射性物質を排出しているとのことである。武田邦彦『原発大崩壊！第2のフクシマは日本中にある』（KKベストセラーズ，2011年）52頁参照。
7) 広瀬隆・明石昇二郎連名の2011年7月8日付東電告発状（http://www.rupoken.jp/indictment/Indictment(toden).pdf）には，「福島第1原子力発電所の南西約4キロにある双葉病院（福島県大熊町）の入院患者らを重度の被曝に晒し，さらなる被曝を避けるべく実施された緊急避難等により，患者ら約4440人中45人以上を死亡させている」と記述されている。
8) 「疫学的証明」に関しては，最決昭和57・5・25判時1046号15頁は，傍論ではあるが，「疫学的証明ないし因果関係が，刑事裁判上の種々の客観的事実ないし証拠又は情況証拠によって裏付けられ，経験則に照らし合理的であると認むべき場合においては，刑事裁判上の証明があったものとして法的因果関係が成立する。」と判示した原判決を是認している。
9) 最大判昭和31・6・27刑集10巻6号921頁は，爆発物取締罰則にいう爆発物を，理化学上の爆発現象を起こすものと定義している。今回の福島第一原発での爆発事故は，水素と酸素による化学的な爆発であるから，ここにいう「理化学上の爆発現象」に当たる。また，東京高判昭和54・5・30判時940号125頁は，室内に充満させた天然ガスを爆発させた事案について，刑法117条の激発物破裂罪を認めている。なお，罰則のある特別法としては，「核原料物質，核燃料物質及び原子炉の規制に関する法律」（昭和32年6月10日法律第166号）77条以下，および「放

射性同位元素等による放射線障害の防止に関する法律」（昭和32年6月10日法律第167号）51条以下の規定があるが，いずれも行政犯の規定であり，人の死傷や物の破壊ないしそれらの危険を要件とする実害犯ではない。また，1974年の改正刑法草案170条には爆発物の爆発による危険犯とその致死罪が規定され，同176条に原子力による爆発を爆発物の爆発とみなす規定を置いていた。

10) 核分裂の場合は，「理化学上の爆発現象」のうちの「理学上の爆発現象」に当たる。
11) 前掲・註6）武田54頁。
12) 前掲・註6）武田56頁。
13) これは，2005年4月に発生した福知山線脱線事故についても，忘れてはならない視点である。当時，JR西日本は，社内の独自の判断で，曲線半径の短いカーブについてATSの設置工事を進めていたのであるから，過失の内容は，「事故現場付近にATSを取り付けるべきである」という時間的限界のないものではなく，「本件事故までに，事故現場付近にATSを取り付けるべきである」という時間的限界を伴ったものでなければならない。
14) 前掲・註5）水野・山崎・藤原34頁。その後，国会事故調は，情報が住民に伝わらなかった点に危機管理体制の機能不全があったことを認めた。
15) 広瀬隆・明石昇二郎連名の2011年7月8日付学者告発状〈http://www.rupoken.jp/indictment/Indictment(scholar).pdf〉では，これらの「専門家」も告発されている。
16) 2011年5月に設置された内閣事故調は，責任追及を目的としていない。このことは，最近では，2005年の福知山線脱線事故に関するJR西日本の前社長に業務上過失致死傷罪の責任が問われた事件で，2012年1月11日に神戸地裁が無罪判決を言い渡したことからも，明らかである。なお，無罪となった一因は，検察官が過失をATSの個別設置に矮小化したことにある。そうではなく，かつ，カーブ付け替え時の過失にこだわるのではなくて，——その責任者は前社長ではないが——事故直前に行われたJR西日本による余裕時間のないダイヤ改正や列車に遅れを引き起こした運転手に対する「日勤教育」に代表される非人道的な労務管理が，当日の運転士の異常運転を引き起こしたことを過失とするのであれば，裁判でも事故のメカニズムがもっと詳しく解明されることになるため，あるいは，有罪判決が出たかもしれない。
17) ここにいう専門家には，もちろん，中立性が要求される。根拠もなく原発の安全性を一方的に説いていただけの「専門家」は，ここにはふさわしくない。
18) 佐藤栄佐久『福島原発の真実』（平凡社，2011年）214頁以下には，福島県に寄せられた内部告発の数々が列挙されている。本書の著者である前福島県知事の佐藤栄佐久氏は，東京電力の電源開発に伴う——東京電力と東北電力の共同出資で作られる広野火力発電所で使う水を確保するための——ダム建設につき賄賂を収受したとして逮捕・起訴されたが，この事件の控訴審判決は，佐藤氏の実弟が経営する会社の土地がほぼ時価相当額で買い取られたと認定した上で，時価相当額での換金の利益が賄賂に当たるという異例の判断を示している。東京高判平成21・10・14〈LEX/DB25462853〉。この佐藤前福島県知事の汚職捜査に関して，贈賄側の人物の取調べを担当したのは，いわゆる「郵便不正拠偽造事件」で証拠となるべきフロッピーディスクを改ざんした前田恒彦氏であった。前掲・註18）佐藤245頁には，「検察はぬけぬけとこういうことをやる組織なのだ。」と書かれている。なお，最高裁は，2012年10月15日の決定で，上告をあっさり棄却したが（最決平成24・10・15裁時1566号21頁），「思うように売却できずにいる状況の中で買い取ってもらった」という理屈で土地換金の「利益」を賄賂とするのは，賄賂の罪の成立範囲を不当に広げるものであるとした。

〔松宮 孝明〕

終

近未来の大災害と犯罪に備える

　災害と犯罪を考えるにあたっては，災害の類型，犯罪の類型，および被災の時間の経過に伴う変化を分析する必要がある。ただ，それぞれの大災害は，異なる個性を持つものである。一口に，大震災といっても，関東大震災，阪神・淡路大震災と東日本大震災とでは，生じてくる犯罪問題は，大きく異なっている。東日本大震災後の犯罪問題に関しては，今後さらに本格的な調査が必要である。災害後の犯罪問題に関する内外の調査・研究をも参考にしながら，どういった点がポイントになるかを示しておこう。

1 ■ 迅速な救援活動の重要性

　迅速な救援活動が行われることが，同時に犯罪防止にとっても最も重要である。とりわけ，食糧・水・医薬品のすみやかな配布，ライフラインの復活，道路網や輸送手段の確保等の迅速な復旧は，被災地での困窮型犯罪の発生を抑止するうえで，決定的な意義を有する。迅速な救援は，自衛隊や警察，消防，行政などの活動だけでは決定的に不十分であり，末端では地域住民やボランティアの活動に依拠するところが少なくない。
　阪神・淡路大震災では，総体としては被災地の犯罪発生は抑制された。これは被災者相互間および社会全体の連帯が強化されたこと，住民たちの自主的な活動が犯罪を抑止する効果があったことを示している。しかし，最激震地で大半の住民が避難した地域では，外部から入り込んで行う便乗型の犯罪が増加していた。すなわち，震災が激甚であったため，救援が遅れて地域では，犯罪が

前年と比べて増加していた。

東日本大震災では、事情は大きく異なる。東北の岩手、宮城、福島の各県が最も大きな被害を受けているが、青森、茨城、千葉などの各地にも被害が生じている。まさに、東日本の大震災であった。そのうえ、大津波と福島第一原発の過酷事故が生じている。しかも、三陸沿岸では、リアス式海岸に港町が点在しており、交通網が大きな被害を受けた。津波の被害地では、生き延びた人々は、避難所や仮設住宅や離れた場所への移住を余儀なくされた。救援活動は、きわめて広範囲の場所で、行う必要があった。原発事故では、人々は自宅を放棄し、遠くへの避難を余儀なくされている。こうした東日本大震災で生じた事態は、阪神・淡路大震災には見られなかった。救援活動の立ち遅れが、犯罪発生にどのような影響を与えているかは、今後の検討課題である。

2 ■ 住民による自主的な犯罪予防活動

阪神・淡路大震災では、住民の自主的な活動が大きな役割を担い、犯罪抑止に力を発揮した。その主な担い手は、町内会、自治会、マンション等の管理組合、商店街の振興会などである。警察機能が部分的に麻痺するなかで、こうした組織が、自然発生的に立ち番、見回りや街灯の復旧・設置に向けた交渉などを行った。自治会等の取り組みでは、人命の救助、避難活動、救援物資の配布、防火・消防活動などが一体として展開された。災害発生前にこれらの活動がそれなりに存在しているところでは、被災後に地域の連帯の核となりうる。これらの組織は、大震災の前から防災訓練等を行っていた。こうした自主的な住民の取り組みはインフォーマルな犯罪抑制としての意義を有する。しかし、もともと自治会が被災前に存在しないところでは、リーダーシップをとる人々が地域住民のなかから自ずと生まれることを期待しなければならない。

阪神・淡路大震災では、企業が被災した従業員に対して救援活動を行うことも少なくなかった。救援はそれ自体として困窮型犯罪の抑止効果があるが、しかし、それは地域住民の犯罪予防活動に代替するものではないといえよう。

東日本大震災では、深刻な被災の大部分は、大津波と原発事故によるものであり、地域社会がまるごと奪われてしまったところが少なくない。これらの被

災地では，もともとの居住地での防犯活動をほとんど住民に期待できない状況に追い込まれた。とりわけ，原発避難地域では，コミュニティが根こそぎ失われたところが少なくなかった。それらの地域では，自主的な防犯活動は，そもそも不可能であった。しかし，津波の被災地や避難所などでも，救援活動が事実上防犯活動を含んだ活動として展開された可能性があり，さらに調査が必要であろう。

3 ■ 正確な情報の提供と「絆」の質

東日本大震災を経験し，「絆」の重要性が強調されるようになった。絆は，大災害後の犯罪対策においても，最も重要である。しかし，絆が，狭い範囲にとどまるならば，弊害も大きい。グローバル化が進み，大都市を中心に外国人居住者の数が増えてきている。絆がかえって外国人を「よそ者」として危険視して，排除することになれば，被災地における対立を生じ，拡大することになる。その結果，外国人マイノリティを避難所から追い出したり，救援物資の分配から締め出したりして，集団相互の対立を激化し，排除された側を窮地に追いやることになる。衝突そのものが犯罪を生み，さらに排除された側による窮乏型犯罪を生みかねない。関東大震災では，軍事的・政治的背景によるところが大きいとはいえ，朝鮮人さらには中国人などが，差別と排除の犠牲になり，日本人の官民から受けた迫害・暴行により多くの死傷者を生んだ。

阪神・淡路大震災でも，「外国人が三宮で暴れている」といったデマが流布され，関係者が直ちに真偽と情報の出所を確認し，デマであることを被災地の人々に伝えた。在日韓国人・朝鮮人たちは，関東大震災での深刻な体験を学校教育等で語り伝えており，阪神・淡路大震災の直後から，日本人の住民との相互支援を重視し，自分たちに届けられた救援物資を隣人である日本人にも配布したり，炊き出しを一緒に行ったりした。これに対して，神戸の一部の地域で排除の対象となったのは，ベトナム難民の家族たちである。彼らは，救援物資の配布から締め出され，避難所に居場所を確保できず，海岸の公園に集団でテント生活をするようになり，それがさらに日本人社会から「危険な場所」として受け止められるようになった。しかし，排除され，海岸に追いやられた外国

人たちの方が，多くの不安，日本人社会からの攻撃による危険とストレスを強く感じていたのではなかろうか。阪神淡路大震災で特筆に価するのは，アジア系の外国人と日本人とのコミュニケーションを促進するために，日本人と在日外国人とが協力してボランティアで，神戸市内で東と西の二つのFM放送局を立ち上げたことである。このFM放送は，アジア系を含む数ヶ国語の放送を行って，地域密着型のきめ細かな情報提供を行い，デマの発生を抑え，人種間の不信感を取り除き，相互支援を推し進めようとした。

東日本では，アジア系の外国人はどのような状況に置かれたのか，調査が必要である。大災害では，「絆」ないし「社会連帯」の質もまた問い直されることになる。

4 ■ 大災害後の「略奪」を考える

東日本大震災直後，被災者の方々が辛抱強く耐えており，暴動や大規模な略奪が起こらなかったのは確かな事実である。このことを外国のメディアが「驚嘆に値する」と報じた。そうした報道が日本に伝えられ，「日本人の美徳」や「優秀さ」を示すものとして日本のメディアで「再確認」するといった流れが見られる。じつは，そうした言説は，阪神淡路大震災でも見られた。しかし，大災害後の犯罪に関するそのような言説には，疑問がある。

第1に，大災害に遭遇して，人々が助け合って生き延び，社会の道徳心が急激に高まることは，日本社会に固有のことではない。外国でも，救援の手が早急に差し伸べられて，略奪等が生じなかったケースは少なくないことが知られている。略奪は，便乗型ではなくむしろ困窮型の犯罪である。略奪が生じやすいのは，被災以前に深刻な貧困が広がり，社会的対立が深刻な社会においてである。このような社会では，大災害が引き金となって，犯罪が大量に発生しやすい。略奪が起こった外国の大災害においても，利他的な動機によって，相互の助け合いや救援の手を差し伸べる人々も少なからず存在しているのが実情である。

日本社会は，国際比較でみると，もともと犯罪が少ない社会である。公的機関によるフォーマルな犯罪統制だけではなく，インフォーマルな犯罪統制が機

能していることも犯罪の少なさに寄与しているとみてよい。こうしたインフォーマルな犯罪統制が，大災害に直面して活性化されるという面も否定できない。

5 ■ 原発事故と刑事責任

　福島原発の事故は人災であることが明確になってきた。国会ではすでに数年前から全電源喪失によるメルトダウンの可能性が具体的に追及されていたが，政府，東京電力および原子力研究者らは，挙ってこれを無視し，必要な対策，安全措置を講じなかった。地震学者は，大地震だけで，原発の過酷事故が起こりうることを柏崎・刈羽を襲った中越地震の経験を踏まえて指摘してきたが，これも無視されてきた。

　2012年6月に福島県民1,324人が刑事告訴を行い，11月に全国各地の13,262人が第2次告訴を行い，福島地検と東京地検が捜査を進めている。この間政府，東電幹部，原子力研究者などが，倫理的責任を放棄したかのような言動を繰り返し，全国的に原発の再稼働や着工済みの原発の新増設が認められた。安倍政権は原発ゼロを放棄し，原発の増設を進めようとしている。こうしたなか，告訴の成り行きが注目される。刑事責任の追及が真相解明を妨げる恐れがあり，刑事規制を過大評価するのは妥当ではない。しかし，刑法以前の社会的実体として，今回の事故とその後の対応行動は，「犯罪」といっても過言ではない。

　刑法211条の業務上過失致死傷罪，公害犯罪処罰法3条の健康を害する物質の過失排出罪の適用が考えられる。公害犯罪処罰法3条の過失排出罪について，最高裁は限定的な解釈をとってきた。しかし，今回の事態はこれまで想定された行為の類型とは大きく異なるものであり，従来の判例・学説の再検討が必要であろう。また，第12章で松宮が示唆するように刑法117条2項の激発物過失破裂罪の適用も検討すべきであろう。さらに，原発事故に対する新たな刑事立法が必要ではないだろうか。業務上過失致死罪は，放射能の発生だけではなく，それによる特定の人の傷害・疾病，死亡が生じなければ適用されない。過失により公共危険を生じるだけで犯罪となるものに，失火罪（117条の2）や激発物過失破裂罪，過失往来危険罪（129条）がある。これらの公共危険罪に

くらべて，原発事故により生じる公共危険は被害地域のひろさ，危険の持続期間の長さ，被害発生までの期間の長さにおいて，比較にならないほど甚大である。原発事故の危険の特質に対し刑事法は向き合ってこなかった。安全神話は，刑事法および刑法関係者も決して例外ではなかった。

〔斉藤　豊治〕

■執筆者紹介

＊斉藤 豊治（さいとう・とよじ）　　　　　　　　　　　第1章・終章
　1942年生．京都大学大学院法学研究科博士前期課程修了
　現在，大阪商業大学経済学部教授・甲南大学名誉教授・弁護士
　〔主要業績〕
　『少年法研究1　適正手続と誤判救済』（成文堂，1997年）
　『少年法研究2　少年法改正の検討』（成文堂，2006年）
　「阪神大震災と犯罪問題」刑法雑誌42巻1号（2002年）

平山 真理（ひらやま・まり）　　　　　　　　　　　第2章・第5章〔翻訳〕
　1973年生．関西学院大学大学院博士課程後期課程単位取得退学
　現在，白鷗大学法学部准教授
　〔主要業績〕
　『刑事訴訟法入門』（八千代出版，2011年／分担執筆）
　『刑事政策のすすめ——法学的犯罪学の試み〔第2版〕』（法律文化社，2007年／共著）

岡本 英生（おかもと・ひでお）　　　　　　　　　　　第3章・第5章〔翻訳〕
　1965年生．神戸大学大学院教育学研究科修士課程修了
　現在，甲南女子大学人間科学部准教授
　〔主要業績〕
　『人をあやめる青少年の心』（北大路書房，2005年／共著）
　「非行少年・犯罪者に見られる阪神・淡路大震災の影響——非行・犯罪と震災との関連についての事例研究」犯罪心理学研究34巻1号（1996年／共著）

松原 英世（まつばら・ひでよ）　　　　　　　　　　　第4章・第9章〔翻訳〕
　1969年生．関西学院大学大学院法学研究科博士課程後期修了／博士（法学）
　現在，愛媛大学法文学部教授
　〔主要業績〕
　『企業活動の刑事規制——抑止機能から意味付与機能へ』（信山社，2000年）
　「厳罰化を求めるものは何か——厳罰化を規定する社会意識について」法社会学71号（2009年）

Emily R. Berthelot（エミリー・ベースロット）　　　　　　第5章
　Assistant Professor of Criminology at University of Arkansas Little Rock, Department of Criminal Justice. 暴力犯罪を中心に研究する若手の研究者．

横山 実（よこやま・みのる）　　　　　　　　　　　第6章
　1943年生．中央大学大学院文学研究科博士後期課程修了／法学修士・文学修士
　現在，國學院大学法学部教授

〔主要業績〕
「人々の意識と犯罪化・重罰化」菊田幸一・西村春夫・宮澤節生編『社会のなかの刑事司法と犯罪者』（日本評論社，2007年）
'Environmental Pollution by Corporations in Japan' Pontell, Henry N. and Gilbert Geis (eds.), International Handbook of White-Collar and Corporate Crime. New York: Springer (2007)

阿部 恒之（あべ・つねゆき） 第7章

1961年生．東北大学大学院文学研究科博士課程後期課程修了／博士（文学）
現在，東北大学大学院文学研究科教授
〔主要業績〕
『今を生きる——東日本大震災から明日へ！復興と再生への提言1 人間として』（東北大学出版会，2012年／分担執筆）
『防災の心理学』（東信堂，2009年／分担執筆）

竹村 典良（たけむら・のりよし） 第8章

1957年生．中央大学大学院法学研究科博士後期課程単位取得退学
現在，桐蔭横浜大学法学部教授
〔主要業績〕
『犯罪と刑罰のエピステモロジー』（信山社，1999年）
Transnational Crime/Harm/Injustice and Struggle for Social Justice: Development of Chaos/Complexity Criminology, A/CONF.213/IE8, Twelfth United Nations Congress on Crime Prevention and Criminal Justice, Salvador, Brazil, 12-19 April 2010.

Michael Levi（マイケル・レヴィ） 第9章

DSc is a Professor of Criminology at Cardiff University's School of Social Sciences. 経済犯罪を専門とする犯罪学者で，多数の著述がある。

Tom Horlick-Jones（トム・ホリック-ジョーンズ） 第9章

PhD is a Professor of Sociology at Cardiff University's School of Social Sciences

立石 雅昭（たていし・まさあき） 第10章

1945年生．京都大学大学院理学研究科博士後期課程修了／理学博士
現在，新潟大学名誉教授
〔主要業績〕
「地震と原発事故——福島原発震災の徹底検証を」日本の科学者46巻11号（2011年）
「中越沖地震と柏崎刈羽原子力発電所——全原発の耐震設計の早急な再検討を」日本の科学者42巻12号（2007年）

青木 秀樹（あおき・ひでき）　　　　　　　　　　　　　　　　　　　　第11章
　　1951年生．京都大学法学部卒業
　　現在，弁護士
　　〔主要業績〕
　　『原発事故と私たちの権利——被害の法的救済とエネルギー政策転換のために』（明石書店，
　　　　2012年／分担執筆）
　　『改訂版　Q＆A災害時の法律実務ハンドブック』（新日本法規，2011年／分担執筆）

松宮 孝明（まつみや・たかあき）　　　　　　　　　　　　　　　　　　第12章
　　1958年生．京都大学大学院法学研究科博士後期課程単位取得退学／博士（法学）
　　現在，立命館大学大学院法務研究科教授
　　〔主要業績〕
　　『刑事立法と犯罪体系』（成文堂，2003年）
　　『刑事過失論の研究』（成文堂，1989年）

大災害と犯罪

2013年3月11日 初版第1刷発行

編 者	斉藤　豊治
発行者	田靡純子
発行所	株式会社 法律文化社

〒603-8053
京都市北区上賀茂岩ヶ垣内町71
電話 075(791)7131　FAX 075(721)8400
http://www.hou-bun.com/

＊乱丁など不良本がありましたら、ご連絡ください。
　お取り替えいたします。

印刷：亜細亜印刷㈱／製本：㈱藤沢製本
装幀：谷本天志
写真提供：阿部恒之［東北大学］
ISBN 978-4-589-03478-6

Ⓒ2013 Toyoji Saito Printed in Japan

|JCOPY| ＜(社)出版者著作権管理機構　委託出版物＞

本書の無断複写は著作権法上での例外を除き禁じられています。複写される
場合は，そのつど事前に，(社)出版者著作権管理機構(電話 03-3513-6969,
FAX 03-3513-6979, e-mail: info@jcopy.or.jp)の許諾を得てください。

村井敏邦・後藤貞人編
被告人の事情／弁護人の主張
―裁判員になるあなたへ―
A5判・210頁・2520円

第一線で活躍する刑事弁護人のケース報告に研究者・元裁判官がそれぞれの立場からコメントを加える。刑事裁判の現実をつぶさに論じることで裁判員になるあなたに問いかける。なぜ〈悪い人〉を弁護するのか。刑事弁護の本質を学ぶ入門書。

小久保哲郎・安永一郎編
すぐそこにある貧困
―かき消される野宿者の尊厳―
A5判・270頁・2415円

いまや「すぐそこにある」ものになった貧困問題。しかしそのなかで、どこか他人事とされがちな野宿者問題。代表的な訴訟を当事者・弁護士の視点から描き、リアルな現実として再構築する。人権や福祉のために働く者に、その原点を思い起こさせる一冊。

石埼 学・遠藤比呂通編
沈 黙 す る 人 権
四六判・292頁・3360円

人権の定義・語り自体が、人間を沈黙させる構造悪であることを指摘し、根底にある苦しみによりそい、その正体に迫る。日本社会の差別の現状を批判的に分析。人権を雄弁に語ることにいかがわしさを感じる著者の真摯な悩み。人権〈論〉のその前に。

高作正博編
私たちがつくる社会
―おとなになるための法教育―
A5判・232頁・2520円

法という視点をとおして、だれもが〈市民〉となるために必要な知識と方法を学び、実践するための力を涵養する。おとなになる過程のなかで、自分たちが社会をつくるという考え方を育む。日本社会のいまがわかる入門書。北欧に学ぶ法教育の決定版。

戸田 清著
〈核発電〉を問う
―3・11後の平和学―
A5判・152頁・2415円

福島第一原発事故後の被災状況をふまえて、〈核〉がもたらす永続的で甚大な問題を平和学と環境学の視点から批判的に問い直す。〈核〉に依存する力学を構造的暴力の視点から根源的に照射し、克服すべき課題を明示する。

中原聖乃著
放射能難民から生活圏再生へ
―マーシャルからフクシマへの伝言―
A5判・198頁・2520円

核実験の被害を受けたマーシャル諸島に生きる人々の〈日常〉に焦点を当て、アメリカの支配に抵抗し、生活圏を徐々に復興させてきた人々の軌跡を辿る。現地に深く溶け込み、調査・研究した著者が紡ぐ足かけ15年の民族誌。

―法律文化社―

表示価格は定価（税込価格）です